사이버 윤리와 인간의 이해

사이버 윤리와 인간의 이해

2014
세종도서 교양부문

이현숙 · 김병철 지음

HU:iNE

머리말

컴퓨터와 인터넷은 기존의 시간과 공간 개념을 초월하는 탈시간, 탈공간의 새로운 세계를 창출하면서 단순히 기술적 변화에 그치지 않고 정치, 경제, 사회, 문화 전반에 걸쳐 인간의 삶을 혁신적으로 변화시키고 있다. 기존의 지리적 경계 혹은 사회적 경계를 초월해 컴퓨터 매개 커뮤니케이션(CMC)을 통해 새로운 대인 관계를 형성하고, 유지하고, 발전시키면서 새로운 유형의 사회적 관계망을 형성하고 있고, 기존의 공동체 개념을 파괴하는 새로운 의미의 가상공동체를 만들고 있다. 이제 가상공간이 없는 삶은 생각하기 어려울 정도로 컴퓨터에 의해 매개되는 가상공간은 우리의 일상적인 삶의 공간이 되었다. 인간의 자아 정체성에 대한 인식의 변화를 통해 인간 자신에 대한 이해 자체를 바꾸고 있고, 사람과 사람 간의 만남에도 변화를 초래하면서 인간의 삶의 본질을 변화시키고 있다.

앞으로의 사회는 인간의 삶의 상당 부분이 디지털 환경에서 영위될 것이다. 가상공간의 삶이 과거에 겪어보지 못했던 새로운 경험을 제공하게 될 것이고, 온라인과 오프라인의 생활이 지금보다 더 긴밀하게 통합되면서 상호 구분이 무의미해질 것이다. 사람이든 정

모든 네트워크에 연결되지 못하면 의미가 없고 생존이 불가능해지면서 전 세계 대부분의 사람들이 네트워크로 연결된 디지털 시민으로 살아가게 될 것이다. 디지털 환경에서의 삶이 일상화되고 있는 디지털 사회는 그러나 가상공간에서의 욕설이나 인신공격과 같은 사이버 언어폭력, 사이버 명예훼손, 인터넷 중독, 해킹, 바이러스 유포, 사이버 성폭력, 사이버 포르노그래피 등 이전에는 볼 수 없었던 사회적 문제와 윤리적 난제들을 야기함으로써 과거 아날로그 시대보다 오히려 갈등이 증폭될 수 있다. 디지털 사회는 명예훼손이나 프라이버시, 저작권 혹은 지적 재산권에 대한 개념들이 새로운 변화를 겪고 있고 또 이전에는 볼 수 없었던 새로운 윤리적 문제들을 야기하고 있기 때문에 기존의 법체계나 기존 윤리학의 기계적 적용으로는 많은 한계점을 노출하고 있다.

인간의 인간됨을 보여주는 가장 중요한 것 가운데 하나는 아마도 윤리일 것이다. 윤리는 인간이 인간답게 살기 위해 알고 있어야할 인간관계의 근본적인 도리다. 우리는 디지털 사회의 디지털 시민으로서 가상공간에서의 삶을 위한 올바른 규범과 질서를 스스로 만들어가야 한다. 가상공간은 한 개인의 행동이 많은 사람들에게 큰 피해를 입힐 수 있기 때문에 현실공간보다 더욱 수준 높은 책임 의식이 요구된다. 가상공간은 또 상대방이 보이지 않는 가운데서 많은 행동이 일어나기 때문에 상대방의 존재를 적극적으로 인정하려는 존중의 윤리가 더욱 필요하다.

이 책은 우리의 일상적인 삶의 공간인 가상공간의 특성과 인간의 삶의 변화에 대한 개관과 함께 사이버 명예훼손, 프라이버시 침해, 사이버 모욕, 저작권 침해와 표절, 사이버 언어폭력, 인터넷 중독 등 전통적 윤리 개념으로는 해결하기 어려운 가상공간에서의 윤리와 인간의 행동에 관한 내용을 다루고 있다. 본 교재는 특히 대부분의 대학 생활이 가상공간에서 이루어지고 있는 사이버대학 신편입생들을 대상으로 사이버대학만의 독특한 특성과 윤리적 문제들을 이해하고 이를 해결하기위한 방안을 모색하는데 도움을 주기위해 기획되었다.

이 책은 모두 13장으로 구성돼 있다. 1장은 기상공간의 등장 배경과 특성 그리고 정치, 경제, 사회, 문화 전반에 걸친 인간의 삶의 변화에 대해 이해하기 쉽게 풀어썼다. 2장은 컴퓨터 매개 커뮤니케이션(CMC)과 사이버 윤리의 중요성에 대해 기술했다. 3장은 우리 사회의 중요한 사회적 쟁점 가운데 하나인 가상공간의 익명성과 표현의 자유에 대해 알기 쉽게 정리했다. 4장부터 12장까지는 개인정보와 프라이버시 침해, 사이버 명예훼손과 사이버 모욕, 표절과 저작권 침해, 인터넷 중독, 인터넷 보안, 사이버 일탈과 엽기문화, 사이버 범죄, 가상공간의 성윤리, 사이버 언어와 네티켓 등 주제별로 사이버윤리에 관한 내용을 심도 있게 다루었다. 마지막 13장은 지구촌 정보사회와 디지털 시민의 의미, 디지털 사회를 위한 디지털 시민성의 함양에 대해 얘기했다.

오늘날의 사회는 가상세계가 사람들의 일상적 경험세계에 광범위하게 스며들고 있기 때문에 사실 현실공간과 가상공간을 구분하는 것은 별 의미가 없다. 현실세계와 가상세계라는 이분법적 구분보다는 현실세계와 가상세계가 하나로 통합된 혼합현실에 대한 새로운 인식이 필요하다. 우리는 디지털 사회의 주체적 시민으로서 온라인과 오프라인의 생활이 연계된 조화로운 삶의 통합을 통해 사람과 세상을 보는 나름대로의 관점을 정립하면서 디지털 사회의 새로운 삶의 질서를 찾아나가야 한다. 그럴 때 비로소 우리는 사람이 사람다운 행복한 삶을 찾게 될 것이다. 부족하나마 이 책이 사이버대학 구성원들과 디지털 사회를 살아가는 사람들에게 조금이라도 도움이 될 수 있기를 바란다.

끝으로 여러모로 부족한 내용을 책으로 엮기까지 많은 도움을 준 사이버한국외대 콘텐츠개발실 선생님들과 한국외국어대학교 지식출판원 선생님들께 깊은 감사를 드린다. 언제나 든든한 힘이 되어주신 부모님과 가족들에게도 감사와 사랑의 마음을 전한다.

2013년 8월

이현숙 · 김병철

차 례

1_ 가상공간과 인간의 삶의 변화

1. CMC와 인간의 삶의 변화

인류 역사상 인간의 삶 혹은 인간의 문화를 획기적으로 바꾼 발명품은 3가지가 있다. 첫 번째는 신석기 혁명을 불러온 마제석기이고, 두 번째는 산업혁명을 초래한 증기기관, 세 번째는 디지털 혁명을 유발한 컴퓨터다. 우리가 가상공간에서의 인간의 삶과 윤리에 대해 고민하게 된 것도 사실 이 컴퓨터 때문이다. 컴퓨터가 처음 등장했을 때만 해도 컴퓨터는 소수의 과학자나 전문가들에 의해 주로 복잡한 계산을 위해 사용되던 고가의 첨단 기계 장치였다. 그러나 1980년대 이후 일반인들도 개인용 컴퓨터(PC)와 인터넷을 이용할 수 있게 되면서 컴퓨터의 기능은 종래의 계산 기능에서 커뮤니케이션 기능으로 급속히 변화하게 됐다. 컴퓨터라는 것이 복잡한 수학 계산을 위해 사용되는 단순한 기계가 아니라 인간의 커뮤니케이션을 획기적으로 뒤바꿔 놓는 커뮤니케이션 도구라는 것을 인식하게 된 것이다.

컴퓨터를 매개로 한 컴퓨터 매개 커뮤니케이션(computer-mediated communication: CMC) 혹은 사이버 커뮤니케이션이 인간의 의식 속에 처음으로 자리 잡기 시작한 것은 1960년대라고 할 수 있다. 인간은 컴퓨터 인터페이스(interface)를 통해 인류가 지금까지 한 번도 경험한 적이 없는 사이버스페이스(cyber space)라는 3.5차원의 새로운 세계로 이동해 실제 삶의 공간처럼 그곳에 거주하며 살고 있다. 사이버공간 혹은 가상공간은 물리적 세계를 수학적으로 환산한 정보에 의해 재구성된 공간이라고 할 수 있다. 현실 공간은 아톰(atom)의 세계이지만 가상공간은 비트(bit)의 세계 즉 비트의 공간이라고 할 수 있다.

CMC는 기존의 시간과 공간 개념을 초월하는 탈시간, 탈공간의 새로운 세계를 창출하고 있다. 컴퓨터와 인터넷은 가상적 시간과 가상적 공간의 새로운 현실을 만들어냄으로써 단순한 기술적 변화에 그치지 않고 정치, 경제, 사회, 문화 전반에 걸쳐 인간의 삶에 혁신적 변화를 초래하고 있다. 현실의 경계 혹은 물리적 경계를 뛰어넘어 새로운 유형의 사회적 관계망을 형성하고 있고, 기존의 공동체 개념을 파괴하는 새로운 가상공동체(virtual community: VC)를 만들고 있다.

가상공간은 몸이 들어갈 수 없는 탈신체성의 공간 즉 신체적으로 접근이 불가능한 공간이다. 신체를 지닌 인간이 탈육체화해서 정신에 의한 몰입 즉 인간 의식만의 몰입으로 들어가는 공간이다. 컴퓨터와 인터넷의 등장으로 지금까지는 육체로 인해 제한적으로 접근할 수밖에 없었던 개념의 세계를 경험하게 된 것이다. 그런데 각 개인의 신체에 의한 물리적인 참여가 없음에도 불구하고 가상공간은 일상의 현실과 똑 같은 경험을 하는 매우 특이한 공간이다. 오히려 신체를 갖고 있기 때문에 불가능했던 것들을 체험하는 새로운 세계이자 물리적 실재를 압도하는 과잉 현실 혹은 가상현실을 경험하는 세계이기도 하다. 가상공간은 이제 돌이킬 수 없는 인류 역사의 흐름이자 우리의 사고나 행동으로부터 분리할 수 없는 인간 실존의 한 양태라고 할 수 있다. 이러한 가상공간은 인간의 자아 정체성 혹은 인간에 대한 인식의 변화를 통해 인간 자신에 대한 이해 자체를 바꾸는 혁명적 변화를 가져오고 있다. 기존의 지리적 경계 혹은 사회적 경계를 초월해서 CMC를 통해 새로운 대인 관계를 형성하고, 유지하고, 발전시킬 수 있게 됨으로써 사람과 사람 간의 만남에도 새로운 변화를 초래하고 있고 인간의 삶의 본질을 근본적으로 변화시키고 있다.

컴퓨터와 인터넷으로 인한 디지털 혁명 혹은 정보통신 혁명으로 물리적 공간과 가상적 공간의 상호 침투가 일어나고 있는 오늘날과 같은 사회에서는 가상세계가 사람들의 일상적 경험 세계에 광범위하게 스며들고 있기 때문에 사실 현실공간과 가상공간을 구분하는 것은 무의미하다고 할 수 있다. 이제는 현실 세계와 가상세계라는 이분법적 구분보다는 현실세계와 가상세계가 하나로 통합된 혼합현실 패러다임(mixed reality paradigm)에 대한 새로운 인식이 필요하다(Hansen, 2006). 즉 현실세계와 가상세계가 분리되어있는 것이 아니라 현실세계와 가상세계 혹은 매개 현실과 비매개 현실이 유기적으로 통합돼 있는 혼합현실로서의 새로운 패러다임에 대한 인식이 필요하다. 이러한 인식을 바탕으로 이제는 가상세계와 현실세계를 자유롭게 넘나드는 혼합현실 환경에서 존재론적 고민을 통해 새로운 정체성을 형성하고 세상을 보는 나름대로의 관점을 정립하면서 주체적 삶의 영역을 확보해나가는 것이 새로운 삶의 방식이자 생존의 기술라고 할 수 있다.

2. CMC와 가상공간의 특성

컴퓨터 매개 커뮤니케이션 즉 CMC라는 용어는 1978년 힐츠(S. R. Hiltz)와 트러프(M. Truff)가 처음 사용했는데, 힐츠와 트러프는 'CMC는 컴퓨터를 매개로 해서 문자화된 메시지를 통해 일 대 일, 일 대 다수, 혹은 다수 대 다수 간의 의사교류가 행해지도록 하는 커뮤니케이션 과정'이라고 설명하고 있다(Hiltz & Truff, 1978). 원래 CMC는 이처럼 문자화된 메시지 즉 전자 텍스트를 통해 이루어지는 커뮤니케이션으로 정의되었다. 그러나 지금은 컴퓨터와 네트워크 기술의 비약적인 발전으로 화상 채팅이나 화상 회의와 같은 다양한 CMC 채널이 등장하고 있고, 그에 따라서 CMC의 범주가 확장되면서 CMC가 전자 텍스트뿐만 아니라 멀티미디어를 활용한 광범위한 영역을 포괄하는 개념으로 그 개념이 확장되고 있다. 이러한 CMC는 다음과 같은 몇 가지 중요한 특성을 갖고 있다.

1) 탈시간성

CMC는 기존의 커뮤니케이션과는 차별화되는 특성을 갖고 있는데 CMC의 첫 번째 특성은 탈시간성이다. 잘 알다시피 CMC는 디지털 기술을 기반으로 하고 있는데 디지털 신호를 이루는 가장 기본적인 단위는 비트다. 이러한 비트의 세계는 기존의 시간과 공간 개념을 파괴하는 이른바 3.5차원의 새로운 시간과 공간 즉 가상세계를 창출함으로써 인류가 이전까지 한 번도 경험한 적이 없는 새로운 사회적, 심리적 경험의 세계를 열어가고 있다. CMC는 무엇보다도 물리적 시간의 파괴를 통해 과거와 현재, 미래의 경계를 붕괴시키고 있다. CMC는 시간적으로 현재가 아니더라도 커뮤니케이션이 이루어질 수 있다. 가령 이메일 메시지는 과거 어느 특정 시점에서 작성된 것이지만 우리가 그것을 읽을 때는 현재의 시점에서 커뮤니케이션하는 것처럼 느끼게 된다. 우리는 사이버스페이스 즉 가상공간에서 과거, 현재, 미래의 경계 파괴를 통해 새로운 시간 감각을 경험할 수 있게 되었다. 이처럼 CMC를 통해 가상공간에서 이전과는 다른 탈시간의 커뮤니케이션이 가능해진 것은 디지털 기술 때문이다. 디지털 기술은 인간이 시간적 제약을 초월해 동시적으로 그리고 비동시적으로 커뮤니케이션할 수 있는 새로운 세계를 열어놓았다. 디지털의 저장 기술로 인해 우리는 시간적 공유가 없어도 서로 커뮤니케이션을 할 수 있게 되었다. 가상공간에서는 실시간 채팅이나 메신저를 통한 동시 커뮤니케이션뿐만 아니라 이메일이나 웹 사이트 게시판 등을 통해 비동시 커뮤니케이션을 할 수 있다. 이러한 비동시 커뮤니케이션은 CMC의 중요한 특징 가운데 하나라고 할 수 있다. 디지털 저장기술로 인해 우리는 별다른 시간의 제약 없이 일상적으로 다른 사람들과 정보를 주고받으며 서로 다른 시간에 커뮤니케이션을 할 수 있게 된 것이다. 이처럼 두 가지 서로 다른 차원의 시간대의 활용 즉 동시 커뮤니케이션과 비동시 커뮤니케이션의 활용은 사람들로 하여금 의사전달에 있어 좀 더 시간적 여유를 갖게 함으로써 보다 진지하고 체계적인 의사교환이 이루어지게 할 수 있는 장점을 갖고 있기도 하다.

2) 탈공간성

CMC의 두 번째 특성은 탈공간성이다. CMC의 기술적 근간을 이루는 디지털 기술은 기존의 3차원의 공간 개념을 붕괴시키고 있다. 디지털 네트워크 기술을 기반으로 하고 있는 사이버스페이스는 물리적 공간을 초월해 컴퓨터 네트워크에 의해 창출된 가상의 공간이라고 할 수 있다. 사이버스페이스는 어떻게 보면 물질적 의미에서는 존재하지 않는 공간 즉 물리적 의미의 공간이 아닌 3.5차원의 독특한 공간이라고 할 수 있다. 이러한 가상공간에서 이루어지는 CMC의 탈공간성은 원격 현존감(telepresence)에 의한 커뮤니케이션 그리고 범지구적인 글로벌 커뮤니케이션(global communication)이라는 2가지 특성을 갖고 있다. 원격 현존감은 디지털 기술을 이용해 멀리 떨어져 있는 사람 혹은 현실에서는 존재하지 않는 환경을 실제로 존재하는 것처럼 경험하는 것을 말한다. 원격 현존감은 가상현실을 생각하면 쉽게 이해될 수 있는데 컴퓨터를 기반으로 한 커뮤니케이션 시스템을 통해 공간적으로 멀리 떨어져 있는 장소 또는 가상의 장소를 신체적으로 경험하는 것을 말한다. CMC는 물리적인 육체의 위치와 관계없이 이러한 원격 현존감에 의해 커뮤니케이션이 이루어지는 특성을 갖고 있다. 즉 사람들은 CMC를 통해 물질적으로 존재하지 않는 가상의 공간을 마치 실제 공간인 것처럼 인식하고 행동하게 된다. 또 CMC를 통해 공간적으로 떨어져 있는 장소 혹은 가상의 장소를 신체적으로 경험하기도 한다. 이러한 물리적 거리감의 소멸은 우리가 지리적, 사회적 경계를 초월해 서로 의사소통을 할 수 있는 탈공간의 커뮤니케이션을 가능케 함으로써 맥루한(Marshall McLuhan)이 얘기한 지구촌(global village) 개념의 범지구적인 글로벌 커뮤니케이션을 가능케 하고 있다. 가상공간에서의 커뮤니케이션은 더 이상 얼굴과 얼굴을 맞대야 하는 면대면(face-to-face)의 물리적 조건이나 현재(present)라는 시간적 조건을 요구하지 않는다. CMC는 물리적 출현을 요구하지 않는다. CMC는 동일 공간 즉 같은 공간에서의 상대방과의 공존을 필요로 하지 않는다. 기존의 면대면 위주의 대인 커뮤니케이션과는 달리 CMC는 동일 시간, 동일 공간에서 직접 만나지 않더라도 커뮤니케이션이 이루어질 수 있고 얼마든지 인간관계 형성이 가능하다.

3) 탈신체성

CMC의 세 번째 특성은 탈신체성이다. CMC는 직접적인 신체적 대면 접촉이 배제된 커뮤니케이션이다. 즉 사람과 사람간의 직접적인 신체적 만남이 일어나지 않는 커뮤니케이션이다. CMC는 실제 공간에서 사람들 간의 신체적인 접촉을 통해 이루어지는 커뮤니케이션이라기보다는 컴퓨터에 의해 형성된 가상공간에서 상대방을 상상하면서 이루어지는 다소 인위적인 커뮤니케이션이다. CMC는 탈신체성의 특성으로 인해 우리가 일상적인 만남에서 쉽게 알아볼 수 있는 면대면 정보가 부족하기 때문에 커뮤니케이션 과정에 판타지(fantasy)가 개입될 수 있다. CMC는 주로 문자화된 메시지 즉 텍스트를 통해서 커뮤니케이션을 하고 또 자신의 모습을 드러낸다. 따라서 외모나 목소리와 같은 면대면 정보의 결핍을 보완하기 위해 판타지를 사용할 수 있다. 즉 판타지가 부족한 정보를 채워주게 된다. CMC는 이러한 판타지를 통해 자신에 대해서 혹은 타인에 대해서 이상적인 이미지나 상상적인 이미지를 만들어낼 수 있다. 따라서 CMC 커뮤니케이션을 통해 상상해왔던 상대방의 모습은 실제의 모습과 상당히 다를 수 있다.

CMC의 탈신체성의 특성은 사람들이 CMC를 통해 서로 상호작용하는 방식에 많은 영향을 미치게 된다. 가상공간은 실제 세계에서의 자신의 신분 혹은 신원을 보여주는 사회적 단서가 부족하기 때문에 개인의 정체성이 쉽게 드러나지 않을 뿐만 아니라 선택적 자기제시(selective self-presentation)를 통해 개인의 정체성을 선별적으로 드러낼 수 있다. 선택적 자기제시는 인간의 커뮤니케이션 행위와 관련해 연극학적 접근 이론을 주장했던 고프만(Erving Goffman)이 제시한 개념을 차용한 용어인데 사람들이 자신의 정체성을 선택적으로 즉 선별적으로 표현하는 것을 말한다(Goffman, 1959). CMC는 비동시적 커뮤니케이션의 특성으로 인해 즉각적 반응에 대한 의무감이 상실된다. 가령 우리는 이메일 메시지에 대해 즉각적으로 답변하지 않았다고 해서 그 사람을 비난하거나 그러지는 않는다. CMC의 비동시적 커뮤니케이션으로 인한 이러한 지연된 반응은 선택적 자기제시를 용이하게 만든다. 충분한 시간을 갖고 생각을 해가면서 자신이 누구인가를 선별적으로 편집해서 제시할 수 있게 된 것이다. 극단적인 경우에는 가상성형(virtual surgery)이 아주 쉽게 이루어질 수도 있다. 가상성형이라는 것은 실제 세계의 물리적 조건 혹은 신체적 조건과는 전혀 다르게 자신이 원하는 방식으로 자신을 재창조하는 것을 말한다. 가상공간에서는 실제 세계의 모습과는 전혀 다른 사람이 될 수 있다는 얘기다. 이처럼 CMC의 주체는 현실 세계의 신체적 자아와는 상당히 다른 또 다른 사이버 자아가 될 수 있다.

4) 탈일방성

CMC의 네 번째 특성은 탈일방성이다. 전통적인 의미의 기존 매스 미디어는 1대 다의 일방향 커뮤니케이션을 중요한 특징으로 하고 있다. 그러나 CMC에서는 기존 매스 커뮤니케이션과는 다른 다차원의 상호작용 커뮤니케이션이 가능하다. CMC는 1대 다의 일방향 커뮤니케이션 위주인 기존 매스 미디어와는 달리 송신자와 수신자의 역할이 고정돼 있지 않다. CMC는 송신자와 수신자의 역할이 수시로 바뀌면서 수신자가 송신자가 되고 송신자가 수신자가 된다. CMC에서는 송신자와 수신자가 동시에 커뮤니케이션에 참여할 수 있다.

CMC는 대인 커뮤니케이션과 매스 커뮤니케이션의 속성을 모두 갖고 있다. 또 일방향 커뮤니케이션과 쌍방향 커뮤니케이션을 포괄하고 있다. 따라서 CMC에서는 1대1, 1대다, 다대1, 다대다의 커뮤니케이션이 모두 가능한 다차원적인 상호작용 커뮤니케이션이 이루어진다. CMC의 이러한 다차원적인 상호작용 커뮤니케이션은 사람들로 하여금 참여성(engagement)과 사회성(sociability)을 유도해 시공간을 초월한 사회적 실재로서의 가상공동체(virtual community)를 형성하게 된다. 가상공동체는 지리적 위치나 물리적인 관계와 상관없이 서로간의 관심사나 공동의 목표에 따라 실제 물리적 장소에서 만나는 것처럼 가상공간에서 만나 이루는 새로운 형태의 공동체다. 가상공동체라는 용어를 처음 사용한 라인골드(Howard Rheingold)에 따르면 인터넷에서 충분한 수의 사람들이 충분한 인간적 정서를 가지고 충분히 긴 시간 동안 공개적 토론을 수행함으로써 가상공간 내에 대인 관계망을 형성하게 되면 사회적 집합체로서의 가상공동체가 나타나게 된다(Rheingold, 1993). CMC 참여자들 사이의 다차원적인 상호작용을 통해 형성되는 가상공동체는 온라인 네트워크 상에서 지금까지 볼 수 없었던 새로운 사회적 관계망을 통해 공동체 의식(sense of community)을 갖게 되고, 물리적 위치를 중심으로 형성되던 전통적인 의미의 기존 공동체와는 다른 새로운 의미의 공동체를 만들게 된다. 가상공동체는 물리적 실재 혹은 신체적 접촉이 없어도 가상공간 속에서 권력을 행사하고 규칙을 만들고 또 전통적인 의미의 기존 공동체와 유사한 역사와 관습, 문화를 만들어가게 된다.

5) 탈언어성

CMC의 다섯 번째 특성은 탈언어성이다. CMC는 아날로그 시대의 전통적인 의미의 언어와는 달리 텍스트나 이미지, 사운드, 동영상 등 서로 구분되었던 이질적인 형태의 기호체계의 융합을 통해 언어를 새롭고 독특한 방식으로 사용하는 경우가 많다. 또 CMC의 특성인 시각적, 청각적 신호의 부재 혹은 결핍을 극복하기 위해 CMC 언어는 문어적 요소에 구어적 요소를 융합하는 비정형성의 특성을 보이기도 한다.

면대면 커뮤니케이션은 언어적 표현과 비언어적 표현의 병행이 가능하다. 면대면 커뮤니케이션은 상대방과 대화를 하면서 표정을 통해서도 많은 정보를 얻어낼 수 있다. 그러나 CMC는 주로 말 보다는 글로 표현된 문자 메시지(written message)에 의해 커뮤니케이션이 이루어지는 특성을 갖고 있다. 이러한 CMC는 커뮤니케이션을 할 때 면대면 커뮤니케이션처럼 언어적 표현에 부수적으로 수반되는 비언어적 표현이나 비언어적 행위를 병행할 수 없다. 비언어적 커뮤니케이션의 부재는 송신자의 정확한 의미 전달이나 감정 전달에 애로를 초래할 수 있다. 따라서 수신자가 송신자의 의미를 이해하는 데 한계가 있을 수 있고 합의 혹은 의사 결정에 이르는데 어려움이 따를 수 있다.

CMC는 이모티콘(emoticon)과 같은 전혀 새로운 방식의 기호를 사용하기도 한다. 이모션(emotion)과 아이콘(icon)의 합성어인 이모티콘은 컴퓨터 자판의 문자와 숫자, 수학 기호 같은 것들을 적절히 조합해 CMC의 비언어적 커뮤니케이션의 부재를 극복하고 자신의 감정이나 의사를 전달하기 위해 사용하는 가상공간 특유의 언어라고 할 수 있다. 가상공간에서는 문자의 변형이나 키보드의 특수 문자 조합 등을 통해 감정이나 표정, 제스처 등을 표현하는 독특한 비언어적 커뮤니케이션이 자주 일어난다는 특성이 있다. 또 생략 혹은 조합을 통해 기존 어휘를 여러 가지 형태로 변형해서 사용하는 경우가 많아 변화의 형태를 예측하기 어렵고 의미를 추정하기가 어려운 경우도 많다. 또 전통적인 의미의 텍스트와는 달리 가상공간의 텍스트는 매우 유동적이고 변화무쌍한 경우가 많다.

6) 탈인격성

CMC의 여섯 번째 특성은 탈인격성이다. CMC는 인간과 인간간의 커뮤니케이션 뿐 만아니라 인간과 컴퓨터, 컴퓨터와 컴퓨터 간에도 커뮤니케이션이 이루어질 수 있다. 인간과 컴퓨터간의 새로운 상호작용 방법들이 속속 개발되면서 CMC와 HCI(Human-Computer Interaction)간의 경계가 무너지고 있다. HCI는 인간과 컴퓨터간의 상호작용 즉 인간이 컴퓨터와 상호작용하는 방식을 말한다. 또 인간이 어떤 목적을 위해 컴퓨터와 주고받는 모든 행위를 의미하기도 한다. 그런데 인간이 컴퓨터와 상호작용하는 방식이 급속히 발전하면서 인공 지능을 가진 컴퓨터 프로그램 혹은 인공 지능을 가진 로봇과의 커뮤니케이션이 이루어지는 등 마치 사람을 대하듯이 컴퓨터를 대하는 시대가 돼가고 있다. 특히 사회적 인터페이스(social interface) 기술이 발전함에 따라 음성 인식(speech recognition)과 지능형 에이전트(intelligent agent)가 인터페이스에 통합되면서 사람과 기계간의 경계가 붕괴되고 있다. 사회적 인터페이스는 인간의 대화와 좀 더 유사한 상호작용 방법을 만들어내기 위해 인터페이스에 지능형 에이전트를 통합하게 된다. 이는 인터페이스가 인간 행동의 요소들과 밀접하게 매우 가까워지는 것을 말한다. 즉 컴퓨터 인터페이스가 인간의 대화 형식이나 행동 양식과 유사하게 인간 사회의 구성요소들의 모습을 갖추어가는 것이 바로 사회적 인터페이스다. 사람들은 이제 음성 인식 기능을 통해 컴퓨터에 말로 명령을 내릴 수 있게 되었고 또 컴퓨터 소프트웨어들도 인간에 대해 구어로 응답하고 있다. 또 스스로 자신의 행동을 통제할 줄 아는 자율적인 지능형 에이전트가 인터페이스에 통합되면서 인간과 기계간의 경계가 무너지고 있다. 지능형 에이전트는 별다른 명령을 내리지 않더라도 스스로 정해진 일정에 따라 인터넷상에서 정보를 수집하거나 서비스를 수행하는 프로그램을 말한다. 지능형 에이전트는 환경 변화를 감지해서 스스로 변화에 대응할 수 있고 이전의 경험에 기초해서 자신의 행동을 배우거나 바꿀 수도 있고 목표를 수정할 수도 있다. 또 에이전트들 간에 서로 상호작용을 하고 커뮤니케이션을 할 수도 있다. 이러한 사회적 인터페이스와 지능형 에이전트는 사람들이 인간이 아니라 컴퓨터와 대화하고 있다는 것을 의식하지 못할 정도로 매우 현실적인 것이 돼가고 있다(Barnes, 2003).

CMC는 이밖에도 탈실명성 즉 익명성의 특성을 갖고 있는데 익명성은 제3장에서 가상공간의 익명성과 표현의 자유에 관한 문제를 다룰 때 자세히 언급하기로 하고 여기서는 생략하기로 한다.

3. 가상공간과 인간의 자아 정체성의 변화[1]

1) 산업사회와 자아 정체성

사회적 존재로서의 인간은 다른 사람과의 상호작용을 통해 자신의 정체성을 형성하고 세상을 보는 나름대로의 관점을 정립하면서

---

1 가상공간과 인간의 자아 정체성의 변화는 <사회이론> 33호(2008년)에 실린 김종길의 논문 '사이버공간에서의 자아인식과 복합정체성 수행' 가운데 주요 내용을 요약 발췌한 것임.

생존에 필요한 지식을 습득하게 된다. 그런데 현대 사회의 자아 개념은 하나의 신체에는 하나의 자아가 깃들어 있다는 사상, 그리고 개인이 자유의지로 자신의 운명을 결정한다는 관념이 결합되면서 정립돼 왔다. 현대 사회에서 자아의 가변성 그러니까 스스로 자신의 자아를 선택하고 조형하고 갱신할 수 있는 가능성이 증대되었음에도 불구하고, 그것이 어느 정도 안정적인 실체로서 간주되었던 것은 누구에게나 동일한 것으로 인식되는 신체의 현전(presence)에 대한 확신 때문이었다. 산업사회의 자아정체성은 신체의 현전 즉 신체라는 물리적 실체를 기반으로 하고 있기 때문에 여전히 일관성과 지속성이 담보될 수 있었다(김종길, 2008).

2) 가상공간과 자아 정체성

CMC가 등장하면서 인간의 자아정체성에 대한 인식이 변화를 겪게 되었다. 20세기 후반 이후 디지털 혁명 혹은 정보통신 혁명과 그에 따른 가상공간의 등장은 육체를 지닌 인간이 탈육체화 해서 인간의 의식의 몰입으로 새로운 공간으로 들어가는 것을 가능하게 만들었다. 인간이 육체의 한계를 초월해서 지금까지는 육체를 갖고 있기 때문에 제한적으로 접근할 수밖에 없었던 새로운 개념의 세계를 경험하게 된 것이다. 이처럼 탈육체성의 특징을 갖고 있는 가상공간은 인간의 생활 전반에 지대한 영향을 미치면서 오랫동안 사회과학계가 견지해 온 안정적이고 고정적인 자아의 가정을 근본적으로 붕괴시키고 있다. 즉 컴퓨터와 인터넷이 단순한 기술 혹은 도구에 그치지 않고 인간의 삶의 환경과 인간 자신에 대한 이해 자체를 바꾸는 혁신적 변화를 가져오기에 이르렀다. 이제는 인간의 자아가

안정되고 예측 가능한 실체가 아니라 지속적으로 재구성되는 유동적인 것으로 인식되고 있다.

3) 자아에 대한 인식의 전환

CMC 혹은 가상공간에서의 자아 정체성을 이해하기 위해서는 자아에 대한 전통적인 사고방식으로부터의 전환이 필요하다. 가상공간에서의 자아는 안정적이고 고정적인 단일한 실체라기보다는 지속적으로 재구성되는 유동적 것이라고 할 수 있다. 전통 사회에서의 자아 개념과는 달리 가상공간에서의 개인의 정체성은 확정된 자아가 아니라 여러 개의 자아로 구성된다. 가상공간의 자아는 여러 개의 자아가 공존하는 복합 정체성을 가진 다중적 자아라고 할 수 있다. 가상공간에서는 마치 컴퓨터 모니터에 여러 개의 창들을 열어 놓은 것처럼 한 개인이 여러 개의 가상인물을 만들어냄으로써 복합적으로 자신의 정체성을 표현할 수 있다. 또 온라인과 오프라인의 삶이 유기적으로 통합되고 있는 지금과 같은 정보사회에서는 인간의 자아가 오프라인 세계의 실제 자아와 가상공간의 사이버 자아 간의 관계 속에서 지속적으로 재구성되는 유동적 존재로 변모하고 있다. 또 시공간을 초월한 정체성의 분산과 다중성이 일상화되는 시대가 돼가고 있다(김종길, 2008).

4) 복합 정체성으로서의 사이버 자아

가상공간에서의 정체성은 다원적이고 유동적인 것이라고 할 수 있다. 하나의 정체성을 지속적으로 견지할 수 없다는 점에서 다원적이라고 할 수 있고, 오프라인 세계에서처럼 하나의 정체성에 고정되어 있지 않다는 점에서 유동적이라고 할 수 있다. 사이버 자아의 복합정체성이라는 것은 개별적인 몸을 지닌 하나의 본래 자아 혹은 실제 자아가 여러 개의 ID를 가지고 가상공간에서 활동하거나 혹은 자아의 자유로운 변형을 통해 독립적인 성격을 지닌 여러 개의 자아로 자신을 표현하는 것을 말한다. 온라인과 오프라인의 삶이 유기적으로 통합되고 있는 오늘날의 세계에서 여러 곳에 공존하는 자아의 분산 즉 다원적이고 유동적이고 분산적인 정체성은 인간의 삶의 새로운 조건이라고 할 수 있다. 이러한 복합 정체성으로의 사이버 자아는 오프라인 공간에서는 불가능했던 억압된 자아의 출구가 될 수도 있고 또 다양한 자아 정체성을 체험할 수도 있다는 점에서 자아의 해방 혹은 확장으로써의 순기능적인 측면도 있다고 할 수 있다. 즉 다양한 자아의 체험을 통해 타인의 역할을 보다 잘 이해할 수 있고 또 자신의 미래 역할도 미리 대비할 수 있는 긍정적인 측면이 있다고 할 수 있다.

5) 복합 정체성의 역기능

오늘날 CMC 및 IT 기술의 급속한 발달과 그에 따른 사회문화적 변화의 가속화로 인해 다중 자아 혹은 복합 정체성이 확산되고 있고, 자아의 분산과 정체성의 유동화가 심화되고 있다고 할 수 있다. 우리는 이제 CMC와 같은 가상공간의 기술적 환경을 이용해 다양한 방식으로 자신을 표현할 수 있게 되었고 또 각양각색의 사이버 자아를 내세워 복합 정체성을 수행할 수 있게 되었다. 가상공간의 유동적이고 가변적인 구조 그리고 현대인의 자아인식에 대한 변화는 하나 또는 복수의 고정적이고 일관된 자아 정체성의 해체를 가져오고 있다. 이러한 변화는 복합 정체성의 일상화 혹은 일반화를 초래하고 있다. 그런데 가상공간에서의 이러한 복합 정체성은 오프라인 세계의 실제 자아의 정체성을 위협하거나 책임감 상실 혹은 현실 도피라는 역기능을 초래할 수 있다. 가령 지나치게 사이버 자아에 몰입함으로써 일상적인 삶을 등한히 할 수도 있다. 또 실제 자아와 사이버 자아의 주객 관계가 전도되어 사이버 자아가 실제 자아의 정신과 행동을 지배하는 현상이 나타날 수도 있다. 이러한 정체성의 혼란과 존재론적인 고민은 극단적인 경우 자아의 분열이나 다중인격 장애와 같은 병리적 현상을 초래할 수도 있다. 또 실제 자아와 사이버 자아의 불일치로 인해 정상적인 사회생활이 불가능할 정도로 사회적 부적응의 문제를 야기할 수도 있다(김종길, 2008).

6) 가상공간과 복합정체성 사례

가상공간에서의 정체성 실험의 한 사례로 젠더 벤딩(gender-ending)에 대해 살펴보도록 하겠는데 젠더 벤딩이라는 것은 기존의 성역할 바꾸기 혹은 성 역할 파괴를 말한다. 1985년 밴 겔더(Lindsy Van Gelder)가 보고한 '전자연인의 이상한 사례(The Strange Case of the Electronic Lover)'를 보면 현실 세계에서는 알렉스(Alex)라는 50대 남자 정신과 의사이지만 가상 세계에서는 조안(Joan)이라는 여성으로 살았던 한 남성의 사례가 소개돼 있다. 알렉스는 신체적으로 불구인데다 외모도 좋지 않았다고 한다. 그런데 뉴욕 출신의 이 50대 정신과 의사가 가상공간에서 조안이라는 여성 정신과 의사로 가장해 채팅에 참여하게 된다. 그리고 현실 세계에서 알렉스로 살 때와는 달리 많은 여성들이 마음을 열고 자신을 대하는 것을 발견하게 된다. 알렉스는 조안으로 살아가면서 가상공간에서 다른 여성들과 교제도 하고 연애 상담도 해 주게 된다. 그리고 이것이 진짜 자신이 해야 될 일이라고 생각하게 된다. 그는 시간이 지날수록 점점 더 오프라인의 삶보다 가상공간의 삶에 더 비중을 두게 된다. 그런데 조안을 따르는 사람들이 많아지면서 문제가 발생하게 된다. 많은 사람들이 조안을 실제로 만나보고 싶어 했기 때문이다. 면대면 만남에 대한 요구가 커지면서 알렉스도 만남을 거부할 수만은 없는 상황에 이르게 된다. 그는 상황이 통제 불능 상태에 이르자 결국 조안을 죽여야한다고 생각하게 된다. 하지만 알렉스는 조안을 죽이지는 못하고 고민 끝에 조안의 남편이라는 또 다른 가상 인물로 변신하게 된다. 그리고는 조안이 아파서 병원에 입원했다고 말하게 된다. 그런데 또 문제가 발생하게 된다. 조안을 따르던 많은 친구들이 입원한 병원이 어디냐, 문병을 가겠다, 좋은 의사를 소개시켜 주겠다, 금전적인 도움을 주겠다고 나선 것이다. 결국 많은 사람들의 요구로 알렉스는 자신이 근무하는 병원의 이름을 밝히게 된다. 이렇게 해서 병원 기록을 확인하게 된 사람들은 조안이라는 인물이 모두 거짓이었다는 것을 알게 된다. 그리고 많은 사람들이 알렉스가 자신들을 기만했다는 사실에 크게 충격을 받고 분노하게 된다. 그런 가운데서도 일부 사람들은 조안과 가졌던 지난날들의 정겨웠던 만남에 대해 회고하기도 한다. 여기서 같이 고민해볼 문제들은 이런 것이다. 알렉스의 젠더 벤딩 그러니까 가상공간에서의 성 역할 바꾸기는 잘못된 것인가? 인간의 정체성은 현실 공간과 가상공간에서 반드시 동일해야만 할까? 조안이라는 인물은 있어서는 안 될 잘못된 존재일까? 알렉스의 가상공간에서의 성 전환은 비난받아 마땅한 기만에 지나지 않는 것일까? 우리 주변에서 이와 비슷한 일이 일어난다면 우리는 어떻게 할 것인가? 가상공간에서의 자아의 진정한 의미는 무엇일까?

알렉스의 젠더 벤딩에 이어 이번에는 가상공간에서의 다중 정체성에 대해 살펴보도록 하자. 30대 남성 K씨는 현실 세계에서는 단란한 가정을 가진 자상한 가장이다. 그런데 가상공간에서는 현실세계의 물리적인 육체의 조건을 벗어나 다양한 정체성을 갖고 살아가고 있다. 가상공간의 역할 수행 게임에서는 자상한 가장이라기보다는 무적의 전사로 활동하고 있다. 또 다른 가상공간인 채팅룸에서는 20대 여성으로써 다른 삶을 살고 있다. 가상공간에서는 이처럼 현실세계의 육체의 조건을 벗어나 얼마든지 다양한 다중 정체성을 가질 수 있다. 여기서 생각해볼 문제는 한 인간이 여러 개의 자아를 갖고서 다중적인 삶을 살아갈 수 있느냐 하는 것이다. 현실 공간에서는 평범한 30대 가장이지만 가상공간에서는 20대 여성으로서 또 다른 정체성을 갖고 있는 K씨의 다중 정체성은 용납될 수 있는 것일까? 아니면 이해하기 어려운 비정상적인 일탈이라고 봐야할까?

7) 실제 자아에 대한 새로운 인식

복합 정체성과 다중 자아의 시대를 살고 있는 오늘날과 같은 정보사회에서 순기능을 극대화하고 역기능을 최소화하기 위해서는 어떻게 해야 할까? 전술한 것과 같은 부작용을 최소화하기 위해서는 가상 세계에서의 복합 정체성의 수행자가 현실 세계의 실제 자아라는 사실을 확실하게 인식해야 한다. 즉 현실 세계의 실제 자아의 중심적 위상에 대한 확고한 자각이 필요하다. 또 가상공간에서 활동하고 있는 자아는 그것이 구성되는 맥락 속에서 맥락 합리적으로(context-rationally) 행동해야 한다. 즉 가상공간의 자아는 가상공간이라는 맥락 내에서의 역할 기대에 상응하는 행동을 해야 한다. 가령 용감한 전사로서의 역할은 온라인 게임이라는 가상공간의 맥락 속에서 적절하게 수행될 때에만 의미가 있다. 그렇지 않고 현실 세계와 가상 세계를 제대로 구분하지 못하게 되면 리셋 증후군과 같은 사회 병리적 현상이나 심각한 범죄 행위로 이어질 수 있다.

실제 자아 없이는 사이버 자아의 존립이 불가능하다. 사이버 자아가 없어도 실제 자아는 살아갈 수 있지만 현실 세계에서의 실제 자아가 없이는 사이버 자아의 존립 자체가 불가능하다. 따라서 이러한 확고한 인식하에서 가상공간의 자아에 대해서 실제 자아의 책임성과 주도성을 높여야한다. 복합 정체성과 다중 자아가 존재의 조건이 되고 있는 오늘날과 같은 사회에서는 다수의 복합적인 자아 정체성을 인정하고 또 자아의 유연성을 인정해야 한다. 그와 동시에 분산되고 파편화된 자아들을 통합하기 위한 최소한의 구심점이 필요한데, 그러한 구심점은 개별적 육체의 현전을 전제로 하고 있는 현실 세계의 실제 자아라는 것을 잊어서는 안된다. 이러한 인식을 바탕으로 현실 세계의 실제 자아 그리고 가상공간의 사이버 자아 간의 유기적 연결과 소통을 도모하는 것이 매우 중요하다. 미래 사회에서는 탈육체화 혹은 탈신체화를 통한 가상공간에서의 경험이 축적될수록 물리적 공간의 자아보다는 사이버 공간의 자아가 더 중요해지고 또 다중 정체성의 상황에 놓이게 됨으로써 개인적으로 그리고 사회적으로 정체성의 혼란을 겪게 될 수도 있다. 또 현실의 나와 가상공간의 나 사이의 분리가 심화되면서 자아의 분열과 해체가 일어날 가능성도 있고 다중 인격 장애와 같은 정체성의 위기를 초래할 가능성도 있다. 가상공간의 자아에 대한 무지는 자아 상실 혹은 정체성의 혼란을 초래할 수 있다. 미래 사회는 물리적 공간과 가상적 공간의 통합적 정체성을 구성하고 수행할 줄 아는 주체적 역량을 가진 개인을 필요로 한다. 온라인과 오프라인 자아의 조화로운 통합을 통해 균형 잡힌 자아 정체성을 정립할 때 우리는 비로소 건강한 자아를 갖게 될 것이다(김종길, 2008).

2_ CMC와 사이버 윤리

1. CMC와 사회적 관계의 변화

1) 사회적 관계의 연성화

디지털 사회는 포스터(Poster, 1990/1994)에 따르면 CMC(Computer Mediated Communication: 컴퓨터매개커뮤니케이션)로 인해 사회 구성원들 간의 사회적 관계가 연성화되고 있다고 한다. 디지털 사회의 사회 구성원들은 데이터베이스에 의한 다중화, 즉 자기 정보가 파편화 되어 있고, 여기저기에 널려있게 되었다. 데이터베이스에 의해 파편화된 자기 정보는 다시 부분적으로 재조합도 가능하다. 기존의 현실 사회에서 사회 구성원들은 하나의 개인 정체성이 뚜렷했다면 디지털 사회의 사회 구성원들은 다중적 자아로서 언제 어디서나 여러 명의 새로운 자아로 탄생될 수 있는 유연한 존재들이다. 따라서 이들의 사회적 관계는 연성적일 수밖에 없다. 뿐만 아니라 다중적 자아는 컴퓨터를 매개로 여러 가지 일을 동시에 할 수도 있다. 컴퓨터 메시지를 주고받으면서 전자회의도 할 수 있고, 트위터, 페이스북을 통해 자신의 취향과 취미를 다른 사람과 공유하거나 정치적 의견이나 주장을 알릴 수도 있는 등 한 개인이 여러 가지 일을 동시 다발로 할 수 있어 정체성이 또다시 분산될 수 있다. 이러한 개인 정체성의 다중화, 분산화 현상은 CMC로 인해 더욱 두드러지게 되었지만, 기존 매체, 예를 들어 텔레비전을 비롯한 각종 영상매체들의 미디어 산물들에 의해 생겨난 수많은 탈맥락적 정보에 노출되면서 이미 서서히 생겨난 현상이다. 탈맥락적 정보는 사회 구성원들 간의 커뮤니케이션을 탈맥락적으로 만들었고, 이들의 사회적 관계도 연성화시키는 결과를 낳았으며, 그러한 사회는 유연할 수는 있지만 불안정한 사회라 하겠다. 디지털 사회는 바로 탈맥락적 정보가 더욱 폭증하면서 디지털 사회 구성원들 간의 커뮤니케이션은 기존 현실에서보다 더욱 탈맥락적으로 되고, 이들의 관계 역시 연성적으로 변하고 있는 것이다.

한편 디지털 사회 구성원들은 유목적 존재로서의 속성을 갖는다. 노마드적 주체는 말 그대로 한곳에 정착하지 않고 항상 떠돌아다닌다. 사이버 상에서의 사회 구성원들은 현실공간에서처럼 한 곳에 정착해 살지 않고, 월드와이드웹으로 연결되어 있는 전세계 네트워크 속에서 여기 저기 떠돌아다니며 존재한다. 따라서 디지털 사회 구성원들은 불안정한 정체성을 가지며, 반복적으로 재구성하고, 자기 동일적이지 않으며, 복합적이고 유연한 존재들인 것이다. 정체성이란 한 개인의 가치관, 경험, 사고방식 등이 타인과의 상호작용 속에 생겨난 고유의 특성이라 할 수 있다. 그런데 기존 현실공간에서의 개인의 정체성은 뚜렷한 하나의 정체성을 가진다. 물론 현실공간에서도 하나의 정체성이라 해도 동시에 여러 개의 정체성, 즉 복합정체성(multi-identity)을 가지기도 한다. 예를 들어 아내로서, 엄마로서, 직장인으로서 자기 자신 말이다. 그러나 현실공간에서의 정체성은 아내로서, 엄마로서, 직장인으로서, 즉 역할에는 차이가 있으나 그 모든 정체성이 바로 '나' 자신을 구성하는, 자기 자신이다. 반면 가상공간에서는 복합정체성이라 하더라도 전혀 다른 '나' 일 수 있다. 때문에 가상공간에서의 유목적 존재는 자기 동일적이지 않은 불안정한 정체성을 가진다. 또 여기에도 저기에도 자신이 존재할 수 있으므로 반복적으로 재구성이 가능한 복합적이고 유연한 존재들이다.

이들 유목적 존재로서 가상공간의 사회 구성원들이 가지는 관계들은 다중적이고 매우 유연하며, 언제든지 변할 수 있는 자기 정체성이 불분명한 파편화된 존재들 간의 관계이므로 유연한 관계인 만큼 부정적인 측면에서 볼 때, 이들의 관계는 신뢰성에 문제가 발생할 수 있다. 또 이들은 순식간에 만나고 헤어지는, 일회적인 만남을 많이 갖게 되어 현실공간에서 가지는 사회적 책임이나 윤리의식, 도덕, 관습으로부터 벗어날 가능성이 있다. 따라서 탈맥락적인 커뮤니케이션, CMC로 매개된 사회적 관계는 책임과 의무에서 벗어나 가벼운, 연성적인 관계가 될 수 있다.

2) 부적절한 행위의 일상화와 공동체 회복

디지털 사회의 사회 구성원들은 역기능적 측면에서 볼 때 사회적으로 부적절한 행위를 더 많이, 더 자주 저지를 수 있다. 크게 두 가지 측면에서 그 원인을 찾아볼 수 있는데, 첫째는 사회 구성원들의 속성에서, 둘째는 그들 간의 커뮤니케이션의 특성에서 원인을 고려해볼 수 있다. 먼저 사회 구성원들의 속성이란 가상공간, 디지털 사회에서는 현실세계와 달리 새로운 신분, 새로운 지위를 가질 수 있다는 점이다. 즉, 가상공간에서의 익명성은 디지털 사회 구성원들로 하여금 현실세계에서의 자신의 신분이나 지위 등을 노출하지 않을 수 있게 해주며, 심지어 완전히 다른 신분, 다른 지위를 가상공간에서 새롭게 창출하여 서로 간에 커뮤니케이션을 할 수 있게 해준다. 이처럼 디지털 사회 구성원들은 현실 세계의 사회적 맥락, 즉 사회적 신분과 지위로부터 자유로운 상태에 놓이게 됨으로서 사이버 상에서 어떠한 행위에 대한 절제의 필요성을 느끼지 못하게 되고, 이는 가상공간에서의 부적절한 행위로 이어질 수 있다.

한편 디지털 사회 구성원들의 커뮤니케이션적 특성이란 말투나 몸짓이 배제된 문자중심의 커뮤니케이션이 강하다는 점이다. 말투나 몸짓은 비언어적 메시지(nonverbal message)로, 원래 커뮤니케이션의 효율성 측면에서 볼 때 언어적 메시지(verbal message)보다 더욱 효율적인 커뮤니케이션으로 이끈다는 이론적 지지가 있듯이 말투나 몸짓 등은 커뮤니케이션에 있어서 매우 중요한 맥락적 단서들이다. 그러나 사이버 상에서는 이러한 중요한 커뮤니케이션의 맥락적 단서들이 빠져 있어서 서로 간에 충분하고 원활한 커뮤니케이션이 일어나지 못하는 경우가 많으며, 이는 디지털 사회 구성원들로 하여금 부적절한 행위로 이끌게 되는 원인이 되기도 한다.

그러나 디지털 사회 구성원들의 부적적할 행위가 증폭함에 따라 불안정한 사회로 변모해나갈수록 반대 급부적으로 사회를 정화하고자, 공동체를 회복하고자 하는 욕구 또한 더 커지고 있다. 특히 디지털 사회는 긍정적인 기능에서 볼 때 수평적이고 평등한 인간관계, 개방적이고 상호협조적인 인간관계를 형성할 수 있다. 기존 현실세계, 산업사회는 사회구조와 사회적 관계가 수직적이고, 위계질서 중심적이고, 폐쇄적이고 일방적인 인간관계가 강했다면 정보사회, 즉 디지털 사회는 네트워크 구조 속에 정보생산자와 소비자의 개념이 분리되어 있지 않아 상호작용성과 쌍방향적 커뮤니케이션이 강하기 때문이다. 따라서 디지털 사회 구성원들은 한편으로 사이버 공동체, 즉 수평적이고 평등한, 개방적이고, 상호협조적인 인간관계를 중심으로 하는 사회 공동체에 대한 회복의 노력을 기울이게 되는 것이다.

2. 가상공간과 사이버 윤리

1) 가상공간의 행동과 윤리

가상공간에서 인간은 비윤리적인 행동을 자주 하게 된다. 이수범(2003)에 따르면 그 이유는 자기 정체성이 모호하기 때문인데, 예를 들어 사이버 상에서 우리는 아바타를 통해 가상현실에 개입한다. 이때 아바타는 실제 세계의 자신과 다르지 않은 동일한 속성을 내포하는 경우도 있지만, 대부분 사람들은 사이버 상에서 아바타를 실제 세계의 자신과 전혀 다른 속성을 가진 인물로 창출해낸다. 또 이런 아바타는 쉽게 교체되기도 하는데, 자기 마음에 들지 않거나 변화하고 싶을 때 얼마든지 아바타를 바꿀 수 있다. 현실세계에서는 자기 자신을 바꾸는 일이 거의 불가능하다. 주민등록상에 있는 기본적인 개인 정보뿐만 아니라 외모, 직업, 성격 등 마음에 들지 않는다고 쉽사리 바꿀 수 있는 것이 아니다. 그러나 사이버 상에서는 어떠한가? 한 아바타를 통해 외모와 성격, 행동과 말, 사고 등을 일정기간 보유하고 있다가 바꿀 수도 있고, 어느 한 곳에서는 이런 류의 아바타를, 또 다른 곳에서는 저런 류의 아바타를 가지는 등 여러 유형의 아바타를 동시에 가지기도 한다. 그리고 아바타를 교체하는데 드는 비용은 거의 없기 때문에 누구나 쉽게 아바타를 교체할 수 있다. 즉, 사이버 상에서 아바타는 수없이 존재하다가 수없이 사라지기도 한다. 이러한 이유에서 사이버 상에서의 인간의 행동은 비윤리적인 목적을 가지고 말과 행동을 과장되게 할 가능성이 높아지게 된다.

그러나 사이버 상에서 비윤리적 행동은 실제 윤리적인 문제와 아무런 상관이 없는 것인가? 그렇지 않다. 사이버 상에서 실존인물과 다른 아바타의 비윤리적인 부적절한 말과 행동 등은 심각한 윤리적 문제에 해당된다. 예를 들어 게임캐릭터의 폭행과 살인, 아바타의 비방 및 절도, 갈취 등에 대해 어떻게 평가할 수 있을지 생각해보자. 게임캐릭터, 아바타, 실제 인물이 아닌 가상공간의 가상인물이라 하더라도 이들의 비윤리적인 언행은 가상공간, 디지털 사회에서 문제를 일으킬 뿐만 아니라 실제 사회에까지 더 큰 문제를 일으킬 수 있다. 따라서 가상공간에서 일어나는 비윤리적 행동에 대해 누가 책임을 질 것인지, 게임캐릭터가 책임을 질 것인지, 아바타가 책임을 질 것인지, 아니면 실제, 현실세계에 존재하는 바로 그 인물이 직접 책임을 져야할 것인지 먼저 판단해야 할 것이다.

책임소재를 분명히 한 다음에는 어떠한 윤리적 기준을 적용할 것인지를 논의해야 한다. 그러나 사이버 윤리의 기준은 기존, 현실 세계를 바탕으로 꾸준히 논의되어왔던 윤리적 이론들과 기준들을 그대로 적용하기가 쉽지 않을 것이다. 익명성으로 가상공간에서는 어떠한 불법적이고, 비윤리적인 행동도 가능하며, 정체성의 혼란으로 이에 대한 책임회피의 가능성도 높다. 따라서 사이버 윤리는 기존의 윤리적 기준보다 훨씬 높은 수준의 윤리의식이 필요하다. 상대방을 인정하는 존중의 원칙과 정보의 진실성, 비편향성, 완전성, 공정성 등의 정의를 추구하는 윤리적 노력들이 사이버 윤리에서는 더욱 요구되는 것이다.

2) 사이버 윤리의 적용

사이버 윤리를 적용하기 위해서는 사이버 상에서 발생한 일이 어떤 성격의 문제인지를 알고, 어떤 윤리적 기준을 적용할 것인지를 판단해야 한다. 따라서 윤리적 개념과 이론에 대해 충분한 지식을 습득할 필요가 있다. 뿐만 아니라 기존의 윤리 이론과 개념을 사이버 윤리에 적용함에 있어서 어떤 한계점이 있는지도 이해해야 한다. 특히 사이버 윤리 개념의 경계를 어떻게 설정할 것인지에 대한 논란이 끊이지 않고 있으므로 그 경계선을 잘 설정할 필요가 있다. 또 사이버 윤리는 윤리적 실천 주체와 행위가 사회적 맥락과의 연결이 매우 약하기 때문에 다양한 관점에서 윤리적 평가를 내려야하므로 어떤 분야보다 전문가의 역할이 중요하다(이수범, 2003).

3) 사이버 윤리설

전통적 윤리설은 인간의 의지적 실천의 문제가 중요했다. 먼저 사실판단과 가치판단을 분리하고, 의무와 결과로 구분된다. 즉 의지적 실천 주체들의 자유의지의 성격은 어떠한지, 그것을 의무와 당위로 여길 근거는 무엇인지를 판단하는 것이 전통적 윤리설이다. 전통적 윤리설은 보편적으로 칸트(I. Kant) 윤리와 벤담(J. Bentham)과 밀(J.S. Mill)의 윤리로 대표된다. 칸트 윤리는 초월적 수준의 문제, 즉 형이상학적 차원의 문제를 가지고 윤리는 의무이며, 실체적 목적과 결과에 구애되는 현세적 행동지침이 아니라고 보았다. 칸트 윤리는 보편적 이념의 핵심으로 '선의지'를 주장하였다. 이에 비해 벤담과 밀의 윤리는 현세적 행복과 관련된 것으로 쾌락과 욕망의 개념을 적극 수용한 상대적 윤리개념을 주창하였다.

그러나 이러한 전통적 윤리를 사이버 윤리에 적용하기 위해서는 먼저 윤리적 실천 주체들에 대한 개념을 새롭게 정립해야 할 필요가 있다. 왜냐하면 전통적 윤리는 현실세계의 윤리적 주체들이 '자유의지', '자기동일성'을 가지고 있는 그러한 실천적 주체들을 전제하고 있는데 반해, 가상공간은 이러한 성격을 지닌 실천 주체들이 존재하지 않기 때문이다. 가상공간에서는 모순적 정체성을 지닌 노마드, 유목민적 주체들이 존재한다. 단일한 정체성, 보편적 주체가 아닌 떠도는 유목민들인 것이다. 이들은 다양한 삶의 형식을 하나의 기준으로 환원하는 전통적 삶을 거부한다. 사이버 윤리 주체들은 기존 현실세계의 주체들처럼 자기 동일적이지도 않고, 불안정하며, 얼마든지 재구성이 가능한 복합적이고 유연한 존재들이어서 특정 욕망에 얽매이지 않고, 다양한 욕망들을 상황과 조건에 맞게 변화시켜 나간다.

그러나 기존 현실세계의 실천 주체들과는 성격이 다르지만 디지털 사회도 사회 공동체로서 실천 주체들이 있고, 또 디지털 사회 모든 사람들이 공동생활을 통해 자신의 가치를 추구하기 위해서라도 규칙과 도덕, 윤리가 필요한 것이다. 디지털 사회, 가상공간에서 윤리적 실천 주체들은 자신의 행위와 그 결과가 자신과 타인에게 어떤 영향을 미치는지, 또 타인의 행위와 그 결과가 자신에게 어떤 영향을 미치는지, 자신을 둘러싼 규범과 규칙이 자신을 얼마나 긍정적이며 생산적인 존재로 만드는지 등 자기와 주변을 살펴볼 수 있어야 한다. 가상공간은 특히 다양한 이해관심들이 있으며, 현실세계의 규범적 요구와 개입에 저항하는 그러한 공간이다. 때로는 현실세계와 동떨어진 대안적, 저항적 공간으로 소수문화의 공간이기도 하다. 따라서 개인과 개인, 집단과 집단의 이해상충을 해결하기 위해 서로 간에 배려가 더욱 필요한 사회 공동체라 하겠다(양해림 외, 2011).

3. 윤리의 개념과 분류

1) 목적론적 윤리설: 공리주의

벤담과 밀은 목적론적 윤리설, 즉 최대다수의 최대행복이라는 공리주의를 주창하였다. 이들에 의하면 윤리적 유용성은 '선'이 최대

다수에게 분배될 때 가장 윤리적이라고 한다. 이때 유용성의 기준은 '쾌락'으로, 결국 많은 사람들에게 쾌락을 가져다주는 것이 '선'이라는 것이다. 따라서 얼마나 많은 사람들에게 쾌락을 가져다주는가가 '선'을 판단하는 기준이 되므로 반드시 측정되어야 한다고 보았다. 벤담은 '쾌락'을 양적으로 측정해야 한다고 보고, '쾌락'의 강도와 범위를 측정할 것을 제안하였다. 반면 밀은 '쾌락'을 질적으로 측정해야 한다고 주장하였다.

이들 목적론적 윤리설의 주요 전제는 다음 세 가지이다. 첫째, 행위가 '쾌락'을 초래하면 옳고 고통을 초래하면 그르다는 쾌락주의 공리주의가 있다. 둘째, 행위가 행복을 초래하면 옳고 불행을 초래하면 그르다는 행복주의 공리주의가 있다. 셋째, 행위가 본래적 '선'을 초래하면 옳고 본래적 '악'을 초래하면 그르다는 이상주의 공리주의가 있다.

이러한 목적론적 윤리설인 공리주의를 다음의 사례를 통해 사이버 윤리에 적용해볼 수 있다(Spinello, 2001/2008).

사례) 직원들의 컴퓨터 이메일 사용과 관련하여 새로운 정책을 도입하려는 한 회사가 자료조사 차원에서 실제 직원들이 업무 목적으로만 이메일을 사용하고 있는지 여부를 확인하고자 한다. 회사 측의 이러한 결정 방침은 일상적 업무수행상황에 대한 점검책의 일환으로 사실 확인 차원에서 합법적인 조치이다. 그러나 조사 자체가 직원들의 프라이버시권을 침해하는 것은 아닌지 이의가 제기되었다. 이 사례에 대한 윤리적 판단은 어떻게 내릴 것인가?

대안 1) 조사를 철회하고 직원들의 자유로운 이메일 사용을 보장한다

대안 2) 회사방침을 공지한 후 상호 협의 하에 이메일 사용을 조사한다

대안 3) 비공개적으로 직원들의 이메일 사용에 대해 조사한다

만약 회사가 대안 1)의 조치를 취한다면 회사가 모르는 상태에서 직원들은 지속적으로 이메일을 업무 목적뿐만 아니라 사적 목적으로도 사용할 것이며, 이메일이 사사롭게 남용될 가능성이 있어 이메일의 오용을 방지하기가 곤란해질 것이다. 그러나 이러한 조치는 직원들 개개인의 프라이버시를 보호함으로서 사기를 북돋울 수 있고, 근로자를 존중하는 분위기가 유지될 수 있다.

회사가 대안 2)의 조치를 취한다면 직원들의 이메일 오용을 방지할 수 있고, 직원들에게 이메일 사용에 대한 위험성을 인식시켜 줄 수 있을 것이다. 또 사적 목적으로 이메일을 사용할 가능성이 줄어들게 될 것이다. 그러나 이메일 이용이 감소된 만큼 직원들은 보안 수준이 떨어지는 통신수단을 이용할 가능성이 높고, 회사는 이들의 프라이버시를 침해하게 될 것이다.

회사가 대안 3)의 조치를 취한다면 대안 2)의 결과보다 더 극심한 상태에 놓이게 되는데, 직원들의 잘못된 행위를 포착할 가능성은 더 높아지겠지만 직원들의 사기를 더 떨어드리고, 회사와의 신뢰도 더 크게 상실될 것이다.

2) 의무론적 윤리설

칸트는 행위가 윤리적으로 올바른가는 행위의 결과에 의해 판단되는 것이 아니라고 주장하였다. 즉, 얼마나 많은 사람들에게 '쾌락'

을 주는지가 아니라 그 행위가 의무의 최고원리를 만족시키는 행위의 규칙에 일치하느냐에 달렸다는 것이다.

칸트는 행위의 '선'과 '악'을 결정하는 것이 행위의 결과가 아니라 오직 그 행위를 낳은 의지에 따른다고 보았다. 따라서 인간은 정언명령을 따라야 하는데, 도덕적 명령 혹은 의무는 어떤 목적을 달성하기 위한 수단이 아니라 무조건적으로 따라야 하는 명령이며, 누구든지 도덕법칙을 지킬 수 있게 하는 실천적 원리인 보편화의 원리가 중요하다는 것이다.

이러한 의무론적 윤리설을 다음과 같은 사례를 통해 사이버 윤리에 적용해볼 수 있다(Spinello, 2001/2008).

사례) 사이버 상에서 흔히 일어나는 스팸메일을 생각해보자. 누군가 계속 아무에게나 스팸메일을 발송한다. 이 사례에 대한 윤리적 판단은 어떻게 내릴 것인가?

칸트의 의무론적 윤리설에 따르면 스팸메일 발송에 대한 윤리적 판단은 간단하다. 보편화의 원리에 위배되는 비윤리적 행위인 것이다. 만약 누구나 스팸메일 발송과 유사한 방식으로 온갖 온라인 광고를 발송하게 된다면 전 세계의 이메일 시스템에는 어떤 문제가 발생할 것이란 예상을 쉽게 할 수 있기 때문이다. 따라서 스팸메일 발송은 보편화될 수 없는 비윤리적 행위이다.

4. 사이버 윤리의 기본원칙과 실천윤리

1) 사이버 윤리의 기본원칙

사이버 윤리를 실천하기 위해서는 스피넬로의 주장에 따라 다음과 같은 4가지 기본 원칙이 있다(Spinello, 2001/2008). 첫째, 자율성 존중의 원칙이다. 사이버 상에서 일어나는 모든 말과 행동 등은 개인의 자율성을 존중하는 것을 원칙으로 지켜져야 한다. 합리적인 사람은 합리적인 계획을 수립할 수 있고, 또 수정해 나갈 능력을 가지고 있으며, 자기결정능력을 가지고 있기 때문에 어떠한 말과 행동도 자기결정능력을 가지고 있는 개인의 자율성에 맡겨야 한다는 것이다. 둘째, 악행금지의 원칙이다. 사이버 상에서의 모든 활동에 대해 악행을 금지해야 한다는 것이다. 인간의 능력은 불완전하여 악행을 범할 수 있으므로 어느 정도까지, 또 어떤 조건 아래서 악행이 허용되는지를 항상 질문해야 한다. 셋째, 선행의 원칙이다. 사이버 상에서의 어떠한 말과 행동도 다른 사람의 복지를 증진시킬 수 있도록 이루어져야 한다는 것이다. 넷째, 정의의 원칙이다. 정의란 공평과 분배의 문제인데, 사이버 상에서 누구라도 공정한 대우, 불편부당한 대우를 받을 수 있도록 해야 한다는 것이다.

2) 실천윤리

사이버 윤리를 실천하는 구체적인 덕목들은 다양한 분야에서 나타난다. 예를 들어 사이버 익명성 문제가 표현의 자유와 어떻게 관계가 있는지, 프라이버시 보호, 명예훼손과 모욕, 저작권과 정보공유의 문제, 인터넷 중독과 음란물 유통 및 개인정보와 보안, 사이버 범죄와 일탈 및 엽기문화 등 사이버 윤리의 쟁점들을 다룰 때 매순간 윤리적 판단과 실천이 요구된다. 윤리적 실천은 크게 두 가지, 개인적 차원과 사회적 차원에서 고려해볼 수 있다(이수범, 2003).

먼저 개인적 차원의 실천윤리로서 세 가지, 즉 존중과 권리, 정확성이 요구된다. 첫째, 존중은 타인과의 관계에서 인간으로서의 존엄을 추구하는 규범에 해당된다. 네트워크 상에서 상호작용하고 있는 모든 사람들 간에는 상호 존중이 필요하다. 타인에 대해 함부로 생각하거나 대한다면 비윤리적일 뿐만 아니라 사이버 범죄로 이어지는 단초가 될 수 있기 때문이다. 따라서 익명성이 보장된 네트워크 사회에서 자유로운 발언과 프라이버시 보호가 있다 하더라도 보이지 않는 상대방에 대한 존중이 요구되는 것이다.

둘째, 사이버 윤리는 개인의 권리를 보장해야 한다. 개인의 정당한 권리를 인정하는 윤리의식이 필요하다. 예를 들어 정보의 변형과 융합이 손쉽게 이루어지는 디지털 기술로 인해 디지털 사회는 새로운 지식과 정보의 지속적인 창출을 위해 서로의 역할과 기여도에 따른 권리 보호가 필요하다.

셋째, 사이버 윤리의 개인적 차원에서 실천해야 할 것은 정확성을 추구해야 한다. 어떠한 정보라도 디지털 사회에서의 정보는 무엇보다 정확성에 대한 엄격한 확인이 요구된다. 정보화 사회는 너무 많은 정보가 떠다닌다. 이러한 상황에서는 어떤 것이 진짜 정보인지 판단하는 일이 더 중요할 것이다. 정보의 가치를 판단하는 기준은 정확성에 있다. 그럴싸하지만 그것이 잘못된 정보라면 정보의 가치가 없기 때문이다. 특히 사이버는 확산의 신속성과 범위의 무한성이라는 특징이 있으므로 잘못된 정보라 하더라도 일단 인터넷에 한번 올라가면 수정이 불가능하고, 또 이미 전 세계 모든 사람들이 인터넷에 접근이 가능하기 때문에 누구나 그 정보를 접하게 된 뒤이며, 그 잘못된 정보는 누군가에 의해 인용되었을 가능성도 배제할 수 없다. 더구나 컴퓨터에 한번 저장된 정보는 언제 어디서 다시 유통될지 예측할 수 없기 때문에 잘못된 정보는 일파만파 퍼지게 될 수밖에 없다.

다음으로 사회적 차원에서의 실천윤리를 살펴볼 수 있다. 사회적 차원에서 사이버 윤리를 실천하는 덕목으로는 세 가지, 즉 사회적 책임, 건전성, 보안이 요구된다. 첫째, 사이버 윤리를 실천하기 위해서는 사회적 책임을 다해야 한다. 예를 들어 명예훼손이나 개인정보 보호, 저작권과 정보공유의 문제, 사이버 범죄 등은 개개인의 윤리의식 뿐만 아니라 엄격한 사회적 책임이 요구된다.

둘째, 사이버 윤리의 사회적 차원에서 실천되어야 할 것은 정보의 건전성이 보장되어야 한다. 예를 들어 사이버 범죄와 일탈 및 엽기문화와 같은 윤리의식이 희박한 상태에서 비롯된 문제들은 개인에게 심각한 폐해를 가져올 수 있는데, 음란성이나 폭력성이 강한 정보를 수시로, 지속적으로 접하는 경우 개개인의 사고체계에 까지 영향을 미칠 수 있고, 일탈과 범죄, 엽기적 행동 등으로 나타날 가능성이 매우 높으므로 온라인 상에서 건전한 정보가 유통될 수 있도록 사회적 차원의 대책이 시급하다.

셋째, 사회적 차원에서 실천되어야 할 사이버 윤리의 덕목은 보안 유지이다. 해킹, 개인정보 유출 등은 보안과 직결되는 문제이다. 해킹을 통한 정보의 유출, 변조, 파괴는 그 피해 범위가 상상을 초월하므로 개인적 피해를 막는 차원이 아니라 공익으로서의 보안이라는 인식이 필요하다.

3_ 익명성과 표현의 자유

1. 인터넷 기술과 가상공간의 익명성

1) 인터넷 기술: 익명의 데이터, 탈개인적 데이터로 변화

(1) 익명 가능성

익명성은 자기가 누구인지 그 정체성을 들어내지 않은 채 타인과 상호작용을 하는 것을 말한다. 즉, 이름이나 성별, 나이, 직업 등 사적인 영역에 속하는 개인정보에 대해 전혀 알지 못하는 상태이다. 인터넷이 생기기 전에 익명성이란 특정한 상황에서 가능했던 일들이다. 예를 들어 고해성사 때 자신을 드러내지 않고 종교지도자에게 고백하는 행위라든가, 과학 실험보고에서 피험자들의 세부적인 개인정보를 드러내지 않고 연구결과를 발표하는 것들이 그러하다.

익명성은 인간으로 하여금 부정적인 반동, 불똥이 튈 것이란 염려 없이 자유롭게 말하고 행동할 수 있도록 해준다. 어린이도 어른도 할로윈을 즐길 수 있는 이유는 아마도 자기를 들어내지 않고 놀 수 있기 때문일 것이다.

인터넷 기술은 방대하고 다양한 환경 속에서도 끊임없이 익명성을 보장할 수 있도록 해주었다. 이메일 계정이나 소셜네트워크 사이트 계정을 자신의 진짜 이름을 대지 않고도 쉽게 만들 수 있기 때문에 사람들은 다른 사람과 즐겁게 커뮤니케이션 할 수 있게 되었다. 마치 할로윈을 즐기는 것처럼 말이다. 동시에 누군가 가상 세계에서 아바타를 만들었다면 이 아바타가 현실 세계에서의 외모와 똑같지 않을 수 있어서 자신을 드러내지 않고 편안하게 가상세계를 떠돌아다닐 수 있다. 또 블로그나 포럼을 통해 익명으로 코멘트 할 수 있으며, 도메인 이름으로 자신을 숨길 수도 있는데, 이러한 익명성이야 말로 표현의 자유를 확대해 주었다.

(2) 이용자 정체성 차단 소프트웨어

인터넷 이용자들의 이메일 메시지나 웹사이트 방문객들의 IP 주소가 쉽게 추적되는 것을 거부하는, 적극적으로 익명성 보호를 원하는 사람들은 다양한 옵션을 사용하기도 한다. 예를 들어 어나니마이저(Anonymizer) 같은 소프트웨어를 사용하여 특정 웹사이트로부터 컴퓨터를 보호하기도 하는데, 이 소프트웨어는 프록시서버를 사용하여 웹 브라우징 이용자와 방문 웹사이트 사이에서 일종의 중개자로 활동하게 된다. 만약 이용자가 어떤 주소바(bar)를 통해 특정 홈페이지를 방문하려고 하면 아나니마이저가 이용자 대신 홈페이지를 다운로드하여 이용자에게 포워드해준다. 이용자의 웹브라우저가 그 홈페이지에 직접 연결되지 않기 때문에 웹사이트는 이용자의 정체성을 알 수 없고 웹사이트 주소는 아니니마이저 프록시서버에 의해 방문기록만 남고, 이용자의 웹브라우징 행위에 대한 기록은 전혀 남지 않게 된다.

또 이와 유사한 방식으로 익명의 리메일러(remailer)를 통한 이메일 메시지가 있다. 익명의 리메일러들 또한 프록시 서버를 사용하는데, 어떤 이용자의 이메일 메시지가 먼저 프록시 서버로 보내져 수신자에게 직접 보내지지 않고 이 프록시 서버가 보낸 사람의 이메일 주소를 익명의 이메일 주소로 대체하여 수신자에게 포워드하므로 수신자는 결국 보낸 사람의 진짜 이메일 주소를 절대 볼 수 없게 된다. 이같이 개인적인 정보를 갖고 있지 않은 데이터를 익명의 데이터(anonymized data), 또는 탈개인적 데이터(de-identified data)라 부른다(Plotkin, 2012).

2) 가상공간의 익명성

가상공간에서의 익명성은 다른 사람과의 신체적 접촉도 없고, 자신에 대한 지식의 유포도 제한된 상태이며, 자신을 드러내지 않을 뿐만 아니라 원하지 않는 관심으로부터의 보호, 즉 적극적인 자기보호가 일어난다. 익명성은 그 자체로는 나쁜 것이 아니다. 사실상 인종, 성 혹은 신체적 용모들이 공정한 대우에 방해가 되고 있다는 점을 고려할 때 익명성은 매우 유용한 것일 수 있다. 이러한 맥락에서 익명성은 조정자로서의 기능을 수행한다. 예를 들면, 온라인 교육에 있어서 학생들의 교사에 대한 평가에서 뿐만 아니라 학생들 간의 상호작용에서도 편견은 존재하지 않는다. 익명성은 또한 특정 활동에의 참여를 용이하게 한다. 오프라인이라면 강간 피해자나 폭행당한 주부 또는 전과자의 토론에 참여하지 않았을 사람들도 온라인에서는 익명성이라는 보호막 하에 보다 기꺼이 참여할 수 있다. 참여를 통해 개인들은 귀중한 정보나 필요한 정서적 안정을 얻을 수 있다. 그리 중요하지 않은 주제에 대해서조차도 익명성이 보장되면 사람들은 자신의 생각을 말할 가능성이 높다. 일터와 같은 공식적인 공간 속에서 익명성이 보장되면 사람들은 보다 창의적으로 생각하고 상사에게 보다 훌륭한 결과를 제시할 수도 있다.

그럼에도 불구하고 가상공간의 익명성은 다음과 같은 세 가지 이유에서 문제가 될 수 있다.

첫째, 신원 확인과 범죄자 검거가 더욱 어려워졌다. 익명성 그 자체가 나쁜 것은 아니지만 그것이 갖는 영향력 때문에 나빠질 수 있다. 특히 가상공간에서 익명성으로 인해 염탐하고 훔치고 파괴하는 사람이 누구인지를, 그리고 다른 사람들을 모욕하거나 비방하는 사람이 누구인지를 추적하는 것이 더욱 어려워진 것이다. 둘째, 바람직하지 못한 행위에 대한 사회적 통제가 어렵다. 익명성은 사람들이 두려워하지 않고 자신의 생각을 말할 수 있는 보호막을 만들어낸다. 따라서 토론자들이 자신의 느낌에 대해 말하거나, 유사한 경험을 지닌 사람들로부터 위안을 받거나, 혹은 필요한 정보를 얻을 수 있는 토론회가 쉽게 이루어질 수 있다. 그러나 반대로 익명성으로 인해 바람직하지 못한 위험한 방식으로 행동할 수 있게 된다면 문제가 된다. 오프라인에서는 쉽게 할 수 없었던 사회적 일탈 행위들이 가상공간에서는 익명성의 보호아래 염탐하거나 훔치거나 괴롭히거나 인종차별적 말을 한다거나 음란물을 들이댄다든지 할 수 있다. 셋째, 익명성으로 인한 온라인 정보는 그 충실성에 문제가 제기되고 있다. 정보의 홍수 속에 살고 있지만 어떤 정보가 충실한가 판단하기는 쉽지 않다. 그 중 한 가지 방법이 정보의 출처가 무엇인가를 가지고 판단하는 것이다. 즉 신뢰할 만한 출처의 정보는 더욱 신뢰할 수 있게 된다. 그러나 익명성으로 인한 정보는 출처를 확인하기 어려운 상황에서 정보가 도용되고 변형될 수 있는 문제까지 있어 더욱 충실성에 문제가 생기는 것이다(Spinello, 2001/2008).

2. 인터넷 익명성의 유형과 기능

1) 인터넷 익명성의 유형

익명성은 상대방에 대한 어떤 정보도 갖지 못한 상태에서 단지 상대방이 제공하는 정보에만 기초하여 가상공간에서 의사소통을 행하는 만남의 방식에서 비롯된 것으로 정보의 질적, 양적 정도에 따라 그 유형이 결정된다.

인터넷 익명성은 크게 네 가지로 분류할 수 있는데, 우선 추적 가능한 익명적 커뮤니케이션으로 구분해 볼 수 있다. 즉 발신자가 누구인지 알 수 있는 경우로서 또한 서버 관리자가 누구인지도 알 수 있다. 그러나 수신자는 발신자에 대한 정보를 알 수 없는 경우가 바로 추적 가능한 익명적 커뮤니케이션이다.

둘째, 추적 불가능한 익명적 커뮤니케이션이 있다. 개인정보를 제공하지 않은 채 예를 들어 PC방이나 공공장소에서 의사소통하는 커뮤니케이션 형태거나 야후메일, 한메일 등을 통한 소통도 추적 불가능한 익명적 커뮤니케이션에 속한다.

셋째, 추적가능한 가명적 커뮤니케이션이 있다. 정체성을 부분적으로 드러낸 상태의 커뮤니케이션으로서 채팅이나 이메일을 주고받을 때 아이디를 사용한다거나 아바타를 이용하는 경우가 추적 가능한 가명적 커뮤니케이션으로 볼 수 있다.

넷째, 추적불가능한 가명적 커뮤니케이션이 있다. 자신의 실제 이름을 가명으로 등록하는 경우거나 가명을 지속적으로 사용하는 경우 전혀 이용자 자신을 드러내지 않기 때문에 타인도 이용자에 대해 전혀 알 수도 없게 된다. 이러한 형태의 커뮤니케이션을 추적 불가능한 가명적 커뮤니케이션이라 한다(양해림 외, 2011).

2) 인터넷 익명성의 기능

익명성은 개인의 실제 정체성을 드러내지 않기 때문에 사회적 차별이나 정치적 보복에 대한 두려움 없이 진실한 목소리를 낼 수 있다는 긍정적인 면이 있다. 반면 개인의 말과 행위에 대한 책임성을 약화시키기 때문에 가상공간에서의 익명성에 대한 기능은 끊임없이 논쟁거리가 되고 있다(조동기 외, 2001).

(1) 순기능

첫째, 익명성은 익명의 취재원을 보호하는 기능이 있다. 우리나라는 헌법 제18조 '모든 국민은 통신의 비밀을 침해받지 아니한다'에서 언론 자유를 전제로 통신의 비밀을 보장하고 있다. 즉 익명성은 국민의 기본권에 해당하는 표현의 자유를 보장해 줄 수 있으며, 일반적으로 익명성을 통한 의사소통은 일반적인 의사소통보다 더욱 진솔해 질 수 있다. 이러한 이유에서 강제적인 실명제는 검열에 가깝다고 할 수 있다. 그러므로 "사상, 의견 등이 발표되기 이전에 국가기관이 내용을 심사, 선별하여 일정한 사상이나 의견 표현을 사전에 억제하는 제도" 등의 헌법적 규정을 인터넷에 적용할 수는 없는 것이다. 더구나 익명성이 보장되지 않을 경우 여러 측면의 보복이나 제재의 위험이 표현자에게 가해질 수 있으며, 그러한 이유에서 그들은 심리적으로 위축될 것이다. 강제적인 실명제는 의사소통에 있어서 민주화에 역행하는 것이다. 둘째, 익명성은 범죄, 부정 등에 관한 내부 고발자를 보호하는 기능이 있다. 셋째, 익명성은 정보제공자 혹은 증인보호에 따라 법을 집행하는 기능이 있다. 넷째, 신원이 밝혀지면 곤란한 상태에 있는 사람들을 보호하는 기능이 있다. 예를 들어 알콜 중독자나 에이즈 감염자 등 신원이 밝혀지면 사회적 낙인이 찍히는 곤란한 상태에 있는 사람들을 보호하고 치료 가능성을 높일 수 있다. 다섯째, 개인의 프라이버시를 보호하는 기능이 있다. 여섯째, 언론과 사상의 장을 보장하는 기능이 있다. 일곱째, 비민주적 정부에 대한 비판에 수반되는 정치적 박해를 피하는 기능이 있다(홍영두, 2005).

(2) 역기능

익명성은 역기능적 측면도 있다.

첫째, 스팸 메일, 해커와 크래커, 중상모략과 명예훼손, 혐오 메일,

비인격적 행위, 아이디 사취와 도용이라는 가짜 신원문제가 있다. 둘째, 온라인 금융 및 전자 상거래에서의 사기 등을 유발할 수 있다. 셋째, 개인정보 누설이 용이하다. 넷째, 정보 신뢰성이 감소된다. 다섯째, 법 집행의 곤란이 발생할 수 있다. 여섯째, 돈세탁, 마약거래, 범죄단체 조직과 연락 등 위법행위를 부추긴다. 일곱째, 지적 재산권 침해 등의 사이버 범죄도 발생할 수 있다(홍영두, 2005).

3) 인터넷 익명성의 속성

익명성에 대한 윤리적 판단은 중요하다. 그런데, 익명성은 도덕적 중립성을 가진다. 내재적으로 '선'도 아니고 '악'도 아니며, 도덕적 중립성을 가진 것으로 간주된다. 따라서 역기능을 일으키는 익명적 행위는 특정 맥락과 관계해서 상업적 이익이나 정치적 이익 등을 노리고 오용 또는 남용하는 비도덕적 행위의 결과이다. 마치 익명성이 비도덕적 행위의 원천인 것처럼 말하는 것은 가상공간에서 벌어지는 일들을 현실세계와 무관한 인터넷 고유의 현상으로 간주해 버림으로써 현실의 모순을 은폐하는 효과를 낳게 된다(민경배, 2002).

더구나 완벽한 익명성이라는 것 자체가 현실적으로 불가능하다. 그러므로 익명성 속에서 책임의 주체가 불분명하더라도 개인의 자율적인 판단을 존중해야 하는 것과 사용자들이 자기정화의 노력을 보여주고 있다는 것을 고려해 보면 무책임한 행동에 대한 제재수단이 어떠한 형태로든지 가해질 것이 틀림없다. 무엇보다 익명성 자체가 비윤리적인 것이 아니라 할지라도 결국 오프라인과 비교할 때

그 악영향의 범위가 너무나 광범위하며, 온라인상에서 신뢰성이 악화된다는 점에서 문제가 발생하게 된다.

그러나 익명성의 역기능적 행위에 대한 법집행은 어렵다. 정보의 근원이 숨겨져 있어 비윤리적 행위를 쉽게 범할 수 있고, 악영향의 범위가 너무 광범위한데 비해 증거 수집의 어려움 때문에 위법행위에 대한 법집행은 곤란한 편이다.

더구나 사이버 자아는 불완전한 자아이다. 현실적 자아는 행위에 대한 사회적 책임이 크지만 사이버 자아는 불완전한 자아이므로 가상공간에서의 자기 책임은 기존 현실세계에서의 사회적 책임과 성격이 다르다. 따라서 사이버 자아는 현실적 자아와 관련되어야만 의미를 가지게 된다(변순용, 2008).

3. 익명발언의 사례들

1) 내부고발과 익명발언

익명발언을 규제하려는 많은 노력에도 불구하고 다음의 몇 가지 사례들은 과연 익명발언을 규제해야만 하는가? 라는 또 다른 문제제기를 낳고 있다.

내부고발에서의 익명발언을 예로 들어보면 내부고발자가 회사나 조직의 해롭고 잘못된 행위를 밝혀내어 해악으로부터 대중을 보호하기 위해서는 익명발언이 허용되어야만 하지만, 반대로 같은 상황이라도 내부고발자가 개인적 악의를 품고 회사나 조직의 해롭고 잘못된 행위에 대해 자신이 가지고 있는 독점정보를 드러내기 위해 익명발언을 전략적으로 이용한다면 익명발언은 규제되어야 할 것이다.

즉, 익명발언에 대한 논쟁은 보복의 가능성과 고발 후 따르게 될 결과들로부터 더욱 보호받을 수 있도록 완전한 익명성이 보장되어야 한다는 주장과 익명발언 그 자체가 목적과 행위적 측면에서 윤리적으로 문제가 있으며 부주의하다는 주장이 서로 상충되고 있다(Plotkin, 2012).

2) 뉴스보도와 익명발언

속성상 전통매체에서 익명의 저널리즘이란 있을 수 없다. 기자도 실명으로, 정보원도 공개의 원칙으로 뉴스보도를 하기 때문이다. 오히려 익명성은 기자나 정보원이 자칫 허위사실을 공표하거나 사실의 왜곡, 정보의 은폐 등 부정적인 의도와 연관될 소지가 있으므로, 전통적으로 객관적, 심층적 저널리즘의 특성과는 거리가 멀다. 그럼에도 불구하고 개인적인 복수의 도구로 언론이 사용되지 않도록, 또 각 개인을 보호하기 위해서 익명발언을 허용해야 한다는 주장도 있다.

한편 온라인 저널리즘에서 익명발언에 대한 규제는 전통매체에 비해 그 허용범위가 더욱 넓은 편이다. 예를 들어 뉴스 블로그, 이용자 제공의 콘텐츠 등 온라인에서는 익명발언이 가능하므로 전통매체에 비해 강력한 익명 저널리즘이 실현되고 있다고 하겠다. 그러나 역시 온라인 매체에서도 익명발언이나 익명보도는 정보의 사실성, 진실성, 진정성 등을 증명할 수 없어 문제가 될 수 있는 상충된

면이 있으므로 제한되어야 한다는 주장이 있다. 이와는 반대로 예를 들어 민감한 정보를 포스팅하는 사람에게는 실명으로 하라는 것 자체가 또 다른 숨은 의도가 있는 것이므로 익명발언은 더욱 허용되어야 한다는 주장도 있다. 이들의 주장은 가상공간이라고 해서 국가나 법에 의해 획일적으로 실명제를 시행하는 것은 있을 수 없다는 것이다. 그러나 사이트나 게시판의 자율적인 규제나 내부적인 필요성에 의한 실명제는 가능할 수 있다. 결국 각 가상공간에서 활동하는 구성원들 자신의 노력에 의존해야 하는데, 개별적인 인터넷 사용자가 익명성의 장점을 살리고 문제점은 줄이는 방향으로 윤리적인 시도를 할 필요가 있다(양해림 외, 2011).

3) 블로그 포스팅과 익명발언

익명성이 보장됨에 따라 수많은 개인 블로거들이 적극적으로 공적 담론 구성에 참여할 수 있게 되었다. 즉, 공적 담론 구성을 위해서는 익명의 커뮤니케이션이 더욱 활발해져야 한다는 시각이 있다. 익명성은 개인에게 더 공개적이고 더 솔직하게 토론할 수 있도록 해주므로 공적 담론을 구성하는 블로거들의 포스팅 행위에 있어서 익명성은 절대 필요하다. 그러나 또 다른 측면에서 볼 때 공적 담론을 구성하는 공론장, 예를 들어 온라인 포럼에서는 익명보다 오히려 실명으로 의견이 개진될 때 이용자들의 반응이 더욱 긍정적일 수 있다. 또 이러한 반응은 담론에 대한 합법적인 지지를 낳게 되므로 온라인 포럼은 익명이 아닌 실명으로 커뮤니케이션을 하는 것이 더 효과적이라는 주장도 있다.

이 외에도 익명성의 부작용, 예를 들어 제멋대로 블로그 포스팅하는 행위들이 집단적으로 일어나는, 스팸이나 스캠 등의 폐해를 지적하면서 익명성 보호를 제한해야 한다는 주장이 제기되기도 하였다.

4) 온라인 거래와 익명성

온라인 뱅킹 시스템을 통한 금융거래가 활발하다. 그런데 온라인 뱅킹 시스템은 기본적으로 이용자의 실명이 확인된 합법적인 채널을 통해서만 이용이 가능하다. 뿐만 아니라 온라인 거래 웹사이트를 통해 계정을 만들려면 확인 가능한 개인정보가 요구되므로 익명성이 전혀 보장될 수 없다. 문제는 온라인 거래 시 익명성 보호가 구조적으로 이뤄질 수 없으므로 공개하고 싶지 않은 금융거래나 구매 내역들이 노출될 수 있다는 점, 또 실명거래로 인한 개인정보의 노출이 사기, 절도 등 악의적 목적의 희생양이 될 가능성이 있다는 점에서 각종 범죄행위를 촉진시킬 수 있다는 것이다.

5) 정치 과정과 익명성

정치 과정에서 익명성은 어디까지 보호될 수 있는가에 대한 논란이 제기되었다. 온라인으로 소액의 정치후원금을 익명으로 기부할 수 있게 된 사례 때문이다. 2008년 미국 대통령 선거 당시 버락 오바마 후보는 정치후원금 확대를 위해 온라인 소액 기부방법을 채택하였다. 그러나 선거 캠페인과 관련한 정치후원금 등에 대해서 공식적으로 재정보고서를 발간해야 한다는 내용의 입법조치가 내려지면서 수많은 기부자의 신상이 공개될 수밖에 없는 상황에 놓이게 되고, 정치 과정에서의 익명성 보호에 대한 논란이 일게 된다. 정치 과정에서 자신의 정치적 의사를 자유롭고, 공개적으로 밝히기 위해서는 익명성 보호가 우선되어야 한다는 주장이 있다. 정치적 관점에 반한다고 처벌되거나 혹은 차별받는데 대한 공포감 없이 정치적으로 개입할 수 있도록 독려해야 한다는 주장에서다. 반면 소액 기부자가 아닌 익명의 거액 기부자라면 문제는 달라진다. 이들의 정치후원금은 선거에 상당한 영향력을 가질 수 있고, 심지어 선거결과를 뒤바꿔놓을 수 있을지도 모른다는 우려 속에 정치적 청렴을 위해 기부액과 기부자는 익명이 아닌 실명으로 공개하는 것을 원칙으로 해야 한다는 주장도 있다. 이러한 논쟁 속에 2010년 1월, 미 의회 법원은 Citizens United v. Federal Election Commission 사이에서 다음과 같은 판결을 내리게 된다. "30일 동안의 예비선거 기간 동안 정치캠페인 과정 중 기부액과 기부자를 공개하는 것은 수정헌법 제1조에 근거한 자유로운 발언(free speech)을 오히려 파괴한다"는 것이다. 그러나 이러한 결정에 대해서는 여전히 논란이 끊이지 않고 있다. 정치 과정에서 익명성을 보호함으로서 개인의 적극적인 정치 의사의 발현을 통해 민주주의 발전을 더욱 이끈다는 주장이 있지만 개인 후원자가 아닌 막대한 자금이 있는 기업들이 무제한적으로 정치자금을 익명으로 기부할 수 있도록 공식적으로 허락된 사례이므로 권력과 자본이 심각한 유착관계에 놓이게 됨으로서 오히려 정치 발전을 저해할 수도 있기 때문이다(Plotkin, 2012).

4. 익명성 및 표현의 자유 침해에 대한 기술적·법적 규제 및 근거

1) 기술적 규제

IP 주소를 추적하여 이용자 정체성을 폭로한다든지, 쿠키파일로 인해 이용자가 방문한 페이지나 구매행위, 클릭광고가 무엇인지 자신도 모르게 공개된다든지, 페이스북이나 트위터 등 다양한 소셜네트워크 커뮤니케이션을 통해 이용자의 민감한 개인정보, 즉 이름이나 주소, 전화번호 등이 공개되면서 어플리케이션 개발자들이 쉽게 접근할 수 있도록 허용된다든지, 사이트에 방문하기만 하면 자동으로 인스톨되는 각종 툴로 인해 이용자 데이터가 자동으로 수집된다든지 하는 폐해들이 잦다. 이를 방지하기 위하여 다양한 규제들이 가능하나, 기술적으로 차단소프트웨어를 가동함으로서 일차적인 개인정보 노출의 폐해를 줄일 수 있다. 안티바이러스나 보완소프트웨어 등이 그것인데, 이용자가 특정 주소 바에 들어갈 때 이용자 주소가 일단 아나니마이저(Anonymizer: 웹 브라우징 이용자와 방문웹사이트 사이의 중개자)에 의해 차단이 가능하다. 또 익명의 리메일러 역시 프록시 서버를 사용하여 익명으로 이메일 메시지를 보낼 수 있다. 이메일 메시지를 작성하여 보낼 때 그 메시지를 수신자에게 직접 보내지 않고 대신 익명의 리메일러 프록시 서버에 보낸다. 이 프록시 서버는 보내는 사람의 이메일 주소를 익명의 이메일주소로 대체하여 수신자에게 포워드해줌으로서 익명의 데이터로 남을 수 있다(Plotkin, 2012).

2) 법적 규제 및 근거

익명성은 사기, 도둑질, 또 다른 악의적 목적에 희생양들이 의심하지 않고, 탐지하지도 못한 채 범죄행위에 개입하는데 이용될 수 있다. 더구나 익명성은 누군가 비방하는데도 은폐수단으로도 반동(격퇴)의 공포 없이 다른 사람들을 해롭게 하는데 이용될 수 있다. 전기통신사업법 제53조에 따라 익명성은 인터넷의 불온통신 내용, 즉 음란, 명예훼손, 공포유발, 청소년 유해표시의무 위반, 국가기밀 누설, 국가보안법 금지행위 등으로 규제하고 있다. 익명으로 음란물을 게시하거나 명예훼손 범죄조장, 허위사실 유포 등에 관해서 관련형법이 적용돼 처벌이 가능하도록 하고 있는 것이다. 익명성의 폐해가 심각하기 때문인데, 첫째 온라인뿐만 아니라 오프라인에 까지도 문제를 일으킬 수 있다. 익명성이 온라인 커뮤니케이션을 더욱 원활히 하는 촉매제가 될 수 있어도 범죄와 연결되었을 때 익명성으로 인해 신원확인이 되지 않아 범죄자를 검거하는데 어려움을 겪게 된다든지, 염탐하고 훔치고 파괴하고 모욕하고 비방하는 사람이 누구인지 추적하기 어렵게 만들어 정신적, 물리적, 사회적 폐해를 더 키울 수 있기 때문이다. 둘째, 익명성에 대한 보호막은 바람직하지 못한 행위에 대한 일종의 사회적 통제 기능을 마비시킬 수 있다. 오프라인에서는 바람직하지 못한 행동을 쉽게 하지 않던 사람도 온라인에서는 익명성으로 인해 쉽게 사회 일탈적 행동을 보일 가능성이 높아질 수 있다. 셋째, 익명성으로 인해 온라인 정보의 신뢰성이나 충실성이 떨어질 수 있기 때문이다. 방대한 양의 정보를 다룰 때 정보의 출처가 확인되지 않으면 말이 도용되고 변형될 수 있으므로 문제를 더 악화시키게 된다. 따라서 온라인 정보의 흐름은 신뢰를 형성한 가운데 본래의 취재대로 환경이 설정되어 있어야 하며, 규정을 명기한다든지, 동의가 있어야 하고, 모든 것이 위반되었을 때는 반드시 결과에 대해 즉시 통보하여야 한다.

그럼에도 불구하고 익명성 규제는 불온통신의 내용을 규정하는 요건이 상대적으로 추상적이고 모호하여 규제근거가 미약한 실정이다. 또 인터넷은 자유로운 의사 표현과 정보를 교환하는 장으로서 기본적으로 표현의 자유가 훼손되어서는 안된다는 주장이 강하여 규제의 효력도 약하다. 또 익명성은 민감한 사안들에 대해 공개에 대한 두려움이나 부끄러움 없이 토론의 기회를 제공해주고, 개인적인 정보를 보호할 수 있는 능력도 제공한다. 이러한 맥락에서 익명성 보호를 보장하거나 반대로 익명성 남용을 가장 강력하고 빠르게 막을 수 있는 것은 기술적 차원에서의 여러 가지 소프트웨어 장치들도 있겠지만 법적, 제도적 차원뿐만 아니라 윤리적 차원에서의 깊은 논의와 고찰이 더욱 절실하다(배시규·권성우, 2005).

〈익명성과 표현의 자유 관련법〉

(1) 헌법

제18조 모든 국민은 통신의 비밀을 침해받지 아니한다.

제21조

① 모든 국민은 언론·출판의 자유와 집회·결사의 자유를 가진다.

② 언론·출판에 대한 허가나 검열과 집회·결사에 대한 허가는 인정되지 아니한다.

③ 통신·방송의 시설기준과 신문의 기능을 보장하기 위하여 필요한 사항은 법률로 정한다.

④ 언론·출판은 타인의 명예나 권리 또는 공중도덕이나 사회윤리를 침해하여서는 아니된다. 언론·출판이 타인의 명예나 권리를 침해한 때에는 피해자는 이에 대한 피해의 배상을 청구할 수 있다.

〈익명성과 표현의 자유 관련사례〉

'일간베스트' 운영금지 가처분 신청 사건

보수 성향을 띤 '일간베스트' 사이트가 5·18 광주민주화운동 역사 왜곡, 희생자에 대한 반인륜적 모욕 등으로 사회적 물의를 빚은 바 있다. 이에 민주당은 2013년 5월 22일 '일간베스트' 운영정지 가처분을 신청하기로 했다. '일간베스트'는 광주항쟁으로 희생된 열사의 관을 '택배상자'라 하고, 열사의 시신을 '홍어쓰레기'라고 부르는 등 반인륜적인 모욕 등을 일삼았다는 주장이다. 또한 역사 왜곡뿐만 아니라 호남 등 특정 지역 비하, 여성, 외국인 등을 극단적인 용어로 비하하는 게시물을 줄곧 올렸다고 보고, 민주당 5·18민주화운동 왜곡 대책 특별위원회(위원장 강기정 의원)와 미디어홍보특별위원회(위원장 신경민 의원)는 '일간베스트' 사이트 운영자를 상대로 법원에 운영금지 가처분 신청을 할 뿐만 아니라 민주화운동 폄훼글을 올린 이용자들을 형사 고소하는 등 법률적으로 대응하겠다고 밝혔다. 민주당은 '일간베스트' 운영금지 가처분 신청과 관련해 '일간베스트'는 표현의 자유와는 상관없는 최소한의 악에 대해 대응한 것이라고 밝힌 바 있다.(국민일보 2013.05.23 참조)

4_ 개인정보와 프라이버시 침해

1. 정보화시대 프라이버시권의 의미

1) 전통적 프라이버시 개념

최초의 프라이버시 개념은 워렌과 브랜다이스(Warren, S.D. & Brandies, L.D.)가 1890년 프라이버시권이라는 논문을 발표하면서 처음으로 문제가 제기되었다. 그들은 프라이버시권을 개인의 삶에 있어 간섭을 받지 않을 권리, 혼자 있고자 하는 권리로 규정하였다(김우룡, 2000). 이후 1960년 프로서(Prosser, W.L.)에 의해 프라이버시 개념은 침해 유형에 따라 더욱 구체화되기에 이른다. 그는 프라이버시 침해를 첫째, 다른 사람의 성명, 초상 등을 영리의 목적으로 도용하는 것이라 하였다. 둘째, 주거침입, 도청, 엿보기 등 물리적으로 단절된 다른 사람의 영역에 무단 침입하는 것도 프라이버시 침해라고 하였다. 셋째, 그 공표가 정신적 고통을 가져올 수 있는 개인적 문제를 사람들에게 공개하는 것도 프라이버시 침해라는 것이다. 넷째, 어떤 사람에 관하여 일반인들이 잘못된 인상을 가질 수 있는 표현을 공개하는 것 역시 프라이버시 침해로 보았다. 프로서가 분류한 프라이버시 침해 유형으로 프라이버시권은 기존의 의미보다 더욱 적극적이고 능동적인 개념으로 확장된다. 즉, 프라이버시권은 개인의 삶에 간섭을 받지 않고 혼자 있고자 하는 권리에서 자기와 관련된 정보를 통제할 수 있는 권리로서 발전되었다(Spinello, 2001/2008).

스피넬로는 프라이버시권의 핵심을 비밀성, 익명성, 고독 이라고 보았다. 즉, 자신에 대한 지식의 유포를 제한하고, 원치 않는 관심으로부터 보호하고, 다른 사람과의 신체적 접촉이 없는 상태가 프라이버시의 핵심이라는 것이다. 이러한 핵심적 내용을 바탕으로 미국에서는 프라이버시 개념을 사적인 공간과 생활을 침입당하지 아니할 권리, 사생활을 공표 당하지 않을 권리, 타인에게 잘못된 인상을 심어줄 공표를 당하지 않을 권리, 초상, 성명 등이 상업적으로 이용당하지 않을 권리(염규호, 1994)로 설정하고 있다. 한국에서도 이와 유사한 개념으로 헌법 제17조에 표현되었듯이 프라이버시권을 ‘사생활 비밀과 자유’를 의미하는 것으로 자기만이 간직한 비밀을 공개당하거나 사생활의 간섭을 받아 정신적 타격을 받지 아니할 권리(한위수, 1999)로 규정하고 있다.

2) 인터넷 프라이버시 개념

급속한 인터넷 기술의 발전은 프라이버시권에 대한 새로운 인식의 전환을 요구하게 되었다.

(1) 자기정보통제권

인터넷 프라이버시권은 먼저 기존 프라이버시권을 더욱 능동적인 권리로 확장하여 자기정보통제권으로서 개념을 강화하였다. 구체적으로 자기정보통제권은 개인의 프라이버시에 해당하는 정보를 자신의 동의 없이 국가나 기업, 웹사이트들이 수집, 통합, 유통, 변경하는 것을 통제하는 권리로 규정할 수 있다. 가상공간에서 개인정보의 수집, 통합, 유통, 변경이 더욱 활성화되고, 개인정보유출 문제가 심각해짐에 따라 자기정보통제권이 프라이버시권으로 인정되고 있다. 안전은 행복의 필수조건임에도 불구하고, 특히 자기정보를 스스로 통제할 수 없을 때 가상공간은 매우 불안전하게 느껴진다. 따라서 정보화시대 네트워크 사회에서 자기정보통제권은 기본적인 행복추구권으로 인터넷 프라이버시 보호의 전제조건임에 틀림없다(양해림 외, 2011).

OECD 가이드라인에 따르면 자기정보통제권이 보장되기 위해서는 다음과 같은 몇 가지 원칙이 지켜져야 한다. 첫째, 개인정보 수집은 원칙적으로 제한되어야 한다. 둘째, 개인정보는 사용목적에 필요한 범위 안에서 보관되어야 한다. 셋째, 개인정보 수집은 수집 시점을 기준으로 반드시 명확한 목적을 전제해야 한다. 넷째, 개인정보는 정보주체의 동의가 있거나 법률에 정하는 경우 외에 다른 목적으로 접근, 공개, 기타의 사용에 제공되어서는 안된다. 다섯째, 개인정보는 분실, 불법적인 접근, 파괴, 사용, 변조, 공개 등의 위험으로부터 보호되어야 한다. 여섯째, 개인정보 처리 시스템은 그 활용과 정책이 공개되어야 한다. 일곱째, 개인 참여의 원칙에 따른다. 여덟째, 정보관리자는 이상 모든 원칙을 준수하도록 필요한 조치를 취할 책임을 가진다(박균성 외, 2001).

(2) 반(反) 감시권

한편 인터넷 프라이버시권은 기존 프라이버시권을 더욱 적극적인 권리로 확장하여 반감시권으로서 개념을 강화하였다. 구체적으로 반감시권이란 민주주의와 인권에 대한 위협에 대응하는 권리로서 개인의 사생활이나 개인정보에 대한 통제뿐만 아니라 생각과 활동에 대한 통제가 있는지의 영역까지 대상을 확장하고 있는데, 인터넷 기술은 정보의 디지털화로 인해 개인정보에 대한 무한복제가 가능하게 하였다. 또 비약적인 감시기술로 국가와 기업은 저렴한 비용으로 개인정보를 끊임없이 수집하고, 분석하며, 관리하는 등 이용자가 인식하지 못하더라도 얼마든지 감시가 가능해졌다. 이때 개인정보라 함은 개인을 식별할 수 있는 고유한 정보로서 이름, 성별, 주민등록번호 등 일반정보로부터 가족, 교육, 병역, 소득과 신용정보, 고용정보, 의료정보, 법정보와 개인이 가입한 조직에 대한 정보와 습관, 취미정보 등 민감한 정보까지 포함된다. 따라서 인터넷 상에서의 프라이버시는 정보적 프라이버시이다. 인터넷 상에서 부지불식간에 일어난 각종 개인정보에 대한 부당한 접근이나 전자감시기술로 인한 컴퓨터 프로파일의 체계적인 데이터베이스 구축 등 개인정보의 무단 수집은 인터넷 상에서 명백한 프라이버시 침해 행위에 해당되는 것이다(이수범, 2003).

2. 인터넷 프라이버시의 윤리적 문제

1) 프라이버시 인터넷에도 존재하는가?

프라이버시와 관련하여 윤리적으로 고려해볼 수 있는 다음의 몇 가지 인터넷 행위들이 있다.

- 타인의 패스워드를 사용하여 그 사람의 허락없이 개인 컴퓨터 파일에 접근하는 일
- 타인의 패스워드를 사용하여 그 사람의 허락없이 이메일 계정에 로그인한 후 그 사람 이름으로 메일을 보내는 일
- 웹페이지를 보거나 블로그·소셜네트워크에 포스팅하는 행위가 의도하지 않은 상태에서 공개될 때
- 전자상거래 웹사이트에서의 타겟광고를 위해 고객 리스트를 광고주에게 파는 행위
- 화면 잠금이 안 된 상태에서 자리를 뜬 사이 누군가 그 컴퓨터에 있는 이메일 메시지를 읽는 행위

이러한 온라인 커뮤니케이션 행위들로 인해 원치 않는 개인정보가 노출되었다면 프라이버시 침해가 일어난 것이 아닌가? 물론 행위의 윤리적 판단은 타인과의 상호작용에서 오는 각자의 기대치와 관계, 환경(맥락)에 따라 달라질 수 있으므로 환경에 지배적이기는

하다. 더구나 컴퓨터의 급속한 발전은 우리의 커뮤니케이션 환경을 매우 빠르게 변화시키고 있어 윤리적 판단을 내리기에 더욱 복잡한 상황에 놓이도록 하였다. 또 개인정보보호와 프라이버시 침해의 경계선은 그 적용 대상과 범위를 어떻게 할지에 대한 논란도 계속되고 있다. 예를 들어 공인, 즉 정치인이나 유명인 등의 개인정보인 경우, 공인의 개념을 어떻게 정의하는가에 따라 달라질 수 있겠지만 개인정보보호와 프라이버시 침해 적용범위가 일반인과 다를 가능성이 있다. 또 공공장소의 CCTV 내용은 가정이나 기타의 사적 장소와 달리 때로는 개인정보가 공개되기도 한다. 이처럼 프라이버시에 대한 윤리적 판단은 환경, 맥락, 상황에 매우 영향을 받게 된다.

그렇다면 컴퓨터, 인터넷이라는 새로운 기술의 채택과 발전이 프라이버시의 윤리적 판단에는 어떤 영향을 미칠 수 있는가? 컴퓨터의 급속한 발전이 커뮤니케이션 환경을 매우 복잡하게 한 것은 사실이나 근본적으로 윤리적 판단은 기술적 환경보다는 오히려 현실세계의 인간커뮤니케이션 상황에 따르므로 프라이버시 개념을 완전히 바꾸었다고 보기는 어렵다. 물론 인터넷의 기능과 역할을 어떤 관점에서 보느냐에 따라 다를 수 있지만, 우선 매체 발달사 맥락에서 볼 때 인터넷 매체를 기존 매체의 연장선으로 보는 관점에서는 인터넷 매체에서 발생하는 개인정보 노출과 프라이버시 침해는 기존의 맥락에서 윤리적 판단을 내릴 수 있을 것이다. 인터넷 매체 역시 과거 종이 중심의 인쇄매체와 소리 및 화면 중심의 영상매체의 정보 생산과 유통, 저장 기능을 담당하고 있으므로 프라이버시 침해에 대한 윤리적 판단은 매체, 즉 기술보다는 인간 커뮤니케이션 그 자체에 더욱 영향을 받는다고 할 것이다.

그러나 이러한 논점은 인터넷 매체를 기존 매체와 달리 새로운 관점에서 그 기능과 역할을 명명해본다면, 인터넷에 대한 윤리적 판단은 새로운 관점에서 재해석되어야 할 것이다. 즉, 인터넷 매체, 기술적 환경이 윤리적 판단에 지극히 영향을 미칠 수 있다는 관점이다. 더구나 인터넷은 현실 세계에는 존재하지 않는 사람이 얼마든지 존재할 수 있다. 즉, 얼마든지 인격화(impersonation)가 가능하고, 또 가변적이고 다양한 정체성으로 존재할 수 있어 허위의 개인정보가 난무할 수 있다. 1993년 유명한 뉴요커(New Yorker) 만화의 "On the Internet, Nobody Knows You're a Dog: 인터넷에서는 아무도 네가 개라는 걸 몰라"라는 캡쳐는 인터넷 기술과 문화의 중요한 단면을 보여준다. 뿐만 아니라 인터넷에 존재할 수 있는 가상 인격으로 인해 인터넷 매체는 기존 매체보다 훨씬 신상털기와 프라이버시 침해가 손쉬워졌다. 또 인터넷 상에서의 손쉬운 인격화는 단순한 속임수로 끝나지 않는다. 이로 인해 불법적인 재정정보 유출도 가능하다. 따라서 인격화의 폐해는 아무리 작더라도 의도하지 않은 결과를 낳을 수 있으므로 심각한 폭력에 해당된다. 그러므로 가족 간 계정공유도 비윤리적인 행위일 수 있으며, 앞서 언급한 타인의 패스워드를 허락없이 무단으로 사용하는 행위는 가족 간에도 일어날 수 있는 비윤리적인 행위의 사례들인 것이다(Plotkin, 2012).

2) 개인정보 보호 비윤리적일 수 있는가?

개인정보 보호는 프라이버시 침해를 예방하는 차원에서 꼭 필요하다. 그런데 개인정보 보호가 항상 윤리적으로 정당한가?

다음의 사례를 통해 이에 대한 윤리적 제 문제를 논의해볼 수 있을 것이다. 예를 들어 회사 혹은 사주가 고객의 개인정보를 보호한다는 명목 하에 고객 리스트나 비밀 거래 내역을 공개하기를 꺼려한다면 반드시 윤리적이라고 말할 수 있는가? 물론 법적으로 개인정보 보호 차원에서 회사 혹은 사주의 행위는 정당하다. 회사 혹은 사주는 법적으로 고객의 개인정보를 보호할 권리가 있으며, 이런 의미에서 고객리스트나 비밀거래 내역 공개를 거부할 수 있기 때문이다. 그러나 이에 대한 정확한 윤리적 판단은 결코 쉽지 않다. 모든 환경에서 개인정보 보호가 필수적으로 유지되어야만 하는 것은 아니기 때문이다. 때로는 공중이 윤리적으로 제대로 판단할 수 있도록 반드시 그 근거와 이유가 공개되어야만 하는데, 회사 혹은 사주가 이면에 또 다른 숨은 의도가 있어서 고객의 프라이버시권을 주장한다면 윤리적으로도 경제적으로도 더 큰 폐해를 낳기 때문이다.

이러한 맥락에서 미국의 FOIA(the Federal Freedom of Information Act)를 살펴볼 필요가 있다. FOIA는 정보보호와 반대로 정보공개 원칙을 강조하였다. 즉, 연방정부는 입법초안이나 각종 조사 및 인구통계에 사용된 모든 개인정보를 공개함으로서 공중이 적극적으로 정부활동에 개입, 감시·감독할 수 있도록 하였다. 뿐만 아니라 법에 의해 요청된 정보를 정부가 제공하지 않으면 오히려 정부가 공중의 민주주의 참여능력을 방해하는 것이며, 이것이 더 불법적이고, 더 비윤리적인 행위라고 간주하였다(Plotkin, 2012).

3. 인터넷 프라이버시 침해 유형

1) 인터넷 이용자의 프라이버시 침해

다음은 인터넷 상에서 쉽게 발생할 수 있는 다양한 인터넷 소프트웨어로 인한 프라이버시 침해 유형들이다.

(1) 배너광고

인터넷 배너광고는 이용자가 방문하는 웹사이트가 아닌 광고를 관리하고 제공해주는 네트워크 광고회사에 의해서 제공되는 것이다. 배너광고를 통해 개인정보 및 프라이버시 침해 과정은 간단하게 이뤄진다. 광고를 보는 이용자의 정보 프로파일이 구축되는 과정에서 프라이버시 침해가 자동적으로 일어나게 되는데, 이용자가 방문한 웹사이트에 관한 정보나 이용시간, 검색엔진에 입력한 검색어들, 이용자가 구입한 물건이나 배너광고를 클릭하여 광고상품에 대해 추가정보를 요청한 내용이라든지 모든 이용자의 기록이 남게 된다.

또 배너광고를 클릭한 적이 없어도 이용자의 개인정보를 수집할 수도 있는데 네트워크 광고회사가 심어놓은 쿠키를 통해 그 광고회사가 서비스하는 웹사이트 상의 모든 이용자의 온라인 활동을 추적하게 된다. 이용자의 개인식별정보는 해당 광고회사가 이용자의 컴퓨터에 심어놓은 쿠키의 고유번호와 결합될 수 있다. 배너광고가 설치된 웹사이트가 등록된 이용자의 개인식별정보를 네트워크 광고회사에 제공할 수 있다. 이용자의 개인식별정보를 처리하고 검색하는 방식에 따라 URL에 통합되어 자동으로 네트워크 광고회사에 전달될 수 있다. 오프라인 마케팅회사가 구축한 개인식별정보와 결합될 수 있다. 결국 이용자의 성향, 취미, 기호, 수요를 예측할 수 있는 상세한 이용자 프로파일을 구축할 수 있으며, 네트워크 광고회사는 이용자의 관심에 맞는 맞춤광고를 제공할 수 있는 것이다.

(2) 쿠키

쿠키란 이용자들이 브라우저를 통해 어떤 사이트를 방문하게 되면 그 사이트에 의해 이용자의 하드디스크에 기록되고 저장되는 작은 데이터 파일을 말한다. 쿠키를 통해서 광고를 보는 이용자의 개인정보 프로파일이 구축될 수 있고, 이용자의 비밀번호나 방문한 웹사이트의 목록, 검색한 날짜 등에 대해 정보를 수집할 수 있다. 특징적인 것은 이용자가 웹서버에 접속할 때 하드디스크에 자동적으로 개인정보가 저장되므로 이용자는 쿠키의 존재 자체를 거의 인식하지 못한다. 또 이용자 측에서 신원과 관련한 정보를 공개하지 않는 한 쿠키 자체만으로는 이용자의 신원을 드러내지 않으며, 쿠키를 이용해서 이용자가 그동안 방문했던 사이트를 확인할 수도 없다. 따라서 쿠키에 담긴 정보와 마케팅데이터베이스에 있는 소비정보를 상호 비교하여 이용자의 신원을 확인한다.

(3) 웹버그 및 스파이웨어

웹버그란 바탕화면과 같은 색의 웹페이지에 심어놓은 작은 그래픽 이미지 파일로서 육안으로는 보이지 않는 것이 특징이다. 따라서 이용자가 모르는 사이에 이용자의 개인정보가 유출될 수 있으며, 웹버그는 이용자의 시스템까지 파괴할 수도 있다. 웹버그로 인해 설치된 특정 웹 페이지를 누가 방문했는지 알 수 있으며, 설치된 특정 이메일을 누가 읽었는지 익명의 프로파일 신원을 확인할 수도 있다.

스파이웨어란 유료 혹은 무료로 배포된 소프트웨어에 들어있는 일종의 프로그램 모듈을 통칭하는 것으로, 해당 소프트웨어를 설치한 컴퓨터 이용자가 웹 서핑을 할 때 이용자의 개인정보나 온라인 활동에 관한 정보를 스파이웨어를 설치한 회사의 서버에 지속적으로 전송해주게 된다. 때문에 이용자 본인도 모르는 사이에 개인정보가 자동으로 빠져나가게 된다(양해림 외, 2011).

2) 직장에서의 프라이버시 침해

(1) 이메일과 메신저

오늘날 직장에서 컴퓨터를 활용한 온라인 행위는 업무의 상당량을 차지하고 있다. 그러나 개인적인 온라인 행위, 예를 들어 이메일 체크나 메신저 주고받기, 온라인 뱅킹, 온라인 쇼핑, 소셜네트워크 사이트 이용 등은 직장에서 업무의 일환일 경우는 환영받지만 개인적인 일일 경우 회사 혹은 고용주 측에서는 이를 어떻게 규제할 것인지를 고심하게 되는 부분이다. 문제는 직장인들의 이러한 온라인 커뮤니케이션 행위들이 생산성 제고 차원에서 회사 혹은 고용주가 일정부분 제한을 하기도 하는데, 이들의 제한 조치는 합법적이라는 점이다. 따라서 회사 혹은 고용주가 고용인들의 사적인 온라인 커뮤니케이션 행위를 어디까지 제한할 수 있으며, 이것이 고용인들의 프라이버시를 침해하지는 않는지에 대한 논란이 있을 수 밖에 없다. 왜냐하면 고용주가 생산성을 고려하여 고용인들의 직장 내 사적인 온라인 커뮤니케이션 행위를 제한하는 것이 합법적일 수 있으나 고용인들의 프라이버시를 침해할 소지가 있기 때문이다. 또 사적인 온라인 커뮤니케이션이라고 하지만 이를 제한한다면 고용인들이 직장 내에서 마치 감시받는 느낌이 들고, 상호 신뢰하지 못하는 상태에서 사기를 떨어뜨릴 수 있으며, 나아가 공무적인 일 처리에 까지 영향을 미치게 되므로 윤리적으로 회사 혹은 고용주의 제한 조치가 정당한가를 판단하기는 쉽지 않다(Spinello, 2001/2008).

(2) 전자신분증과 생체인식기

한편 직장 내에서 착용하는 사원증에 내장된 RFID 칩은 직장인들의 출퇴근 여부나 출입시간, 특정 장소의 출입 여부 등을 자동적으로 기록하게 되는데, 이러한 사원들의 전자신분증에 대해서도 프라이버시 침해의 소지가 있다고 하겠다. 사원증을 통해 사원들의 일거수일투족을 감시할 수 있는 통제와 감시 시스템이기 때문이다.

전자신분증 외에도 신분증 역할을 하는 생체인식기는 지문이나 홍채, 얼굴인식이 가능한 기술로서 인간 고유의 유전자 정보 혹은 생체정보까지 새로운 데이터로 수집하여 이 또한 차별과 통제의 근거로 이용될 수 있다는 측면에서 심각한 프라이버시 침해의 소지가 있다.

3) 공공기관과 프라이버시 침해

공공기관은 주민등록법에 의해 개인의 신상 정보를 수집할 수 있다. 전산화한 정보를 수집하여 행정기관이 실시간 활용할 수 있으며, 업무의 효율성과 편리한 행정서비스를 제공하겠다는 계획아래 분산되어 있는 개인정보를 통합하려는 시도도 있었다. 1995년 첫 추진되었던 전자주민카드를 비롯하여 경찰청 공안전산망, 교육부의 NEIS 등이 그것이다. 자국민 신상 정보 수집뿐만 아니라 해외에서도 신상 정보를 수집하는 사례가 있는데, 도메인등록정보, 후이즈(WHOIS)는 범죄 사이트에 대한 수사의 효율성을 제고하기 위해 도메인 등록자의 개인 신상 정보를 쉽게 볼 수 있도록 미국 정부가 요청하였다. 이처럼 공공기관에 의한 개인 신상 정보의 공개는 편리한 행정서비스, 수사의 효율성 등 합목적성을 띠고 있으나 감시와 통제의 근거로 역으로 사용될 수 있다는 측면에서 윤리적 문제가 제고되어야 한다(양해림 외, 2011).

4. 인터넷 프라이버시 침해에 대한 기술적·법적 규제 및 근거

1) 기술적 규제

배너광고, 쿠키, 웹버그, 스파이웨어 등 이용자 본인도 인식하지 못한 상태에서 개인 정보가 자동적으로 빠져나가는 것을 방지하기 위해 또 다른 다양한 기술적 규제 방안들이 고안되고 있다. 예를 들어 공인 기관에서는 본인 확인 후 발급하는 아이핀(I-PIN) 개인식별

코드를 사용하도록 하는데, 아이핀 숫자는 이용자가 변경할 수 있어 해킹사고에 노출되어도 즉시 변경이 가능하므로 피해를 줄일 수 있도록 고안되었다. 그러나 이용에 있어 비용이 발생한다는 점, 미성년자나 해외동포를 대신하여 발급하는 등 타인 명의의 아이핀을 보유함으로서 악용될 소지가 있다는 점에서 여전히 문제를 안고 있다.

2) 법적 규제 및 근거

프라이버시 보호와 관련한 법 조항들을 살펴보면 우선 헌법 제17조에 명시된 내용이 가장 근간이 된다. '사생활의 비밀과 자유'의 불가침 내용으로 자기정보접근권, 자기정보정정청구권, 자기정보사용중지청구권을 포함한 정보관리통제권, 즉 개인정보에 대한 자기결정권이 법적으로 인정되고 있는 것을 알 수 있다.

둘째, 개인정보보호법을 보면 2011년 9월30일부터 제정되어 시행되고 있는데, 이 법은 1997년 통합전자주민카드 시행에 반대하는 운동의 일환으로 제안되었다. 이후 2003년 교육행정정보시스템 등을 가동하는 데에도 개인정보보호 측면에서 사회적 논란이 일면서 반대한 결과로 나타난 것이다. 즉, 통신기업이 보유하고 있는 개인정보의 양 자체가 너무 방대하고, 과도한 개인정보를 수집함으로서 개인정보 유출사고가 빈번해졌다는 것이다. 또 주요 통신기업들은 취급위탁이나 제3자 제공을 통해 개인정보를 방대하게 공유하고 개인정보에 대한 관리가 부실하다는 면에서 논란이 되었으며, 이러한 주장 하에 개인정보보호법이 발의되었다.

셋째, 정보통신망법을 보면 제44조의5 게시판 이용자의 본인확인 시행령 제29조3호에 따르면 이름, 주민등록번호 대조방식의 본인확인 방식과 인터넷 실명제는 개인정보 침해의 소지가 있다고 보았다. 제30조 2항2호 정보주체의 열람권, 즉 개인정보의 이용 및 제공내역에 대한 열람권이 제대로 보장되지 않는다면 개인정보가 어떤 업체에 제공되었는지 파악하기 힘들다고 보는 것이다.

넷째, 전자상거래 등에서의 소비자 보호에 관한 법률 제6조1항 개인정보 기록 보유에 따르면 일정기간 전자상거래와 관련된 기록을 보유할 수 있도록 하는 것은 여전히 개인정보를 침해할 소지가 있다고 한다.

〈개인정보와 프라이버시 관련법〉

개인정보보호법

제16조(개인정보의 수집 제한) ① 개인정보처리자는 제15조제1항 각 호의 어느 하나에 해당하여 개인정보를 수집하는 경우에는 그 목적에 필요한 최소한의 개인정보를 수집하여야 한다. 이 경우 최소한의 개인정보 수집이라는 입증책임은 개인정보처리자가 부담한다.

② 개인정보처리자는 정보주체가 필요한 최소한의 정보 외의 개인정보 수집에 동의하지 아니한다는 이유로 정보주체에게 재화 또는 서비스의 제공을 거부하여서는 아니 된다.

제17조(개인정보의 제공) ① 개인정보처리자는 다음 각 호의 어느 하나에 해당되는 경우에는 정보주체의 개인정보를 제3자에게 제공(공유를 포함한다. 이하 같다)할 수 있다.

1. 정보주체의 동의를 받은 경우
2. 제15조제1항제2호·제3호 및 제5호에 따라 개인정보를 수집한 목적 범위에서 개인정보를 제공하는 경우

② 개인정보처리자는 제1항제1호에 따른 동의를 받을 때에는 다음 각 호의 사항을 정보주체에게 알려야 한다. 다음 각 호의 어느 하나의 사항을 변경하는 경우에도 이를 알리고 동의를 받아야 한다.

1. 개인정보를 제공받는 자
2. 개인정보를 제공받는 자의 개인정보 이용 목적
3. 제공하는 개인정보의 항목

4. 개인정보를 제공받는 자의 개인정보 보유 및 이용 기간

5. 동의를 거부할 권리가 있다는 사실 및 동의 거부에 따른 불이익이 있는 경우에는 그 불이익의 내용

③ 개인정보처리자가 개인정보를 국외의 제3자에게 제공할 때에는 제2항 각 호에 따른 사항을 정보주체에게 알리고 동의를 받아야 하며, 이 법을 위반하는 내용으로 개인정보의 국외 이전에 관한 계약을 체결하여서는 아니 된다.

제19조(개인정보를 제공받은 자의 이용·제공 제한) 개인정보처리자로부터 개인정보를 제공받은 자는 다음 각 호의 어느 하나에 해당하는 경우를 제외하고는 개인정보를 제공받은 목적 외의 용도로 이용하거나 이를 제3자에게 제공하여서는 아니 된다.

1. 정보주체로부터 별도의 동의를 받은 경우

2. 다른 법률에 특별한 규정이 있는 경우

〈개인정보와 프라이버시 관련사례〉

우리민족끼리 가입자 신상털기사건

국제 해커집단인 '어나니머스'가 2013년 4월 4일과 6일에 북한의 '우리민족끼리' 사이트를 해킹해 1만 500여명의 가입자 명단을 공개했다. 이후 일부 보수성향의 네티즌들이 이들의 신상을 무차별적으로 공개했다. 일부 보수성향의 네티즌인 '일간베스트' 이용자들은 어나니머스가 공개한 회원 순서를 '죄수번호'라고 부르며 공개된 메일주소, 이름 등을 이용해 '우리민족끼리' 가입자의 가족사진과 전화번호, 직장까지 퍼트렸다. 어나니머스가 공개한 자료에는 이명

박 전 대통령, 이회창 전 자유선진당 대표 등의 이메일 정보도 포함되어있다.(한국일보 2013.04.06 참조)

5_ 사이버 명예훼손과 사이버 모욕

1. 정보화시대 명예훼손의 의미

1) 전통적 명예훼손의 개념

명예훼손이란 사람에 대한 사회적 평가로서의 명예를 보호대상으로 보는 것이다. 사실 또는 허위의 사실을 불특정 다수인에게 적시하여 개인이나 기관의 명예를 훼손하는 것을 말한다. 프라이버시와 명예훼손의 개념적 차이는 프라이버시는 자연인 즉, 개인을 대상으로 하지만 명예훼손은 개인이 아닌 기관 즉, 법인도 그 대상이 된다는 면에서 다르다.

명예훼손의 유형은 크게 두 가지로 나뉜다. 문서에 의한 명예훼손(libel)과 구두에 의한 명예훼손(slander)로 구분되는데, 문서에 의한 명예훼손은 신문이나 방송 등 매체에 의해 주로 표현된 명예훼손을 말하며, 구두에 의한 명예훼손은 욕설이나 비방 등 말로 표현된 명예훼손을 말한다.

명예훼손이 성립하기 위해서는 다음의 요건들이 전제되어야 한다(김우룡, 2000). 첫째, 명예훼손에 해당하는 정보가 적어도 피해자 외에 다른 한 사람, 즉 제3자에게 전파되었다는 것을 입증할 수 있어야 한다. 둘째, 문제의 정보가 원고에 관한 것임을 입증할 수 있어야 한다. 셋째, 문제의 정보에 의해 어떤 형태로든 명예가 훼손되었다는 것을 할 수 있어야 한다. 넷째, 문제의 정보가 허위라는 것을 입증할 수 있어야 한다. 이렇게 성립된 명예훼손은 범죄로 인식되며, 형법에 의해 엄격히 보호되고 있다. 뿐만 아니라 명예를 개인의 소유물로 인식하여 민법에 의해서도 엄격히 보호되고 있다. 따라서 문제의 정보가 허위정보로 판명되고, 또 허위정보의 유포 등으로 개인의 명예가 훼손당했다면 형사소송에 의한 처벌도 가능하며, 민사소송에 의한 금전적 손해배상을 청구할 수도 있다.

반면 명예훼손이 성립되지 않는 경우도 있는데, 특히 신문이나 방송 등 매체에 의해 표현된 언론보도 등의 사례에서 주요한 면책 사유들을 살펴보면 다음과 같다. 첫째, 진실(truth), 비록 형사사건에서는 인정되지 않았지만 민사사건에서는 진실하면 완전한 면책이 될 수 있다. 둘째, 공평한 논평(fair comment), 사실에 입각한 의견, 예를 들어 공공의 관심사에 대한 의견이 공평한 것이라면 면책이 될 수 있다. 셋째, 공정한 보도(fair report), 보도내용이 정부의 공식적인 결정이나 절차 등을 일반대중에 공개하는 과정에서 언급된 명예훼손적 내용의 공표는 상황을 정확하고 완전하게, 공평하게 요약한 것이라면 면책이 될 수 있다.

이러한 언론보도의 명예훼손적 내용의 공표에 대한 면책 사유의 근거는 사상의 자유시장(market of ideas)에 바탕을 둔 것이다. 상호경쟁이 허용되는 사상의 공개시장이 인류계몽을 촉진하는 과정에 필요하기 때문에 언론자유가 더 중요하다는 의미에서다(Spinello, 2001/2008).

2) 사이버 명예훼손의 개념

사이버 명예훼손이란 가상공간에서 행해지는 명예훼손을 말한다. 즉, 인터넷 게시판 등을 통해 명예훼손의 글이나 사진, 패러디, 합성사진, 동영상 등을 올리는 행위를 포함한다. 채팅도중 명예를 훼손할 만한 내용의 글을 입력하는 행위를 포함하여 분명한 사실이라도 공개 게시판과 같은 가상공간에 타인의 명예를 훼손할 만한 글을 올렸을 경우 명예훼손이 성립될 수 있는 것이다.

그러나 법률상으로 사이버 명예훼손죄는 없으며 단지 정보통신망 이용촉진 및 정보보호 등에 관한 법률에 따라 '다른 사람을 비방할 목적으로 정보통신망을 통하여 불특정 다수인이 인식할 수 있는 사실 또는 허위의 사실을 적시하여 타인의 명예를 훼손하는 행위'로 규정하고 있다.

사이버 명예훼손이 발생하는 유형들은 다양하며, 다음과 같이 몇 가지 사례들이 있다. 개인전자메일이나 뉴스그룹, 웹사이트를 통해 일어나는데, 개인전자메일의 경우 한 명의 사용자에게 보내는 전자메일로서 그 메시지들은 보내기 쉽고, 또 다른 사람들에게 재전송하기도 용이하다. 그런데 만약 명예훼손적 메시지를 재발송했다면 개인은 명예훼손에 대한 책임이 있는 것이다. 뉴스그룹의 경우 게재한 게시물을 통해 명예훼손이 발생할 수 있는데, 수천 개의 뉴스그룹이 있으며, 각 뉴스그룹들은 또한 수백 개의 메시지를 담고 있다. 웹사이트의 경우 전 세계 사람들이 접근하고 읽을 수 있으므로 세 가지 유형 중에서 가장 빠르게 명예훼손적 메시지가 확산될 수 있어 그 폐해는 더욱 커진다.

특히 사이버 명예훼손은 인터넷 매체의 속성으로 인해 전통적 명예훼손보다 더욱 심각한 결과를 낳게 된다. 현실공간과 달리 사이버는 신속성, 개방성, 상호작용성, 복제성 등으로 인해 명예훼손의 그 파급효과가 더욱 커지기 때문이다. 구체적으로 신속성 측면을 보면, 인터넷은 당사자와 주변인만이 아니라 전 세계 모든 네티즌들이 명예훼손적 내용에 빠르게 접근할 수 있고 인지할 수 있다. 또 개방성과 상호작용성 측면을 보면, 인터넷은 시간과 공간을 초월해 24시간 언제 어디서나 명예훼손적 내용에 접근이 가능하다. 인터넷 매체는 복제성도 강하다. 클릭 한번으로 명예훼손적 내용이 손쉽게 복제되고, 또 무한복제도 가능하다.

이처럼 사이버 명예훼손은 인터넷 매체의 특성으로 인해 사실에 대한 진위 여부와 상관없이 그 피해가 빠르게 확산되어 큰 타격을 입할 수 있다. 더구나 사이버 명예훼손은 여기서 멈추는 것이 아니라 제3자에 의한 2차적 명예훼손이 다시 발생할 수 있으며, 하루아침에 한 개인의 명예가 실추될 수도 있다(Spinello, 2001/2008).

이러한 이유에서 사이버 명예훼손은 일반 전통적 의미의 명예훼손보다 법적으로 형량이 훨씬 무겁다.

사실의 적시로 인한 명예훼손은 형법 제307조 1항에 따라 2년 이하의 징역이나 금고 또는 500만 원 이하의 벌금이나 사이버 명예훼손인 경우는 정보통신망 이용촉진 및 정보보호 등에 관한 법률 제70조 1항에 따라 이보다 형량이 높은 3년 이하의 징역이나 금고 또는 2천만 원 이하의 벌금이 적용된다. 허위적 사실의 적시로 인한 명예훼손은 형량이 더 무겁다. 형법 제307조 2항에 따라 명예훼손이 성립되면 5년 이하의 징역, 10년 이하의 자격정지 또는 1천만 원 이하의 벌금을 받게 된다. 사이버 명예훼손인 경우 허위 사실의 적시로 인한 형량은 7년 이하의 징역, 10년 이하의 자격 정지 또는 5천만 원 하의 벌금을 받게 되어 일반적인 명예훼손보다 형량이 더 무거운 것을 알 수 있다.

3) 사이버 모욕의 개념

사이버 모욕은 사이버 명예훼손과 달리 실질적인 피해를 증명하기가 쉽지 않고, 언어폭력과 같이 감정을 매우 상하게 하는 민감한 영역에 해당하는 비윤리적 행위이다. 그러나 사이버 모욕으로 인한 정신적 피해는 상상을 초월할 수 있으며, 피해자를 죽음으로까지 내몰게 되는 결과를 낳기도 한다. 사이버 모욕 중 대표적인 플레이밍(flaming)이란 공공연히 누군가에게 심하게 빈정대는 것을 말하는데, 채팅도중 욕설이나 불쾌한 표현, 거친 어투의 사용 등이 그것이다. 사이버 모욕은 뉴스그룹이나 게시판에 등록된 게시물에서도 쉽게 찾아볼 수 있으며, 메일링 리스트를 통해 무작위로 배포되기도 한다. 가상공간에서 일어나는 언어폭력으로 인한 사례가 가장 흔하며, 사이버 모욕은 사이버 명예훼손으로 발전할 가능성이 있다(이수범, 2003).

2. 사이버 명예훼손의 윤리적 문제

1) 사이버 명예훼손의 책임소재

가상공간에서 특정 개인 혹은 법인의 명예를 손상시켜 법적인 문제가 발생했다면 프라이버시나 모욕과 달리 책임소재 논란이 벌어질 가능성이 높으며 반드시 실질적인 책임을 져야만 한다.

문제는 가상공간은 인터넷의 기술적 특성 중 하나인 상호작용성으로 인해 정보 발신자와 수신자의 구분이 모호하다는 점이다. 즉, 특정인의 명예를 훼손할 수 있는 명예훼손적 메시지가 외부인에 의해 작성되어 인터넷 게시판에 게재될 가능성이 매우 높다. 이런 경우 과연 누가 사이버 명예훼손에 대한 책임을 져야 하는가? 최초의 정보 게재자인가? 2차적 게재자인가? 인터넷 서비스 제공자(ISP: Internet Service Provider)인가에 대해 명예훼손에 대한 책임 소재와 크기를 놓고 논란이 일 수 밖에 없다.

2) 인터넷 서비스 제공자는 사이버 명예훼손에 대한 책임이 있는가?

특히 인터넷 서비스 제공자에 대한 책임에 대해서는 학계나 산업계에서도 논란이 뜨겁다. 그 책임 소재와 크기는 인터넷 서비스 제공자를 어떻게 규정하느냐에 달렸다. 인터넷 서비스 제공자를 방송이나 신문 등 일반 대중매체의 하나로 간주한다면 발행인 혹은 유통자로 규정하여 사이버 명예훼손에 대한 책임이 일부 있다고 볼 수 있다. 그러나 인터넷 서비스 제공자를 단순히 콘텐츠 운송자로 규정한다면 사이버 명예훼손에 대한 책임이 없다고 할 것이다.

인터넷 서비스 제공자에 대한 역할과 기능에 대한 수많은 논의 끝에 다음 세 가지 주장으로 요약된다. 즉, 인터넷 서비스 제공자에 책임을 의무화해야 한다는 주장이 제기되었다. 그러나 책임을 의무화한다면 가상공간에서의 자유로운 표현에 또 다른 제한을 가하게 되는 결과를 낳게 되므로 인터넷 서비스 제공자의 책임을 부분적으로 제한하자는 제안을 하게 된다. 중상이나 비방 등 명예훼손적 내용을 줄이기 위한 적절한 조치가 취해지지 않으면 시민 담화나 사적 명성을 보호하는데 아무런 도움이 되지 않기 때문이라는 이유에서이다. 이와 달리 인터넷 서비스 제공자에 대해서는 아무런 책임이 없다는 주장도 있다. 즉, 인터넷 서비스 제공자는 단순한 콘텐츠 운송자로서 인터넷의 상호작용성으로 인한 발신자와 수신자 개념 자체가 성립하지 않으니 사이버 명예훼손에 대해 전적으로 아무런 책임이 없다는 주장이다. 그러나 만약 인터넷 서비스 제공자에게 아무런 법적 책임이 없다면 명예훼손 피해자의 억울한 호소를 제기할 곳도, 의지할 곳 없이 방치될 가능성이 있으므로 책임 소재를 분명히 해야 할 것이다(Spinello, 2001/2008).

3. 사이버 명예훼손과 사이버 모욕의 사례

1) 인터넷 게시판을 통한 비방글

한 학생이 학교 인터넷 게시판에 '○○○은 인간 이하의 XXX입니다' 라는 글을 게재했다. 그런데 사건은 거기서 멈추지 않고 결과적으로 ○○○ 학생의 인격을 심각하게 손상시키고 그의 평판을 망가뜨리게 되었다.

먼저 이러한 경우도 사이버 명예훼손에 해당되는지 질문할 수 있다.

명예훼손인지 아닌지는 구체적인 사실의 적시가 있어야 판단할 수 있다. 예를 들어 '○○○과 어제 노래방에 갔었는데 내가 잠깐 조는 사이에 돈을 안내고 날랐습니다. 지난번에도 그랬었습니다. -중략- 여러분 ○○○을 조심하시기 바랍니다. ○○○은 인간 이하의 XXX입니다'. 즉 돈을 안내고 갔다. 지난번에도 그랬다는 등 인간 이하의 구체적인 사실을 적시해야 명예훼손이 성립되는 것이다. 따라서 본문의 내용만으로는 명예훼손이라 판단하기 어려우며, 단순한 욕설이라면 명예훼손보다는 사이버 모욕에 해당될 수 있다.

다음으로 사이버 명예훼손죄가 성립할 수 있는지 질문할 수 있다.

명예훼손죄가 성립하기 위해서는 제3자에게 전파되어야 하며, 명예훼손적 내용이 원고에 관한 것이어야 하고, 명예가 훼손되어야만 하고, 정보가 허위라는 것이 입증되어야 한다. 예를 들어 이 사례의 경우 ○○○이 누구인지 구체적으로 언급되지 않았으므로 원고에 관한 것인지 판단하기 어렵다. 그러나 이름을 직접 거명하지는 않았지만 '작은 키에 뚱뚱하고 술 좋아하는 △△△ 학부 3학년 여학생 ○○○'이라고 했다면 이야기는 달라진다. 그 사람이 누구인지 누구나 금방 알 수 있기 때문이다. 따라서 명예훼손죄가 성립될 수 있다.

2) 가상공간 포럼을 통한 비방적 논평

한 칼럼니스트의 문서비방(libel), 즉 누군가의 명예를 훼손하는 논평을 부주의하게 게재한 인터넷 신문이 있다. 그런데 이 칼럼니스트의 명예훼손적 논평은 일파만파로 퍼져 인터넷 신문을 이용한 독자들 사이에 논평과 관련한 이슈에 대해 공론을 형성하기까지 이른다.

이러한 경우 인터넷 신문의 책임 정도와 그 기준은 어떻게 정해야 할 것인가? 초기 법원의 판례들을 보면 신문과 잡지 발행인은 그 발행물 편집을 통제하기 때문에 명예훼손에 대한 책임이 있다고 판결한 것을 알 수 있다. 그러나 이것이 기존의 신문과 잡지 발행인이 아니라 인터넷 신문으로서, 인터넷 언론을 규정하는데 있어 인터넷 서비스 제공자를 언론으로 볼 것인지 아닌지에 대한 논란이 있으므로 인터넷 서비스 제공자는 판매자료에 대한 편집통제가 명백하지 않으므로 기존의 신문과 잡지 발행자와 같은 기준을 적용할 수 없다는 주장이 제기된다. 그럼에도 불구하고 인터넷 서비스 제공자는 유통자로서의 일부 책임을 다해야 하는데, 즉 명예훼손적 논평을 삭제하고 계약을 철회하여 차후의 2차적 게시를 막기 위해 합리적이고 실제적인 노력을 기울여야 한다는 주장도 제기할 수 있다. 만약 그렇지 않으면 명예훼손적 내용을 발간한데 대해 '엄격하게 책임'을 져야 한다는 것이다.

다음으로 공적 관심사를 비방한 사적 집단의 책임 정도와 기준은 어떠한가에 대해 논의할 수 있다.

공적 관심사에 대해 사적 집단이 명예훼손적 내용의 비방적인 글을 실었다 하더라도 책임 소재는 오히려 사적 집단보다 발행인에게 있을 수 있다. 사적 집단과 발행인에 대한 명예훼손의 책임 정도와 기준이 다르기 때문이다. 특히 사적 집단이 공적 관심사에 대해 비방적 논평을 실었다면 싣게 된 연유가 발행인이 부주의하게 관리해서 싣게 되었다고 보고 본질적으로 발행인에게 명예훼손에 대한 책임이 있다는 논리이다. 이때 '부주의'하다는 것은 발행인이 사건의 전말에 대해 불편부당하고 사실적인 조사를 하지 않은 채 사적 집단의 비방적인 글을 게재했다는 것을 말한다. 그러나 만약 공적 관심사가 아니라 사적 관심사라면 문제는 더 커지는데 실제적 악의를 입증하지 않더라도 그 피해를 즉각 복구해야 할 정도로 명예훼손을 더 엄격하게 적용시키고 있다(Spinello, 2001/2008).

4. 사이버 명예훼손과 사이버 모욕에 대한 법적 규제 및 근거

1) 명예훼손과 모욕의 법적 규제 근거

명예훼손은 형법 제307조와 제308조 사자의 명예훼손, 제309조 출판물 등에 의한 명예훼손, 제310조 위법성의 조각을 통해 법적 규제를 하고 있으며, 모욕은 형법 제311조와 제312조 고소와 피해자의 의사를 통해 법적 규제를 실행하고 있다.

그런데 모욕죄는 친고죄이므로 피해자가 직접 고소하지 않으면 처벌할 수 없다. 반면 명예훼손은 고소나 고발 없이도 수사기관이 직접 수사를 한 후 처벌할 수 있다. 그러나 수사기관이 피해자의 고소 없이 자의적으로 수사가 가능한 것은 역으로 통신비밀의 자유, 표현의 자유를 침해할 우려가 있다. 그런데 명예훼손죄의 경우 피해자가 가해자의 처벌을 원치 않는다고 확실하게 의사표시를 하면 처벌이 불가능하다. 이것을 반의사불벌죄(反意思不罰罪)라고 하며, 피해자가 처벌을 희망하지 않는다는 의사표시가 있으면 이에 반해 처벌할 수 없는 범죄를 말한다.

2) 사이버 명예훼손과 사이버 모욕의 법적 규제 근거

사이버 명예훼손과 사이버 모욕은 형법이 아닌 정보통신망 이용 촉진 및 정보보호 등에 관한 법률 제70조(벌칙)에 따른다. 특히 사이버 모욕은 소위 '악성 댓글'을 감소시키기 위한 목적으로 추진한 것이다. 그러나 사이버 모욕은 개념의 모호성으로 인해 오히려 정치 커뮤니케이션에서의 적용은 정치적 남용에 대한 우려를 낳기도 하여 논란이 되고 있다. 예를 들어 SNS나 트위터 등으로 정치적 사건과 이슈에 대한 정치토론 및 논평에 수많은 댓글을 남기는데 문제는 댓글 성격을 악성으로 볼 것인지 아닌지는 지극히 정치적 판단일 수 있으며, 때로는 정치적 편견과 오해 속에 판단을 내릴 수도 있는데 단지 악성 댓글로 인한 사이버 모욕을 줄이기 위해 규제를 가한다면 정치적으로 자유로운 의사표현을 축소하고 민주주의 발전을 저해하는 결과를 낳을 수도 있기 때문이다. 그럼에도 불구하고 규제의 집행이 민사적 해결보다는 형사적 처벌을 통해 이루어지고 있다는 점에서 강력한 규제방법이라 하겠다. 또 이러한 규제방법은 국제적 추세에 오히려 역행하는 측면이 있다는 평가로 반발이 적지 않다.

〈사이버 명예훼손과 사이버 모욕 관련법〉

(1) 형법

제307조(명예훼손) ① 공연히 사실을 적시하여 사람의 명예를 훼손한 자는 2년 이하의 징역이나 금고 또는 500만 원 이하의 벌금에 처한다.〈개정 1995.12.29〉

② 공연히 허위의 사실을 적시하여 사람의 명예를 훼손한 자는 5년 이하의 징역, 10년 이하의 자격정지 또는 1천만 원 이하의 벌금에 처한다.〈개정 1995.12.29〉

제308조(사자의 명예훼손) 공연히 허위의 사실을 적시하여 사자의 명예를 훼손한 자는 2년 이하의 징역이나 금고 또는 500만 원 이하의 벌금에 처한다.〈개정 1995.12.29〉

제309조(출판물 등에 의한 명예훼손) ① 사람을 비방할 목적으로 신문, 잡지 또는 라디오 기타 출판물에 의하여 제307조제1항의 죄를 범한 자는 3년 이하의 징역이나 금고 또는 700만 원 이하의 벌금에 처한다.〈개정 1995.12.29〉

② 제1항의 방법으로 제307조제2항의 죄를 범한 자는 7년 이하의 징역, 10년 이하의 자격정지 또는 1천500만 원 이하의 벌금에 처한다.〈개정 1995.12.29〉

제310조(위법성의 조각) 제307조제1항의 행위가 진실한 사실로서 오로지 공공의 이익에 관한 때에는 처벌하지 아니한다.

제311조(모욕) 공연히 사람을 모욕한 자는 1년 이하의 징역이나 금고 또는 200만 원 이하의 벌금에 처한다.〈개정 1995.12.29〉

제312조(고소와 피해자의 의사) ① 제308조와 제311조의 죄는 고

소가 있어야 공소를 제기할 수 있다.〈개정 1995.12.29〉

② 제307조와 제309조의 죄는 피해자의 명시한 의사에 반하여 공소를 제기할 수 없다.〈개정 1995.12.29〉

(2) 정보통신망 이용촉진 및 정보보호 등에 관한 법률

(2007년 12월 21일 신설)

제70조(벌칙) ① 사람을 비방할 목적으로 정보통신망을 통하여 공공연하게 사실을 드러내어 다른 사람의 명예를 훼손한 자는 3년 이하의 징역이나 금고 또는 2천만 원 이하의 벌금에 처한다.

② 사람을 비방할 목적으로 정보통신망을 통하여 공공연하게 거짓의 사실을 드러내어 다른 사람의 명예를 훼손한 자는 7년 이하의 징역, 10년 이하의 자격정지 또는 5천만 원 이하의 벌금에 처한다.

③ 제1항과 제2항의 죄는 피해자가 구체적으로 밝힌 의사에 반하여 공소를 제기할 수 없다.

〈사이버 명예훼손과 사이버 모욕 관련사례〉

타블로 학력위조의혹사건

연예인 타블로는 데뷔 초기부터 스탠퍼드 대학교 석사 출신이라고 밝혀 주목을 받았다. 이에 대해 인터넷 카페 '《타블로에게 진실을 요구합니다》(타진요)' 회원 등을 중심으로 일부 누리꾼들에 의해 타블로의 스탠퍼드 석사 학력에 대한 의혹들이 제기되었다. 여러 차례 타블로의 스탠퍼드 석사 졸업 사실이 확인되었음에도 불구

하고 논란은 줄어들지 않았다. 경찰이 수사를 통해 타블로의 학력이 사실이라고 밝혔으나 타진요 등은 이를 받아들이지 못한다는 입장을 고수하였다. 2010년 8월 30일, 타블로는 누리꾼 22명을 명예훼손혐의로 고소했다. 10월 11일에는 누리꾼들을 추가로 고소하겠다고 밝혔고 이에 대해 인터넷 커뮤니티《상식이 진리인 세상》회원들은 "동명이인 사칭 가능성"과, "전산기록 조작 가능성"에 대해서도 의혹을 제기하며 서초경찰서에 공개적으로 고발장을 접수하면서 법정 공방으로 이어지게 되었다. 검찰은 "무차별적 비방과 허위사실 유포로 타블로 개인과 가족의 사생활을 파괴하고 사회 전체에 악영향을 끼친 범행이므로 엄벌의 필요성이 있다"고 강조했다. 2012년 대한민국 법원에서 미국의 스탠퍼드 대학교로 요청한 타블로의 졸업장이 도착하면서 재판이 진전되었고 2012년 7월 7일 법원은 타블로의 스탠퍼드 대학교 졸업 사실을 인정하며 타진요 회원 2명에 대해 징역 10월의 실형을 선고했으며 이에 대해 타진요 회원들이 항소하자 10월 12일 열린 2심에서 재판부는 실형을 내린 8명 중 7명의 항소를 기각하고 나머지 한 명에 대해서는 건강상의 이유 등을 고려해 집행유예로 형량을 낮추는 대신 재판부 추천 도서 2권을 읽고 독후감을 쓰라는 명령을 내렸다.(MBC 스페셜 2010.10.03 참조)

6_ 표절과 저작권 침해

1. 정보화 시대 표절과 저작권의 의미

1) 저작권의 개념 및 의미의 변화

산업의 발달과 자본주의 경제 체제로 인해 다양한 지적 창작물이 생겨나고 또 수많은 지적 창작물은 소유의 대상이 될 수 있다는 인식을 하게 되었다. 창작자들은 그들의 지속적인 창작 활동을 위해 저작자가 창출한 지식이나 혹은 창작물에 대해 독점권을 행사하게 되었고, 만약 이러한 지식이나 창작물을 이용하려면 일정 부분 경제적인 대가를 지불하는 방식의 보상을 요구하게 되었다.

이처럼 정보나 지식 등 무형의 가치도 산업재처럼 경제적 가치를 갖게 된 것은 특히 인쇄술의 발달로 인해 구체화되었다고 볼 수 있다. 인쇄술에 근거한 신문 등 매스 미디어의 발전은 산업재의 대량 생산과 대량소비 뿐만 아니라 가치재에 대한 새로운 사회 내 인식을 전환시켜주었다. 인쇄술의 발달로 정보량이 급증하였고, 사회·문화적으로 정보의 중요성이 커지게 되었다. 즉, 정보나 지식도 산업재처럼 재산권을 형성할 수 있는 자산의 개념이 된 것이다. 오늘날 지적 재산권은 배타적 권리로서 허락 없이 부당하게 이용하는 것을 금지한다. 또 인간의 정신적 창작과 산업활동상의 식별표시에 관한 권리이다. 지적 재산권은 특허권, 상표권, 의장권 등 산업재산권으로서 구성된 것이다.

한편 지적 재산권은 오늘날 개인의 자산을 확대하고 있다. 과거 초기 산업 사회에서는 인쇄술의 발달로 인해 저작물을 손쉽게 복제할 수 있게 되어 지식과 사상이 사회적으로 널리 보급되면서 공동자산이 중심이 되던 시대에 공동자산을 늘리는 행위에 초점을 두었다. 그러나 점차 널리 보급된 지식과 사상을 분석하고 재해석하고, 개정하여 새로운 지식을 계속 생산, 발전시켜 나가는 오늘날에 이르러서는 공동자산보다는 개인 자산을 늘리는 행위가 더 중요해지게 된 것이다. 또 이러한 개인 자산을 확대하는데 지적 재산권이 큰 몫을 담당하고 있다. 특히 디지털 환경은 인쇄술과 달리 공동자산을 구성하는 대중매체를 통한 정보가 아닌 개인자산을 구성하는 퍼스널 미디어를 통한 정보로 정보의 변형과 융합이 손쉬운 정보환경으로 바꾸어놓았다. 따라서 새로운 정보의 무한 재생산이 가능해졌고, 네트워크의 발달로 시·공간적 한계를 벗어나게 되었다. 뿐만 아니라 개인과 개인 간 자유로운 정보의 교환과 배포가 가능해졌으며, 정보의 복제나 전달에 들어가는 제반 비용도 거의 없어 저비용 고

효율의 정보생산이 가능해진 것이다.

2) 저작권의 전통적 개념과 현대적 개념 간 모순

현대적 의미의 저작권 개념은 저작물에 대한 저작자의 독점권, 또 저작자가 창출한 지식과 저작물에 대한 이용에 대한 경제적 보상 등을 의미한다. 그러나 저작권은 저작물에 대한 공정한 이용을 포함하고 있으므로 비영리적 사용에 있어서는 무조건적인 저작권 행사를 하기 어렵다. 즉, 영리적 사용에서 무단 복제를 금지하고 있는 것이다. 그러나 오늘날 디지털 환경에서는 현대적 의미의 저작권 개념에서 중요하게 다뤘던 영리적 무단복제를 어떻게 규정할 것인가가 문제인데, 복제의 개념을 어떻게 볼 것인가 하는 점이다. 인터넷에서는 접속 경로마다 해당 정보가 모두 복제되므로 어쩌면 정보검색 자체가 저작권을 침해하는 행위일 수 있기 때문이다.

또 창작된 정보와 그 저작자를 보호하는 것이 저작권의 의미인데, 디지털 환경은 정보의 편집이 매우 용이하기 때문에 원본의 훼손 없이도 기본 정보를 선택·재배열 할 수 있으므로 새로운 저작물을 얼마든지 창작할 수 있기 때문이다.

이 외에도 누가 저작자인가에 대한 논란도 제기될 수 있다. 인터넷은 쌍방향적 특성을 가진 매체이다. 즉, 생산자와 소비자의 경계가 붕괴되어 누가 원 저자, 창작자, 생산자인지 가늠하기 어렵고, 따라서 저작권 보호 대상이 불분명해질 수 있는 소지가 있다는 점이다. 뿐만 아니라 디지털 정보의 통제는 현실적으로 불가능하다고 보는 견해도 있다. 왜냐하면 네트워크상 떠다니는 불법 복제 디지털 정보에 대해서는 법적 책임과 손해배상이 실질적이지 않기 때문이다. 원래 정보의 상품가치는 희소성에 있다. 희소성이 상품가치를 결정하므로 유명한 화가의 원작품들이 단 하나의 작품이기에 어마어마한 상품가치를 가지는 예들을 자주 볼 수 있다. 따라서 원 저작자의 독점권을 인정하고 경제적 보상을 지불해야 하도록 작품에 대한 원 저작자의 저작권을 인정해주었다. 그러나 디지털 환경에서 정보란 희소성으로 인한 가치보다는 오히려 네트워크의 외부성으로 인해 정보의 공유가 많아지면 많아질수록 더 가치를 지니게 되는 특성을 띤다. 따라서 무한한 정보의 홍수 속에 오히려 유용한 정보를 찾아내는 것이 더 중요하기 때문에 정보의 생산보다는 정보검색이 더 높은 가치를 가지고 있어 정보생산보다 정보소비와 유통이 더 중요해지면서 정보시대에서 저작권의 의미에 대한 새로운 해석이 필요하게 된 것이다.

3) 카피라이트(copy-right)와 카피레프트(copy-left) 운동

그러나 디지털 환경으로 바뀌었다 하더라도 기존의 저작권 개념과 그 의미가 완전히 폐기된 것은 아니다. 오히려 저작자의 권리를 더욱 보호하고 더 많은 창작 활동을 이끌기 위해서는 반드시 저작권이 필요하며 지적 재산권의 근본취지는 여전하다. 가상공간 역시 법과 시장질서의 범위에서 유지되어야 하며, 인터넷 역시 불특정 다수를 대상으로 저작물을 배포하거나 상업적으로 이용할 가능성이 상존하므로 예외가 될 수 없다. 따라서 디지털 환경으로 인해 저작권의 의미가 더 강화되고 적극적인 개념에서의 카피라이트 운동이 일어나게 되었다.

또 이와 반대로 카피레프트 운동이 일어나고 있는데, 카피레프트 운동은 정보의 공유를 주장하는, 즉 공유저작권을 핵심으로 하고 있다. 저작권, 즉 카피라이트에 반하는 운동이라 하여 카피레프트라는 용어를 사용하고 있다. 이들의 주장은 정보의 상품화와 독점을 반대한다는 취지에서 정보란 상품화의 도구나 개인적 소유물이 아니며, 창작은 보호되어야 하지만 발표된 저작물의 자유로운 활용을 막아서도 안된다고 보았다. 더구나 저작물을 배포할 때 저작자는 이용자에게 복제와 수정의 권리도 함께 준 것으로 보았다. 때문에 이용자는 얼마든지 저작물에 대해 자유롭게 복제할 수 있으며, 수정 후 배포도 가능하다고 보았다. 그러나 카피레프트 운동은 기존의 저작권에 포함되어 있는 독점권과 복제금지를 반대하고 있는 것이지, 저작권 자체를 완전히 부정하는 것은 아니다.

구체적으로 카피레프트 운동이 저작권에 대해 가지는 주장은 기존의 저작권은 순수한 창작에 대한 보호가 아닌 창작자를 고용한 기업의 이익을 보호하는 논리라는 것이다. 따라서 카피레프트 운동에서 바라 본 저작권은 오히려 원 저작자의 창작 노력을 중간에 가로채 자신의 것으로 만듦으로 부당한 상업적 이익을 취하는 것이라 여겼다. 뿐만 아니라 무에서 유를 창조할 수 있는 진정한 순수 창작은 있을 수 없으므로 창작에 대한 배타적 권리는 원칙적으로 성립이 불가하다고 보았다. 더구나 인터넷은 정보의 공유와 나눔을 이상으로 실현하는 매체이기 때문에 유용한 정보들이 지속적으로 생산되는 것이 궁극적으로 인터넷이 발전하는 길이라 주장하였다. 이러한 이유에서 카피레프트 운동은 저작권과 함께 GPL(General Public License)를 함께 설정해야 한다고 주장하였다. 즉, 누구나 복제와 수정을 자유롭게 할 수 있으며, 원본 뿐만 아니라 복제본도 자유롭게 배포될 수 있다는 전제를 선언하는 내용이다(이수범, 2003).

2. 저작권과 정보공유의 윤리적 문제

1) 급변하는 기술 환경을 어떻게 현행 저작권법에 반영할 것인가?

인터넷 기술의 발달로 표절이 용이해짐에 따라 저작권에 대한 논의가 더욱 필요하게 되었다. 그러나 정보화 시대를 맞아 저작권의 의미를 어떻게 재해석하고 저작권법에 반영할 것인지에 대한 논란은 계속되고 있다. 왜냐하면 아무리 저작물의 유통과 관리가 디지털 기술 환경으로 인해 변하였다고는 하나 저작권의 기본 취지는 여전히 유효하기 때문이다. 그러나 저작권의 필요성이 더 높아짐과 동시에 인터넷 기술의 발달로 인해 정보공유의 당위성도 증가시키고 있기 때문에 카피라이트의 주장도 카피레프트의 주장도 모두 유효한 상황에 놓이게 되었다. 결국 상호 모순된 주장과 논의를 어떻게 현행 저작권법에 적용할 것인지에 대한 윤리적 갈등이 있을 수 밖에 없다.

2) 정보사회에서 정보의 소유문제 어떻게 받아들일 것인가?

산업사회에서 정보사회로 이동 되었지만 자본주의 경제체제가 그대로 유지되면서 여전히 소유문제가 중요한 화두가 되고 있다.

인쇄기술의 발달로 인한 대량생산과 대량소비를 주도하던 산업사회에서는 상품이 재화적 가치를 가졌으며 이에 대한 소유가 자본의 핵심이 되었다. 그러나 오늘날 디지털 기술의 발달로 인해 도래한 정보사회에서는 정보가 재화적 가치를 띠게 되면서 누가, 어떻게, 얼마나 정보를 소유할 것인지가 매우 중요한 문제가 되었다. 따라서 정보를 누가, 어떻게, 얼마나 가질 것인가 하는 이슈로 정보 소유를 둘러싼 사람들 사이의 관계를 어떻게 정립해야 할 것인지의 문제도 매우 중요해졌다.

3) 정보사회 공익(公益)과 사익(私益) 어떤 방법으로 구분할 것인가?

정보사회에서 공익은 무엇이며, 사익은 무엇인가? 이를 구분하는 윤리적 기준에 대한 논의도 매우 중요해졌다. 그 이유는 기존의 지적재산권의 독점적 이익도 공익적 사용에는 예외적으로 인정해주기 때문이다. 그런데 정보는 공공재적 성격도 있으며 더불어 상품으로서의 성격도 가지고 있다. 따라서 공익과 사익을 구분해내는 기준이 중요해질 수밖에 없는 것이다. 더구나 정보사회에서는 산업사회에서보다 정보가 더욱 큰 가치를 지니게 되었고, 이렇게 변화하는 정보사회 환경에 상응하는 판단근거, 즉 공익과 사익을 구분하는 근거를 새롭게 정립할 필요가 있겠다. 공익과 사익을 구분하는 근거는 궁극적으로 정보의 독점적 권리, 저작권 보호와 반대로 정보공유 사이에 불거진 논쟁에 대해 실마리를 제공해줄 것이기 때문이다(이수범, 2003).

4) 어떤 것이 저작권 작품에 대한 정당한 사용인가?

저작권 작품에 대한 정당한 사용이란 무엇인가에 대해서는 매우 논란이 많다. 그러나 플로킨(Plotkin, 2012)에 따르면 정당한 사용에 대한 평가는 특별히 다음 네 가지 요소에 달렸다고 한다. 첫째, 저작권이 있는 작품의 사용 목적이나 성격 둘째, 복제물의 특징 셋째, 저작권이 있는 작품의 복제량과 본질 넷째, 시장에서의 복제 효과 혹은 저작권 작품의 가치에 달렸다.

예를 들어 저작권이 있는 영화를 학술적 목적으로 사용할 경우 첫 번째 이유, 즉 작품의 사용 목적이나 성격이 교육적 목적으로 사용하였기에 정당한 사용으로 간주하고, 특별히 영화 저작권을 가진 사람에게 허락을 받거나 사용대가를 지불하지 않아도 된다. 또 역사적 사실을 담은 기록적인 영화라면 두 번째 저작권이 있는 작품의 특징상 픽션보다는 저작권 보호를 덜 받게 된다. 또 이 영화가 단지 일부분만 보여지는 것이라면 전체 영화를 상영했을 때 보다 극히 적은양이 보여지는 것이므로 세 번째 저작권 작품의 복제량이 적기 때문에 저작권 보호를 덜 받게 된다. 뿐만 아니라 네 번째 시장에서의 복제 효과 혹은 저작권 작품의 가치에 따라 교실에서 영화의 어떤 일부분만 보는 것은 영화 시장을 해치는 것이 아니기 때문에 전체 영화를 빌리는데 지불하거나 구매하는 것처럼 하지 않아도 된다.

3. 사이버 표절과 저작권 침해 사례

컴퓨터 기술은 지적 재산이 창출, 축적, 재생산되고 보급되는 방법에서 새로운 혁명을 가져왔다. 그 혁명과 더불어 우리는 지적 재산을 이해하고 지적 재산을 보호하는데 있어서 새로운 도전을 맞이하게 되었다. 물론 컴퓨터는 지적 재산의 완전한 새로운 범주인 소프트웨어를 만들어냈다. 이용자는 그 밖에도 저작물, 음악, 영화 비디오, 사진 등과 같은 지적 재산의 전통적 유형들이 컴퓨터 네트워크상에서 공개적으로 이용할 수 있게 됨에 따라 이전보다 더 쉽게 복사할 수 있고, 조작할 수 있고, 재창작할 수 있고, 인용할 수 있고, 유포할 수 있게 되었다. 다음 몇 가지 사이버 표절과 저작권 침해의 대표적인 사례(Spinello, 2001/2008)를 통해 논의를 더욱 심화하고자 한다.

1) 논문 표절

한 학생이 인터넷에서 접근 가능한 논문이나 에세이의 일부 또는 전부를 인용하여 아무런 수정 없이 임의로 마치 자신의 글인 양 표절하여 리포트를 제출하였다. 물론 이 학생은 간단한 검색어를 통해 쉽게 자료를 찾아낼 수 있었고, 인터넷 상에서는 광범위한 양의 전자정보가 있으므로 접근도 매우 용이했다. 뿐만 아니라 클릭 한 번으로 자료를 다운받을 수 있었고, 자료를 편집하는 것도 자유자재로 할 수 있어 다시 타이핑을 할 필요도 없어 전혀 번거롭지 않았다. 더구나 유명 저자의 논문이나 에세이를 통해 자신의 작문기법도 한층 세련되게 할 수 있었고, 부분 인용 혹은 전부 인용을 하다 보니 자료를 더 종합적으로 이해할 수 있도록 해주었다. 이러한 다양한 원인으로 인해 오늘날 논문 표절이 비윤리적인 행위임에도 불구하고 비일비재하게 행해지고 있다. 그러나 이 학생은 논문을 인용했을 시 원저자로부터 인용을 허락받아야 하며, 그렇지 못한 경우에는 반드시 인용의 출처를 밝혀야 한다.

2) 소프트웨어 해적행위와 불법 복제 및 불법 유통

어느 한 공대 학생이 상업용 소프트웨어의 복제품을 교환할 수 있는 온라인 게시판을 만들어 운영한 바 있다. 이 상업용 소프트웨어는 누구나 필요한 프로그램이었고, 그 복제품을 온라인 게시판에 올려놓으면 원하는 사람은 누구나 무료로 다운받을 수 있도록 하여 이 게시판은 매우 인기가 있었다. 그런데 임의로 이 공대 학생은 누구나 필요한 프로그램을 무료로 다운받아 활용할 수 있도록 하자는 취지에서 게시판을 운영했을지 몰라도 이 온라인 게시판을 통해 교환된 소프트웨어 프로그램은 엄청난 금액이 거래된 것으로 조사결과 드러났고, 이에 이 학생은 온라인 사기와 장물거래로 법적 처벌을 받게 될 위기에 처하게 되었다. 그러나 이 사건에 대해 한편에서는 실제 이 학생이 교환된 소프트웨어 프로그램의 엄청난 거래 금액과 관련해 금전적 이익이 전혀 없었고, 심지어 자신은 게시판을 운영했을 뿐 실제 소프트웨어를 다운받지도 못했다는 조사결과도 드러나면서 결국 절차상의 과오로 처리되었다. 이 사건은 현행법에 저촉되지 않아 단지 사려 깊지 못한 무책임한 행위, 자기기만 행위로 처리되고 끝이 났다.

그러나 이와 달리 실제 상업용 소프트웨어의 불법 복제와 불법 유통은 한 개인에서 시작되어 개인으로 끝나는 것이 아니라 기업의 이윤과 인터넷 시장에 막대한 경제적 손실과 함께 심각한 저작권 침해 행위가 되고 있다.

3) 재포장한 데이터와 데이터베이스

모 회사가 제작한 거대한 양의 전화번호 목록이 담겨져 있는 CD-ROM을 어떤 한 대학생이 활용한 사건이 있었다. 이 대학생은 모 회사가 제작한 CD-ROM에 담겨있는 모든 데이터를 자신의 웹사이트에 올려놓았다. 그리고 이 데이터를 이용하려는 웹사이트 접속자들에게 데이터베이스 이용료를 청구하였다. 이 사건은 결국 CD-ROM을 제작한 회사가 이 대학생을 상대로 CD-ROM에 부여된 압축포장의 인가약정을 위반했다는 이유로 법적 고발을 하기에 이르고, 승소했다. 만약 이 학생이 데이터의 수집을 독창적으로 했다면 문제가 되지 않았겠지만 데이터의 재포장 과정에서 그대로 사용했다는 점에서 학생이 만들어낸 데이터베이스는 저작권에 의해 보호받지 못한 것이다. 또 만약 이 학생이 네트워크, 혹은 제3자를 통해서 이러한 정보를 획득했다면, 법적 책임을 면할 수도 있었을 것이다. 그러나 자신이 직접 모 회사가 제작한 CD-ROM에 수록된 데이터를 본인의 웹사이트에 올려놓았기 때문에 법적 책임을 면할 수 없었던 것이다.

4) 전송과정에서의 복사

인터넷 상에서는 수많은 복사가 수시로 일어난다. 그런데 어디까지를 표절행위, 저작권 침해 행위로 볼 것인지가 문제이다. 예를 들어 네트워크 통신의 분량, 속성, 내용을 모니터할 목적, 즉 진단의 목적으로 회사 컴퓨터를 통과한 이메일의 복사본들을 저장해둔다고 하자. 이것은 진단의 목적으로 이메일 복사본을 저장해 둔 것인데 복제라고 할 수 있는가? 또 다른 사례로서 유료로 이용하는 신문의 온라인 버전을 만약 독자가 읽기를 원한다면 신문 복사본이 전송이 된다. 이때 전송과정에서 자동으로 복사가 일어나는데 이 같은 경우 복제, 저작권 침해라고 볼 수 있는가? 이 외에도 잡지 사진을 복사하여 메일로 다른 동료에게 전송했을 경우 무심코 복사했고, 동료의 필요에 의해서 전송해줬을 뿐인데 이때도 복제와 저작권 침해 행위로 간주할 수 있는가? 이처럼 전송과정에서 자동으로 발생하는 복사, 복제 행위를 어느 범주까지 저작권 침해로 볼 것인가 하는 것이 문제이다. 논란이 있지만 이런 경우에는 과연 누구의 저작권, 어떤 사람의 지적 재산권을 침해한 것인지가 모호하기 때문에 저작권 침해의 논란에서 다소 빗겨나갈 수 있다.

4. 사이버 표절과 저작권 침해에 대한 법적 규제 및 근거

1) 법적 규제

저작권법은 저작자의 권리와 이에 인접하는 권리를 보호하고 저작물의 공정한 이용을 도모함으로써 문화 및 관련 산업의 향상 발전에 이바지함을 목적으로 제정된 것이다. 11개의 조문과 시행령, 규칙으로 이루어져 있다.

지적재산권은 1969년 세계지적재산권기구(WIPO)가 설립되면서 광범위하게 사용되기 시작하였다. 최근 지적재산권은 저작권, 특허권, 상표권 등 특정 용어로 사용되고 있는데, 국내에는 2000년을 전후로 하여 관련 이슈들이 쟁점화되고 있다. 특히 디지털 환경에서 P2P 등 특수한 유형의 온라인서비스제공자에 대한 규제, 저작권 삼진아웃제 시행 등에 관한 이슈로 지속적인 법개정이 이뤄지고 있는 실정이다.

2) 사이버 표절과 저작권 침해에 대한 규제 근거

후게스(J.Hughes, 1988)는 『지적재산의 철학』이라는 논문에서 지적 재산권에 대한 정당성은 크게 두 가지 철학적 관점에서 가능하다고 설명하였다. 첫 번째 관점은 로크식의 정당성이라고 부르는 것인데, 재산권에 관한 노동이론이라고 명명되기도 한다. 로크는 인간이 어떤 것에 노동을 투자함으로써 그것에 대한 재산권을 획득한다고 보았다. 노동이론을 지적재산권에 적용해보면, 예를 들어 비용을 지불하지 않고 소프트웨어를 이용하려는 저작권 침해자들은 개발자들이 상업용 소프트웨어를 개발하는 데 들인 엄청난 시간과 노력, 노동의 대가, 즉 이익을 가로챈 것으로 볼 수 있다.

두 번째 관점은 헤겔의 인성이론이다. 헤겔은 수필, 책, 작곡, 기타의 창작물들은 자신을 나타내는 일종의 자기표현과 자기실현의 행위로 보았다. 인성이론에 따르면 저작물은 소유의 대상이 아니라 자신의 일부로서 창작자들에게 속해 있는 것이다. 따라서 창작물들을 통제하는 것은 인간이 자신의 삶을 스스로 결정하듯이 기본권에 해당한다고 보았다. 이러한 인성이론을 지적재산권에 적용해보면,

예를 들어 어떤 회사가 소프트웨어 프로그램을 영리목적으로 판매하지 않도록 하기 위해 저작권을 얻어 소프트웨어 코드의 분배와 이용조건에 대한 통제를 주장할 수 있는데, 만약 영리목적으로 회사가 소프트웨어 프로그램을 판매한다면 저작자 자신의 가치를 파괴하는 행위로 인성침해로 간주할 수 있다. 앞선 논문표절 사례에서도 마찬가지로 누군가의 글을 아무런 허락과 동의 없이 마치 자신의 글인 양 베껴서 발표한다면 스스로 거짓말을 하는 것이며 자신의 인격을 훼손하고, 원저자의 인성도 침해한 것이다.

윤리적인 범주에서 좀 더 균형적인 입장은 저작권 침해를 창작자와 개발자 두 사람 간의 문제, 즉 개인적인 문제로 국한하지 않고, 전체적인 입장에서 고려해보는 것이다. 즉, 지적 재산권 문제를 자연법으로 적용해보는 관점이다. 아리스토텔레스의 『니코마코스 윤리학』으로 거슬러 올라가 보면 자연법은 선이란 무엇인가라는 물음으로 시작된다. 아리스토텔레스에 따르면 선이란 그것의 본성에 내재되어 있다고 한다. 사물은 그 목적의 실현을 통해 완성된다는 것이다. 예를 들어 도토리는 참나무가 되기 위해 존재하고, 도토리는 참나무의 목적이며 가능태이므로 도토리는 참나무로 성장하는 과정에서 도토리의 완성과 도토리의 가치를 발견하게 된다. 또 인간은 본질적이고 이성적이고 사회적인 존재이므로 인간의 자아실현과 행복은 사회 속에서 이성적으로 살아갈 때 가능하다.

따라서 아리스토텔레스의 자연법에 따라 지적 재산권 문제를 적용해보면, 예를 들어 전산으로 저장되고 전송되는 자료의 속성은 무엇인가? 자료의 속성은 정보이다. 그렇다면 정보의 목적은 무엇인가? 정보는 커뮤니케이션과 관계에 있다. 정보는 커뮤니케이션의 목적을 가진다. 또 정보는 역동적이고 누가적이다. 정보는 인간 사고의 산물이지 물질적인 것이 아니기 때문에 정보는 끊임없이 변화하고, 성장하고, 결합하고, 창조되는 파생물이다. 뿐만 아니라 지적 저작물은 결코 단 한 사람의 정신세계로부터 순수하게 독창적으로 만들어지지는 않는다. 거기에는 숱한 영향력이 상호작용하게 되어 있다. 프로그래머들은 그 방면의 종사자들이 다 알고 있는 바와 같이 다른 프로그래머들로부터 항상 배운다. 무료 소프트웨어에 대한 가장 강력한 주장 중의 하나는 사람들이 그 소프트웨어에 대해 값을 지불할 필요가 없다는 것이 아니라, 다른 프로그래머들이 이미 개발된 소프트웨어를 검토해 볼 수 있고 소프트웨어로부터 배울 수 있다는 점이다. 따라서 이런 지적 저작물들의 목적과 선은 전달되고 공유되는 것이다. 중요한 것은 정보의 생산뿐만 아니라 정보의 커뮤니케이션이다. 만약 정보 생산자들의 저작물이 적절한 방법으로 공유되지 못한다면 그들은 자체의 목적을 실현할 수도 없고 유덕하지도 않게 된다. 정보의 공유가 더 효과적으로 이루어지면 질수록 정보의 생산자들은 더 유덕해진다(Spinello, 2001/2008).

〈표절과 저작권 관련법〉

저작권법

제432호로 1957.01.28. 처음 시행함. 최근 개정된 저작권법 제11110호 2011.12.02.관련부서: 문화체육관광부

※ 전개과정

순번	연혁	과정
1	제432호 1957.01.28	제정
2	제3916호 1986.12.31	전문개정
3	제4183호 1989.12.30	일부개정
4	제4268호 1990.12.27	일부개정
5	제4352호 1991.03.08	일부개정
6	제4541호 1993.03.06	일부개정
7	제4717호 1994.01.07	일부개정
8	제4746호 1994.03.24	일부개정
9	제5015호 1995.12.06	일부개정
10	제5456호 1997.12.13	일부개정
11	제6134호 2000.01.12	일부개정
12	제6881호 2003.05.27	일부개정
13	제7233호 2004.10.16	일부개정
14	제8029호 2006.10.04	일부개정
15	제8101호 2006.12.28	전부개정
16	제8852호 2008.02.29	일부개정
17	제9529호 2009.03.25	일부개정
18	제9625호 2009.04.22	일부개정
19	제9785호 2009.07.31	일부개정
20	제10807호 2011.06.30	일부개정
21	제11110호 2011.12.02	일부개정

※ 전문개정 이유

문화의 발달에 따라 저작권의 내용과 그 이용관계가 복잡 다양하여 졌으나, 현행 저작권법은 1957년 1월 28일 제정·공포된 후 그대로 시행되고 있어 법의 해석 및 적용상에 여러 가지 어려운 점이 많을 뿐 아니라 저작권자 및 저작물이용자의 이익을 보호하는 데도 미흡한 사항이 많아, 저작권관계 국제조약의 가입을 전제로, 국제적으로 인정되고 있는 제도를 도입하여 저작권자의 권익을 보호·신장하면서 그 권리의 행사를 공공의 이익과 조화시킴으로써 문화의 향상발전에 이바지할 수 있도록 전면적으로 정비하려는 것임.

① 저작권에 관련되는 용어의 정의 및 저작물의 예시를 현실에 맞도록 구체적으로 세분화하여 규정함.

② 외국인 저작물의 보호규정을 보완하여 외국인 저작물은 우리나라가 가입 또는 체결한 조약에 따라 보호하되, 상호주의원칙에 입각하여 우리나라 저작물을 보호하지 아니하는 국가의 저작물에 대하여는 그에 상응하게 제한할 수 있도록 하는 한편 이 법 시행 전에 종전의 규정에 의하여 보호를 받지 못한 외국저작물에 대하여는 이 법을 적용하지 아니하도록 함으로써 소급효를 인정하지 아니함.

③ 법인·단체 그밖에 사용자의 기획 하에 그 업무에 종사하는 자가 업무상 작성하는 저작물로서 법인·단체 등의 명의로 공표된 저작물의 저작자는 계약 또는 근무규칙 등에 다른 정함이 없을 때에는 그 법인·단체 등이 되도록 함.

④ 저작재산권을 복제권·공연권·방송권·전 시권·배포권·2차적 저작물작성 권 등으로 세분하여 규정하고 보호기간은 외국

의 입법례에 맞추어 사망 후 50년까지로 함.

⑤ 저작재산권을 제한할 수 있는 경우를 저작재산권자의 보호와 그의 공공적인 이용측면을 고려하여 구체적으로 정함.

⑥ 공표된 저작물의 이용이 불가피하나 저작재산권자와 협의가 성립되지 아니하는 경우에는 문화공보부장관의 승인을 얻어 상당한 보상금을 공탁하거나 지급한 후 저작물을 이용할 수 있는 경우를 정함.

⑦ 저작인접권을 신설하여 실연 자에게는 녹음·녹화 및 방송권을, 음반제작자에게는 복제·배포권을, 방송사업자에게는 복제권·동시중계방송권을 20년간 인정함.

⑧ 영상저작물에 대하여는 종합예술로서의 특성을 살리고 그 이용의 원활을 기하기 위하여 저작재산권자가 영상화를 허락한 경우에는 영상저작물의 복제·배포·공개상영 권 등까지 포함하여 허락한 것으로 보며, 영상저작물제작에 참여한 자의 저작물 이용권리가 영상제작자에게 양도된 것으로 보도록 함.

⑨ 이 법에 의하여 보호되는 권리를 그 권리자를 위하여 대리·중개 또는 신탁 관리하는 것을 업으로 하는 저작권위탁관리업 제도를 신설하되, 당해 업을 하고자 하는 자는 문화공보부장관의 허가를 받도록 함.

⑩ 저작권심의회를 저작권심의조정위원회로 확대·개편하여 저작권에 관한 분쟁의 조정기능과 각종 보상금의 기준에 관한 심의 등을 담당하도록 함.

⑪ 저작권자 그밖에 권리자는 그의 권리를 침해하거나 침해할 우

려가 있는 자에 대하여 침해의 정지 또는 예방과 손해배상의 담보를 청구할 수 있도록 함.

⑫ 저작재산권자의 허락 없이 저작물을 복제한 경우 그 부정복제물의 부수 산정이 어려운 때에는 출판물은 5천부, 음반은 1만매로 추정하도록 함 (출처 : 저작권법 제03916호 19861231 전문개정)

〈표절과 저작권 침해 관련사례〉

사례 1) 소리바다 사건(대법원, 2005도872, 2007.12.14)

소리바다는 2000년 5월부터 회원들 간의 컴퓨터에 저장된 MP3 파일을 검색하고 다운받을 수 있게 하는 P2P 프로그램과 서비스를 제공하는 업체. 이 사건은 2001년 1월 한국 음반 산업협회가 소리바다사의 대표 양일환, 양정환 형제 2명을 저작권 위반 협의로 고소한 것을 시작으로, 형사사전, 민사본안사건, 민사가처분사건 등이 각각 진행되었다.

〈형사사건〉

서울중앙지법 형사항소5부(박홍우 부장판사)는 2005년 1월 12일 P2P방식의 파일교환 프로그램인 소리바다를 운영해 복제권 및 배포권 침해를 방조한 혐의로 기소된 양정환씨 형제에게 무죄를 선고하였다. 재판부는 저작권자 허락 없이 MP3파일을 다운받은 소리바다 이용자들의 행위는 복제권 침해이고 불특정 다수의 이용자들과 파일을 공유한 이상, 사적이용 을 위한 복제라고 볼 수 없다고 하였으며, 다만 파일공유 행위는 저작권법상 배포가 아닌 전송이므로 배포권 침해는 인정되지 않는다고 판단하였다.

〈민사사건〉

서울고법 민사4부(박일환 부장판사)는 2005.1.12 (주)신촌 뮤직 등 11개 음반 회사가 양씨 형제를 상대로 "소리바다 서버운영을 중단하라"며 낸 가처분신청의 항고심에서 "소리바다 운영으로 인한 복제권 침해 방조가 인정된다."며 원심과 같이 소리바다 프로그램 및 서버 3대 운영 중단결정을 내렸다. 재판부는 프로그램 이름을 "소리바다"라고 하고, MP3파일만 공유되도록 설계 한 점이나 당시 이미 외국에서 냅스터 등 다른 P2P방식 서비스로 인한 저작권 침해가 문제되었던 점들을 보면 양씨 형제는 소리바다 이용자들의 저작인접권 침해를 미필적으로나마 알았을 것으로 보인다고 판시하였다.

사례 2) MC몽 '너에게 쓰는 편지' 표절 사건(수원지법 2006.10.20.선고2006가합8583 판결)

재판부는 "너에게 쓰는 편지"와 원고가 작곡한 가요 "It's you"의 대비 부분(후렴구 8소절)을 비교하면, 원고 대비 부분은 전부터 널리 사용되어 오던 관용구(Cliche)가 아니어서 그 창작성을 인정할 수 있고, 원고의 곡이 피고의 곡보다 약 6년 전에 공표되었으며 원고의 곡을 타이틀곡으로 한 앨범이 10만 장 이상 판매되었고 상업광고의 배경음악으로도 사용된 점 등에 비추어 볼 때 피고의 곡은 원고의 곡에 의거한 것이라고 추정할 수 있고, 두 곡의 대비 부분의 가락, 화성 진행, 박자, 템포, 분위기가 동일·유사하며 그 대비 부분이 각 곡의 후렴구로서 여러 차례 반복되고 있어 각 곡의 수요자들이 전체 곡을 감상할 때 그 곡으로부터 받는 전체적인 느낌에서 중요한 역할을 담당하고 있다는 점 등을 이유로 피고가 자신의 곡을 작곡하면서 원고의 곡을 임의로 사용함으로써 원고의 저작인격권을 침해하였다고 보아 피고의 위자료 지급의무를 인정하였다.

7_ 인터넷 중독

1. 인터넷 중독의 개념과 증상

1) 인터넷 중독의 개념

중독은 그릇된 습관을 알고도 스스로 통제하지 못하고 그 폐해에서 벗어나지 못하는 상태를 말한다. 흔히 중독이라 하면 알콜 중독이나 마약 중독 등 약물 중독 혹은 도박, 담배 등 습관성 중독을 떠올린다. 문제는 중독되었을 때는 자각이 어려워 그 폐해에서 벗어나지 못하며, 일상생활에도 여러 가지 장애를 일으키게 된다는 점이다.

최근에는 이러한 중독 현상이 약물이나 습관성 중독뿐만 아니라 컴퓨터 게임, 채팅 등 인터넷을 지나치게 사용하는 '인터넷 중독'이

두드러지고 있다. 인터넷 중독은 지나친 인터넷 사용으로 현실세계에서의 일상생활에 장애가 발생하는 상태를 말한다. 인터넷 사용을 점점 더 늘려야만 만족을 느끼게 되고, 만약 인터넷 사용을 중단하거나 감소하면 불안과 초조 등 강박적인 사고나 환상, 환영의 잔재가 남아 인식에 장애가 일어나기도 한다. 결국 인터넷 중독은 사회적, 직업적 활동을 포기하게 만들기도 한다.

2) 인터넷 중독 증상

인터넷 중독에 빠지면 강박 관념이 생길 정도의 집착 증상이 발생한다. 인터넷을 하지 않더라도 늘 인터넷을 할 생각만 하게 된다. 왜냐하면 인터넷에 접속하지 않는 동안 인터넷에서 뭔가 새로운 일이 일어날 것만 같은 생각에 사로잡혀 궁금해서 미칠 지경이다. 때문에 인터넷 중독에 빠진 사람들은 실제 대부분의 시간을 인터넷을 사용하는데 보내거나 한번 인터넷을 시작하면 처음 생각했던 것보다 훨씬 오랫동안 인터넷을 하게 된다. 자기도 모르는 사이 중독이 되는 것이다. 그러나 인터넷을 사용한 후 얻어지는 만족감은 갈수록 줄어들어 인터넷 사용량이 점점 더 늘어나지 않으면 좀처럼 만족감을 느끼기가 쉽지 않다. 또 내용적으로도 동일한 만족감을 얻기 위해서는 더 자극적인 것을 찾아야만 된다.

인터넷 중독에 걸리면 마치 알콜이나 담배 등 습관성 중독처럼 인터넷 사용을 중단하면 금단 증상이 발생하는데, 인터넷에 접속하면 마음이 편해지고, 반대로 인터넷을 사용하지 않으면 불안하고 초조해지는 등 심리적 안정을 찾지 못하게 된다.

일상생활의 장애 또한 인터넷 중독 증상의 하나이다. 인터넷에 한번 접속하면 그만두기가 어렵고, 인터넷 사용을 조절하기가 어려워진다. 또 인터넷 사용으로 인해 수면시간이 현저히 줄어들게 된다. 뿐만 아니라 인터넷 사용을 위해 거짓말까지 하게 되며, 인터넷 사용을 방해받게 되면 상대를 가리지 않고 몹시 화를 낸다. 인터넷 중독에 빠진 자녀와 이를 제재하는 부모 사이의 갈등을 보면 쉽게 그림을 그릴 수 있다. 그러나 어린 아이나 청소년에만 인터넷 중독이 있는 것이 아니라 성인에게도 발생한다. 인터넷 중독에 빠진 성인의 경우 인터넷 사용 때문에 중요한 약속을 어기거나 해야 할 일을 소홀히 하며, 일의 능률이나 성과가 저조해지는 일이 생긴다. 또 친구들이나 가족과 보내는 시간이 줄어들면서 점차 관계가 소원해지고, 현실 세계에서의 일에 대한 관심이 없어진다. 더 심해지면 직장이나 학교를 그만두게 되고, 가정 파탄을 경험하기도 한다.

인터넷 중독자는 신체적으로도 증상이 나타나는데, 밤과 낮이 뒤바뀌거나 늘 깨어있는 등 생활주기에 혼란이 생긴다. 만성피로감이나 시력 저하, 근골격계 장애 등을 경험하기도 한다. 인터넷 중독에 빠졌을 경우 시공간에 대한 인식이 저하되면서 스스로는 10분, 20분 정도밖에 인터넷을 사용하지 않은 느낌이지만 실제는 1시간, 2시간 이상 사용하게 되는 경우가 허다하다. 때를 놓쳐 식사를 거르기도 하고, 잠을 못자기도 하면서 불규칙한 습관으로 영양실조나 위장 장애, 운동부족과 과식으로 건강상 장애를 경험하게 된다. 심각한 경우 혈압상승, 심장마비, 돌연사 등을 초래하는 경우도 있다 (이수범, 2003).

2. 인터넷 중독 진단

여기서 소개되는 것은 자가진단을 기초로 하고 있다. 인터넷 중독을 예방하는 차원에서 스스로 중독여부를 수시로 점검하여 건전한 인터넷 사용을 독려하기 위한 것이지만 원래 중독이란 스스로 진단이 어려운 상태이다. 오히려 정확한 진단을 위해서는 전문가를 찾아 상담을 하는 것이 가장 중요하며, 알콜, 마약, 도박, 담배 등의 일반 약물 중독이나 습관성 중독보다 쉽게 드러나지 때문에 않기 때문에 전문가의 진단이 더욱 요구된다.

1) 골드버그(Goldberg)의 인터넷 중독 진단기준

골드버그는 지난 1년 동안에 다음의 항목 중 적어도 세 가지 이상에 해당된다면 인터넷 중독을 의심해야만 한다고 주장하고 있다.

내성	1. 인터넷을 사용하면 할수록 만족을 얻게 되는 시간이 점차 늘어난다 2. 인터넷을 이전과 동일한 시간만큼 하는데도 효과가 저하된다
금단	1. 특징적 금단징후 발생 1) 장기간의 인터넷 사용을 중지하거나 감소한 경우 2) 1)의 발생 후 며칠에서 한 달 사이에 다음 중 두 항목 이상이 발생했을 때 (1) 초조 (2) 불안 (3) 강박적 사고(인터넷 사용에 대한 생각과 관련된) (4) 환상이나 꿈(인터넷 사용과 관련된) (5) 수의적이거나 불수의적으로 자판을 두드리는 행위와 유사한 행동

금단	3) 2)의 일들로 인해 사회적 혹은 직업적 그 밖의 중요한 부분에서 고통이나 지장을 유발 2. 금단 증상을 완화, 회피하기 위해 인터넷이나 유사한 통신망을 사용하는 행동을 함 3. 생각했던 것보다 더 자주, 길게 인터넷을 사용 4. 인터넷 사용을 줄이거나 조절하려는 욕구가 지속적으로 있었거나 그 시도에 성공하지 못하는 경우 5. 상당량의 시간을 인터넷 사용과 관련된 행동에 소비하는 경우 6. 중요한 사회, 직업, 여가활동이 인터넷 사용을 위해 포기되거나 감소한 경우 7. 인터넷 사용에 의해 유발되거나 악화되고, 지속적이거나 반복적인 신체적, 사회적, 직업적, 심리적 문제를 갖고 있는 데도 인터넷 사용을 계속하는 경우

2) 영(Young)의 인터넷 중독 진단기준

영의 진단기준은 가장 널리 알려진 자가진단 리스트이다. 모두 20개의 질문에 대해 답하고 각기 해당하는 점수를 매겨 합산한다. 그 결과를 확인하여 중독여부를 판단하게 된다(1 = 전혀 아니다, 2 = 드물지만 있다, 3 = 가끔 있다, 4 = 자주 있다, 5 = 항상 그렇다).

항목	점수
1. 원래 마음먹은 생각보다 더 오랫동안 인터넷에 접속한 적이 있다	
2. 인터넷 때문에 집안 일을 소홀히 한 적이 있다	
3. 배우자와의 애정 관계보다 인터넷에서 더 흥미를 느낀 적이 있다	
4. 온라인 상의 친구를 만들어 본 적이 있다	
5. 온라인 접속 때문에 다른 사람이 불평한 적이 있다	

항목	점수
6. 온라인 접속 시간 때문에 성적이나 학교 생활에 문제가 있다	
7. 해야 할 다른 일을 하기 전에 먼저 전자우편을 점검한 적이 있다	
8. 인터넷 때문에 업무 능률(학업)이나 생산성에 문제가 있었던 적이 있다	
9. 누군가가 인터넷에서 무엇을 했느냐고 물었을 때 숨기거나 변명을 하며 얼버무린 경험이 있다	
10. 인터넷에 대한 생각으로 현재 생활상의 어려운 문제를 생각하지 못했던 적이 있다	
11. 인터넷 사용 후 다시 온라인에 접속할 때까지의 기간을 기다린 적이 있다	
12. 인터넷이 없는 생활은 따분하고 공허하며 재미없을 것이라고 두려워한 적이 있다	
13. 온라인에 접속했을 때 누군가가 방해를 한다면 소리를 지르거나 화를 내거나 귀찮은 듯이 행동한 적이 있다	
14. 밤늦게까지 접속해 있느라 잠을 못 잔 적이 있다	
15. 오프라인 상태일 때 인터넷에 정신이 팔려 있거나 다시 온라인에 접속해 있는 듯한 환상을 느낀 적이 있다	
16. 온라인에 접속해 있을 때 '몇 분만 더' 라고 말하며 시간을 허비한 적이 있다	
17. 온라인 접속 시간을 줄이려고 노력했지만 실패한 적이 있다	
18. 온라인 접속 시간을 숨기려 한 적이 있다	
19. 다른 사람과 밖으로 외출하려고 하기보다 온라인 상태에 더 머무르기 위해 접속하려고 한 적이 있다	
20. 오프라인 상태일 때에는 우울하고 침울하며 신경질이 되었다가 다시 온라인 상태로 오면 이런 감정들이 모두 사라진 적이 있다	
합산	

각 문항의 점수를 합산한 값이 '20-39점' 이면 평균적인 온라인 이용자라고 할 수 있다. 온라인 이용을 자신이 통제할 수 있는 상태에 있기 때문에 인터넷 중독을 우려할 수준은 아니라는 것이다. 점수가 '40-69점'인 사람들은 인터넷 때문에 문제가 있었던 적이 많기 때문에 그러한 문제들이 실제 생활에 어떠한 영향을 미쳤는지 진지하게 생각해 보아야 한다고 영은 충고한다. 그리고 예방 차원에서 앞으로의 인터넷 사용에 대한 상담을 받아두면 유익하다고 권한다. 한편 '70-100점'인 사람들은 인터넷 때문에 생활에 중대한 문제가 발생하고 있기 때문에 당장 이 문제를 다루고 해결해야만 한다고 영은 보고 있다. 현재의 인터넷 사용에 대해서 심각하게 고려해보고, 반드시 상담을 받을 필요가 있다는 것이다(이수범, 2003).

3) 인터넷 중독 예방센터의 인터넷 중독 진단기준

한국정보문화진흥원 산하 인터넷 중독예방센터에서는 다음과 같은 인터넷 중독 자가 진단표를 작성하였다. 영의 진단기준과 같이 20개의 질문에 대해 답하고 각기 해당하는 점수를 매겨 합산하여 그 결과로 중독여부를 판단하게 된다(1=전혀 그렇지 않다, 2=조금 그렇다, 3=보통 그렇다, 4=자주 그렇다, 5=항상 그렇다, 0=해당사항 없다)

항목	점수
1. 애초 마음먹은 생각보다 더 오랫동안 인터넷을 사용한다	
2. 인터넷 때문에 집안 일을 소홀히 한 적이 있다	

항목	점수
3. 가족, 친구들과 어울리는 것보다 인터넷이 더 즐겁다	
4. 최근 새로 맺은 인간관계의 대부분은 인터넷을 통해 만난 사람들이다	
5. 주위 사람들에게 인터넷을 너무 오래한다고 자주 불평을 듣는다	
6. 인터넷 때문에 성적이나 학교생활에 문제가 있다	
7. 다른 할 일을 놔두고 먼저 전자우편을 확인한다	
8. 인터넷 때문에 일의 생산성이나 창의성이 떨어진 적이 있다	
9. 누가 인터넷에서 무얼 했냐는 질문에 사실을 숨기거나 얼버무린 적이 있다	
10. 괴로운 일이 있을 때 인터넷으로 스스로 달래본 적이 있다	
11. 다음 번 인터넷 접속 시기를 미리 정해 놓는다	
12. 인터넷이 없는 생활은 따분하고 공허하며 재미없을 것이라고 생각한다	
13. 인터넷 사용 중 누군가 방해를 한다면 소리를 지르거나 화를 낸 적이 있다	
14. 인터넷을 사용하느라 잠을 못 잔 적이 있다	
15. 오프라인 상태에서 인터넷을 사용하는 상상을 해본 적이 있다	
16. 인터넷 사용 도중 "몇 분만 더"라고 말하며 시간을 더 허비한 적이 있다	
17. 인터넷 사용시간을 줄이려고 노력했지만 실패한 적이 있다	
18. 다른 사람에게 인터넷 사용시간을 숨기려 한 적이 있다	
19. 가족, 친구들과 외출하기보다 인터넷 접속을 위해 집에 남은 적이 있다	
20. 우울하고 긴장되었다가 인터넷 접속 후 이런 감정들이 모두 사라진 적이 있다	
합산	

합산된 점수 결과 20-49점이면 정상으로 간주한다. 인터넷을 오래 쓸 때도 있지만 자기 통제가 가능하다고 판단하는 것이다. 합산 점수가 50-79점이면 중독초기로 간주한다. 인터넷 사용과 관련하여 발생한 문제가 일상생활에 영향을 끼치기 시작한다고 판단한다. 마지막으로 합산 점수가 70-100점이면 중독중증으로 간주하고, 인터넷 사용이 일상생활에 중대한 문제를 야기하여 문제해결을 위한 노력 및 전문가의 도움이 필요하다고 평가한다(양해림 외, 2011).

3. 인터넷 중독의 원인

인터넷 중독의 원인은 다양한 측면에서 찾아볼 수 있다. 여기서는 가상공간의 특성, 인터넷 이용자의 개인적 특성, 인터넷 이용자의 환경적 특성 등의 측면에서 인터넷 중독에 빠져들게 되는 원인에 대한 다양한 견해들을 살펴보고자 한다.

1) 가상공간의 특성

(1) 익명성

가상공간은 자신의 정체성을 드러내지 않은 채 상호작용을 할 수 있는 익명적 공간이다. 서로 떨어진 채 모니터 화면에 나타나는 메시지를 기초로 상호작용을 하기 때문에 대면적 접촉 상황에 비해 상대적으로 자유롭고 안전한 상태에서 자신을 표현할 수 있다. 따라서 가상공간에서는 이러한 익명적 특성으로 인해 현실에서는 볼 수 없는 이상적인 자아, 가상 인물로 변신하여 새로운 인격체를 만들어내게 된다. 인터넷 이용자는 현실 세계와 달리 가상 공간에서 자신의 욕구를 대리 해소할 수 있으며, 이러한 욕구 충족의 만족감은 이용자로 하여금 더욱 더 인터넷으로 몰입하도록 만들게 된다.

(2) 편리성

와이브로, 위성 등 무선 통신 기술의 발전으로 이제는 지하철이나 기차 안에서도 인터넷에 접속이 가능하다. 언제 어디서나 컴퓨터나 모바일만 있으면 인터넷 네트워크에 접근이 가능할 정도로 편리해졌다. 때문에 인터넷을 통한 다양한 서비스, 예를 들어 페이스북, 트위터 뿐만 아니라 스카이프, 카톡 등으로 바로 바로 멀리 있는 친구도 만날 수 있고, 편지를 보내거나 통화를 하거나, 문자나 영상통화를 할 수 있으며, 물건을 구매하거나 금융거래도 할 수 있으며, 음악을 듣거나, 자료를 찾고, 또 회사 업무도 신속히 처리할 수 있으며, 영화나 음식점, 열차 예매 등 모든 생활의 편리함까지 가져오게 되었다. 이러한 인터넷의 편리성으로 인해 이용자들은 점점 더 인터넷을 즐기는데 많은 시간을 보내게 된 것이다.

(3) 현실도피

복잡한 현대 사회 속에 개인들은 엄청난 스트레스를 받고 살아간다. 개인들은 스트레스로부터 자유로울 수 없으며, 이를 해소하기 위하여 다양한 방법으로 시도하게 된다. 부정적으로 게임, 도박, 알콜, 마약, 성형 등 특정한 대상에 지나치게 몰입함으로써 현실에서 발생하는 스트레스를 외면하고 망각하고자 한다. 그러나 현실세계에서는 이와 같은 중독의 증상이나 결과들에 대해 사회 구성원으로 책임이 따르며, 윤리적 책임 뿐만 아니라 법적 책임을 져야 할 때도 있으므로 쉽게 중독되기가 어렵다. 그러나 인터넷에서는 상황이 다르다. 인터넷은 현실세계와 달리 가상 세계를 창출하기 때문에 이용자 스스로 현실 사회와 달리 느끼는 책임성의 강도도 다르며, 윤리적, 법적 책임도 오히려 쉽게 무시할 수 있기 때문이다. 이처럼 인터넷은 현실에서의 도피처로 활용되어, 인터넷을 하는 동안 쉽게 이용자는 현실로부터 도피할 수 있으며, 중독에 빠지기가 쉬워진다. 또 인터넷을 하는 동안에는 현실로부터 자유로웠지만 막상 인터넷 접속이 끊어지면 오히려 그 잔재가 남아 지속적으로 인터넷으로 도피하고자 하는 욕구가 더욱 두드러지게 되며, 결국 인터넷 이용이 습관화되어 중독으로 빠지게 된다.

(4) 흥미

인터넷은 상업적 매체로서 끊임없이 이용자들의 관심을 끌고 지속적으로 이용하도록 유도하기 위해서 대부분의 인터넷 콘텐츠는 흥미와 자극을 필요로 한다. 흥미롭고 자극적인 콘텐츠들은 이용자들에게 중독 증상 중 하나인 내성을 생기게 하고, 이용자들은 내성으로 인해 점점 더 강도를 높이게 되고, 내성은 이용자의 몰입을 더욱 부추기게 되는 것이다.

(5) 통제력

인터넷 매체는 기존의 대중 매체와 달리 이용자가 통제력을 갖는다. 즉 이용자가 주체로서 모든 인터넷 이용에 대해 본인이 직접 통제하고 감독하고 원하는 대로 자유자재로 이용할 수 있는 것이다. 인터넷을 통한 채팅이나 게임을 할 때, 또 온라인 구매나 콘텐츠 이용에 있어 자신의 상황에 맞게 스스로 조정하여 이용할 수 있고, 또 다양한 정보를 종합적으로 획득할 수 있으며, 스스로 판단을 내림으로서 모든 이용에 있어 능동적으로 대처할 수 있는 것이다. 이러한 적극적이고 능동적인 이용행위는 이용자에게 만족감을 넘어 우월적 존재감을 줌으로서 더욱 더 인터넷에 몰입하게 만든다.

(6) 사회적 지지

인터넷은 이용자 자신의 정체성이 노출되지 않는 익명적 특성으로 인해 현실 세계에서 고립되어 있거나 배제되어 있는 소외계층, 소수자, 사회적 약자들이 사회적 욕구를 적극적으로 충족시킬 수 있는 공간이 되기도 한다. 자신을 드러내지 않고 자유롭고 편안하게 상호작용 할 수 있으므로 자신의 의견을 적극적으로 개진, 활발한 커뮤니티 활동을 통해 사회적 지지를 획득하기도 한다. 또 공동의 취미나 관심사를 가지고 있는 커뮤니티 구성원들과의 상호작용은 시공간적 제약이 따르는 현실적 공간보다 훨씬 강한 사회적 유대감을 형성하기도 한다. 더구나 현실세계에서 소외받던 사회적 약자들은 이러한 가상공간을 통한 사회적 지지를 통해 심리적, 정서적 지지까지 얻을 수 있어 인터넷에 대한 의존도가 더욱 높아지게 된다.

2) 개인적 특성

인터넷에 쉽게 중독되는 개인적인 특성들을 살펴보면 우울증이 있거나 내향적 성격의 사람들이 중독의 가능성이 높은 것으로 나타난다. 또 사회적으로 불안을 경험한 사람들은 현실 세계에서 상대적으로 다른 사람들과 어울리지 못하고 사람들과 직접 만나 대화하는데 대한 부담감으로 인해 점점 더 사회적으로 고립된 존재로 살아가게 된다. 따라서 이들은 인터넷을 통해 서로 보지 않고 누구인지 조차 알지 못한 상태에서 편안함을 느끼고 부담없이 다른 사람과 관계를 맺을 수 있기 때문에 더욱 인터넷에 빠져들게 되는 것이다. 또 자아 존중감이 낮다거나 문제해결 능력이 부족하다거나 부정적이고 왜곡된 인지적 특성을 가진 사람들도 인터넷 중독에 빠질 가능성이 높다.

3) 환경적 특성

현대사회는 급속히 발전하는 커뮤니케이션 기술에 힘입어 정치, 경제, 사회, 문화 등 전 영역에서 변화가 지속적으로 일어나고 있다. 그러나 사회가 급속히 변할수록 현대인들은 이에 적응하기 위해 더 많은 노력을 기울여야 하고, 또 사회적 요구에 적응하기 위해 심리적으로 심각한 스트레스와 압박을 받게 된다. 이 과정에서 만약 사회적 요구에 부응하지 못하고 부적응할 경우 자신의 삶에 대해 만족하지 못하게 되고, 대인간에도 친밀한 유대관계를 맺지 못하게 된다. 이러한 환경적 요인에 의해서도 사람들은 쉽게 인터넷 중독에 빠질 수 있다. 더구나 우리는 건전한 놀이문화나 가족과의 여가 문화가 제대로 정착되어 있지 못한 사회적 환경이 경쟁사회로 내몰면서 스트레스를 가중시켜 인터넷 중독을 부추기는 요소가 될 수 있다. 결국 일상에서 지친 심신을 인터넷을 통해 위로받으려고 하는 경향이 나타나게 되고 쉽게 중독에 빠지게 된다.

4) 대인관계 의사소통의 강력함

한편 인터넷 매체는 대인관계 의사소통이 매우 강력하다. 전자메일이나 뉴스그룹, 채팅룸, 게시판 등 수많은 종류의 대인관계를 형성하는 장을 통해 사람들은 의사소통을 활발히 한다. 과거 전화나 편지와 달리 오늘날에는 자신이 전혀 알지 못하는 새로운 사람과도 채팅룸, 게시판 등으로 쉽게 접촉할 수 있게 되었고, 자신의 정체성이 드러나지 않기 때문에 제한 없이 자유롭게 자신을 표현할 수 있으므로 의사소통이 매우 적극적이며 강력하다. 이러한 대인관계를 통해 사람들은 인터넷 네트워크상에서 자신의 사회망의 범위를 확대하고, 다양한 유형의 관계를 맺게 된다. 이러한 특성으로 인해 사람들은 인터넷에 중독된다(이수범, 2003).

5) 가상세계의 잠복성

채팅룸이나 이메일그룹 등 가상세계에서는 아무런 위험 없이 타인의 활발한 상호작용, 감정, 그리고 생각들을 몰래 훔쳐볼 수 있다. 현실세계에서는 얻기가 지극히 어려운 개인적인 정보조차 쉽게 얻을 수 있으므로 사람들은 쉽게 인터넷에 중독되기에 이른다.

6) 기타의 인터넷 특성들

인터넷을 통한 긴밀한 상호작용은 강한 유대감을 갖게 함으로써 이용자들에게 심리적으로 안정감을 주고 나아가 적극적인 사회적 지지까지 동반하게 된다. 또 인터넷은 자신이 노출되지 않고 실제적인 신체접촉이 없으므로 부담 없이 자유롭게 성을 표현함으로서 성적인 만족감을 갖게 해주기도 한다. 새로운 인격을 창출하기도 하며 숨은 성격을 발현하기도 한다. 소극적인 사람들은 적극적으로, 온순한 사람들은 공격적인 성향의 소유자로 활동하기도 한다. 나아가 디지털 사회에서 적극적인 활동을 함으로써 다른 사람에게 인정을 받고 또 영향력을 발휘하게 되면서 사람들을 인터넷의 매력으로부터 벗어나지 못하게 된다(배시규·권성우, 2005).

4. 인터넷 중독의 유형

1) 인터넷 게임 중독

(1) 인터넷 게임 중독의 증상

인터넷 게임 중독에 빠진 사람들은 하루 중 대부분의 시간을 게임을 하면서 보낸다. 과도하게 게임에 집착하고 일상적 활동이 현저히 줄어든다. 인터넷을 하지 못하면 극히 심리적으로 불안정해진다. 일상생활생활에 지장을 받으면서도 게임을 그만두지 못하는 증상을 보인다.

이러한 게임 중독자들은 현실과 가상공간을 구분하지 못하고, 결과적으로 학업이나 직장, 가정, 대인관계에 있어 심각한 문제가 발생한다. 게임을 하기 위해 가출을 하거나 몇 달치 월급을 게임에 소진하고, 원만한 생활이 어려워 이혼에 이르는 등 가정이 파탄나기도 한다.

(2) 인터넷 게임 중독의 원인 및 문제점

인터넷 게임 중독의 원인은 네트워크를 통해 여러 사람이 동시에 게임을 즐기며, 늘 새로운 사람을 상대로 새로운 게임을 할 수 있다는 점, 짜임새 있는 스토리의 무한한 전개와 게이머들 간의 끈끈한 유대감으로 가상 공동체를 형성할 수 있다는 점, 자신을 숨기고도 새로운 가상 인물, 아바타를 키울 수 있다는 점 등 게임 자체의 속성과 게임을 통해 다른 사람들에게 인정을 받을 수 있고, 현실에서는 경험할 수 없었던 일에 대한 대리 만족, 현실도피, 성취감 등 심리적인 특성에서 그 원인을 찾아볼 수 있다.

그러나 인터넷 게임 중독은 지나친 경쟁심을 유발하여 승부에 집착하게 만듦으로서 더욱 스트레스를 받을 수 있으며, 게임에 내재된 폭력성으로 인해 자신도 모르게 공격적인 성향이나 행동이 나타나기도 한다. 또 더 좋은 아이템이나 캐릭터를 구하기 위해 불법적 행동, 예를 들어 돈을 훔치거나 해킹, 타인의 아이디를 도용하는 등 범죄 행위도 할 수 있게 된다는 점에서 문제가 된다.

게임 중독 증상 자가 진단 항목	여부
1) 밥을 먹지 않고 밤새도록 게임에만 몰두한다	
2) 밤새도록 게임을 하느라고 학교에서는 잠만 잔다	
3) 게임을 하지 않을 때에도 늘 게임에 관한 생각들뿐이다	

게임 중독 증상 자가 진단 항목	여부
4) 과도한 게임으로 학업이 떨어졌거나, 직장 동료들의 불만이 쌓였다	
5) 가족과 매일 다투거나, 부모님으로부터 꾸중을 듣는다	
6) 가끔 현실과 게임 공간이 구분이 안 될 때가 있다	
7) 꿈에서도 게임에 관한 꿈을 꾼다	

2) 인터넷 채팅 중독

(1) 인터넷 채팅 중독 증상

인터넷 채팅 중독에 빠진 경우 자신이 즐겨 찾는 대화방이나 동호회를 검색하면서 하루를 시작한다거나 상대방과의 대화 속에 시간이 흘러가는 것을 인지하지 못한다든지, 인터넷에서 많은 친구들을 만나지만 현실에서는 오히려 고립감과 외로움을 경험하게 된다. 또 이로 인해 일상생활에 지장을 받게 되고, 사회활동도 감소하게 된다. 심지어 자신의 정체성을 상실할 수도 있으며, 현실세계에서의 고립으로 인해 감정조절 능력이 현저히 감소될 수 있다.

(2) 인터넷 채팅 중독의 원인 및 문제점

인터넷 채팅 중독에 빠지게 되는 원인은 현실세계에서 부족했던 대인 관계에 대한 욕구를 채워주기 때문에, 또 현실세계의 자신과 달리 이상적 자아를 재창출하여 심리적 욕구를 충족시킬 수 있으며, 일상의 진부함을 탈피하여 기분전환을 할 수 있고, 다른 네티즌들의 반응을 통해 심리적 지지를 얻게 되기 때문인 것으로 파악할 수 있다.

3) 사이버 섹스 중독

(1) 사이버 섹스 중독의 증상

인터넷을 통해 음란물이나 포르노에 지나치게 집착한다. 인터넷에 접속하지 않으면 불안하고 도저히 참을 수 없어 자주 찾게 된다. 포르노를 보는 것으로 시작해서 폰섹스나 사이버 섹스로 발전한다. 성적 욕구의 충족을 위해 가상공간에서 상대와 성적 대화를 나누거나 포르노 보기, 성인 채팅방 이용, 성적인 대화 나누기, 카메라를 통해 서로의 신체 보여주기, 성인 인터넷 방송 보기 등 비정상적인 성 행위 등이 나타나는데, 자신의 중독된 행위 때문에 우울하고 죄책감을 느끼게 된다. 사이버 섹스에 빠지게 되면 현실 세계의 배우자에 대한 성적 관심이 사라지고, 직장이나 집에서 몰래 사용한 것을 자꾸 숨기게 된다.

(2) 사이버 섹스 중독의 원인 및 문제점

사이버 상에서는 실제적인 신체 접촉이 없기 때문에 안전하고 편리하기 때문에 사이버 섹스 중독에 빠질 수 있다. 또 자신의 감춰진 욕망을 마음껏 표출하며 새로운 성적 자극을 추구할 수 있기 때문에 발생할 수 있다. 이 외에도 심리적 긴장과 스트레스에서 벗어날 수 있다는 점, 억압되고 통제된 성적 욕구를 자유롭게 표현할 수 있다는 점, 대리 만족을 느낄 수 있다는 점에서 사이버 섹스 중독에 빠져들게 된다.

4) 사이버 거래 중독

사이버 거래 중독은 인터넷 도박, 주식매매, 쇼핑 등 사이버 거래에 집착하는 현상이다. 충동적인 거래로 경제적 손실을 입는 경우가 많으며 이를 만회하기 위해 주위사람들에게 거짓말을 하고 부채를 갚지 못해 신용불량, 실직, 대인관계가 상실되는 등의 피해를 발생한다.

5) 정보검색 중독

정보검색 중독은 웹 서핑이나 정보검색에 과도하게 몰입하는 경우이다. 특정한 목적 없이 여러 사이트를 돌아다니면서 시간을 보내며, 접속을 끝낼 줄 모른다. 다른 유형에 비해 자신의 행동을 중독으로 인정하지 않으려는 경향이 강하다. 장시간 정보검색을 하며 일상생활에 장애를 초래하는 경우 중독을 의심해 보아야 한다(양해림 외, 2011).

5. 인터넷 중독과 윤리적 문제

1) 인터넷 중독의 특성

인터넷 중독은 현실 세계에서의 중독, 알콜이나 마약, 도박 등의 중독의 결과들과 달리 법적, 도덕적 제재가 없다. 또 일반 중독 증상에 비해 쉽게 접근이 가능하고 빠르게 중독될 수 있다는 점이 있다. 더구나 오늘날 위성과 무선통신 기술의 발전과 노트북, 태블릿PC,

스마트폰 등 디지털 기기의 보급률을 고려해볼 때 이미 인터넷 접근은 누구나 언제 어디서나 가능하게 되어 새로운 문화로 정착된 것을 알 수 있다. 심지어 게임 및 IT 산업은 고부가가치 산업으로 암묵적으로 장려책을 쓰기도 한다.

2) 인터넷 중독 예방을 위한 윤리적 대응방안

중독은 예방이 필수이다. 우선 개인적 차원에서는 과도한 인터넷 이용으로 인해 자신이 잃고 있는 것이 무엇인지를 확인하는 것이다. 인터넷으로 인해서 하지 못한 일이 과연 그럴만한 가치가 있는 것이었는지를 평가하고, 인터넷이 현재 자신의 생활에 미치고 있는 영향을 고려해야 한다. 만약 인터넷으로 인해 부정적 영향이 나타나고 있는 것으로 판단되면 인터넷 이용에 대한 재고가 이루어져야 한다. 현실에서 건강하고 만족한 삶을 추구하며, 소외되고 좌절한 이들에게 따뜻한 관심과 배려가 요구된다. 둘째, 구조적 차원에서는 음란물에 접근되지 않도록 유통구조를 통제하고, 유해물 차단 프로그램을 설치함으로서 사전에 예방할 수 있도록 해야 한다. 셋째, 제도적 차원으로는 전문가를 통한 전문적인 처방과 조언, 협조가 진행되어 적극적인 치료를 받을 수 있도록 개선책이 마련되어야 할 것이다.

〈인터넷 게임 중독 관련법〉

형법 제250조 (살인, 존속살해)

1	제293호 1953.09.18	제정
2	제2745호 1975.03.25	일부개정
3	제4040호 1988.12.31	일부개정
4	제5057호 1995.12.29	일부개정
5	제5454호 1997.12.13	일부개정
6	제6543호 2001.12.29	일부개정
7	제7077호 2004.01.20	일부개정
8	제7427호 2005.03.31	일부개정
9	제7623호 2005.07.29	일부개정
10	제10259호 2010.04.15	일부개정
11	제11574호 2012.12.18	일부개정
12	제11731호 2013.04.05	일부개정

〈인터넷 게임 중독 관련사례〉

의사 만삭부인 살해 사건

서울서부지방법원 2011.9.15. 선고 2011고합79 판결 【살인】-1심

서울고등법원 2011.12.23. 선고 2011노2660 판결 【살인】-2심

어릴 때부터 컴퓨터게임과 판타지소설에 몰두한 피고인은 대학생 때는 하루에 8 - 10시간씩 게임에 매달렸다. 전문의자격시험 1차시험을 앞두고도 매일 게임을 하였고, 집에 있는 데스크탑 컴퓨터와 노트북 컴퓨터에는 모두 97개의 게임파일, 47,413개의 판타지소설이 저장되어 있었다. 전문의자격시험 1차 시험을 치렀는데 시험이 예년에 비해 매우 어렵게 출제되어 시험을 잘 보지 못하였고, 시

험 문제에 대한 불만과 시험 결과 등에 관하여 부인과 이야기하면서 다투었다. 피해자와 다투던 중 격분하여 손으로 피해자의 목을 누르고, 피해자가 피고인의 팔을 할퀴며 저항하였음에도 계속하여 손으로 피해자의 목을 힘껏 눌러 피해자를 목눌림 질식사로 현장에서 사망하게 하여 살해하였다.

〈음란물 중독 관련법〉

(1) 형법 제32장 강간과 추행의 죄〈개정 1995.12.29〉

제297조(강간) 폭행 또는 협박으로 사람을 강간한 자는 3년 이상의 유기징역에 처한다.〈개정 2012.12.18〉

제297조의2(유사강간) 폭행 또는 협박으로 사람에 대하여 구강, 항문 등 신체(성기는 제외한다)의 내부에 성기를 넣거나 성기, 항문에 손가락 등 신체(성기는 제외한다)의 일부 또는 도구를 넣는 행위를 한 사람은 2년 이상의 유기징역에 처한다.

제298조(강제추행) 폭행 또는 협박으로 사람에 대하여 추행을 한 자는 10년 이하의 징역 또는 1천500만 원 이하의 벌금에 처한다.〈개정 1995.12.29〉

제299조(준강간, 준강제추행) 사람의 심신상실 또는 항거불능의 상태를 이용하여 간음 또는 추행을 한 자는 제297조, 제297조의2 및 제298조의 예에 의한다.〈개정 2012.12.18〉

제300조(미수범)

제301조(강간 등 상해·치상)

제301조의2(강간등 살인·치사)

제302조(미성년자 등에 대한 간음) 미성년자 또는 심신미약자에 대하여 위계 또는 위력으로써 간음 또는 추행을 한 자는 5년 이하의 징역에 처한다.

제303조(업무상위력 등에 의한 간음)

제304조 삭제〈2012.12.18〉

제305조(미성년자에 대한 간음, 추행) 13세 미만의 사람에 대하여 간음 또는 추행을 한 자는 제297조, 제297조의2, 제298조, 제301조 또는 제301조의2의 예에 의한다.〈개정 1995.12.29, 2012.12.18〉

제305조의2(상습범) 상습으로 제297조, 제297조의2, 제298조부터 제300조까지, 제302조, 제303조 또는 제305조의 죄를 범한 자는 그 죄에 정한 형의 2분의 1까지 가중한다.〈개정 2012.12.18〉

제306조 삭제〈2012.12.18〉 (출처 : 형법 제11731호 2013.04.05 일부개정)

(2) 성폭력범죄의 처벌 등에 관한 특례법 제10258호 2010.04.15 제정됨. 이후 성폭력범죄의 처벌 등에 관한 특례법 제11731호 2013.04.05 타법개정

〈음란물 중독 관련사례〉

사례 1) 2008년 대구 초등생 집단 성폭행 사건

※ 사건요지

30일 대구에서 밝혀진 초등학교 교내 집단 성폭력 사태는 인터넷,

케이블TV 등 지천에 널려 있는 음란물에 접한 남학생들이 음란행위를 모방, 동성(同性) 후배를 성폭행한 것이 그 시발이었다. 이 같이 계속된 관행은 결국 피해 남학생들이 가해자들에 가담, 같은 학교 여학생을 성폭행하는 일로까지 이어졌다. 학교 안에서 어린이들이 성폭력 가해자와 피해자로 뒤엉키는 초유의 사태가 벌어진 것이다. '학교폭력 및 성폭력 예방과 치유를 위한 대구시민 사회 공동대책위(이하 대책위)'에 따르면 작년 11월20일쯤 대구 달서구 A초교의 한 교사는 학생들이 성행위를 흉내 내는 것을 보고 놀라 상담에 나섰다. 이 교사는 상담 결과 6학년 학생을 중심으로 한 상급생들이 음란물 내용을 모방, 음란행위를 한 것을 알게 됐다.(헤럴드 경제 2010.07.06 참조)

사례 2) 포털사이트서 접하는 음란물

야후코리아, 다음, 네이버 등 포털사이트에서 음란 동영상과 사진이 게재돼 포털사이트들의 허술한 음란물 관리 시스템이 도마에 올랐다. 특히 포털사이트 다음의 경우에는 동영상 UCC(손수제작물) 코너인 TV팟에 약 7시간 동안 음란 동영상이 게재돼 1개월 여간 노출됐고 여성의 나체사진이 4시간 가량 노출되기도 했다. 이들 포털사이트는 인터넷 업계에서 가장 많은 모니터(감시) 요원을 두고 있음에도 유해물 관리가 허술한 야간이나 새벽 시간대에 심심찮게 이 같은 음란물이 무방비로 노출되는 사례가 발생하고 있다. 게다가 이들 사이트들에서 유통되는 성인용 콘텐츠 역시 주민등록번호를 넣기만 하면 쉽게 성인인증을 받을 수 있어 어린이, 청소년들이 부모의 주민번호로 어떤 음란물이든 쉽게 볼 수 있다.(헤럴드 경제

2012.03.16 참조)

사례 3) UCC 사이트서 접하는 음란물

지난 1~2년간 국내에 UCC 문화가 발달하면서 수많은 UCC사이트가 생겨났지만 이에 대한 규제, 감독은 제대로 이뤄지지 않고 있다. 특히 이들 UCC사이트는 포털사이트에 비해 영세한 구조로 인해 모니터링 요원이 몇명 되지 않아 메인페이지나 이용자가 많이 몰리는 페이지에 음란 동영상이 게재되더라도 제대로 걸러지지 않고 있는 실정이다. 지난해 말 고등학생들이 실제 성행위를 하는 듯한 모습이 담겨 큰 충격을 준 '놀이터막장커플'이란 제목의 게시물은 10장의 사진이 포털에서 유포된 뒤 같은 내용의 동영상이 UCC 사이트인 '풀빵닷컴' 3시간 이상 노출돼 1천 건이 넘는 조회 수를 기록했다.(디지털 타임스 2012.07.30 참조)

사례 4) P2P를 통한 음란물 유통

파일공유(P2P) 사이트는 최신 음란물을 실시간으로 내려받을 수 있어 음란물 유통의 '진원지'라 해도 과언이 아닐 정도이다. 가입절차나 캐시충전, 검색 등의 절차가 필요하기 때문에 포털이나 UCC 사이트에 비해 이용하기가 상대적으로 까다롭지만, 국내 초등학생들의 평균적인 인터넷 지식에 비하면 사실상 '식은죽 먹기'라 할 정도로 이용하기에 어렵지 않다. 특히 이들 사이트 역시 성인자료실이 따로 있지만 일반 자료실에서도 웬만한 관련 검색어로 원하는 종류의 음란물을 쉽게 찾을 수 있다. 다른 유료 사이트에 비해 한

건당 몇십 원, 몇백 원으로 저렴한 가격도 초등학생을 비롯한 '누구나' 쉽게 이용할 수 있는 요인이다. 이처럼 인터넷이 음란물의 홍수를 이루고 있음에도 정부나 경찰의 규제에는 한계가 있어 보다 근본적인 대책이 필요하다는 목소리가 높아지고 있다.(시사포커스 2013.05.08 참조)

8_ 인터넷 보안

1. 정보화 시대 해킹과 보안

1) 해킹의 용이성

정보화 시대에 들어 새로운 범죄 유형인 해킹이 매우 용이해졌다. 다양한 방법으로 해킹이 가능해졌는데, 해커는 이용자의 이메일 주소를 통해서 해킹을 하고, 인터넷 뱅킹 인증서 등을 유출해 낼 수 있다. 이용자의 이메일 주소는 쉽게 스패머그룹의 먹이가 되는데, 예를 들어 이용자가 사이트에 가입할 때나 게시판에 글을 게재할 때, 이용자들은 알게 모르게 자신의 이메일 주소를 마구 뿌리고 다니게 되고, 결국 이메일 주소만 모으는 스패머 그룹의 먹이가 된다. 스패머 그룹은 다른 사람에게 이러한 프로그램과 이메일 주소를 팔기도 하고 대신 메일을 발송하기도 한다.

해커가 인터넷 뱅킹 인증서를 유출하는 과정을 보면 트로이 프로그램을 이용하여 인증서를 빼내는데 목표가 되는 컴퓨터에 이 프로그램을 설치하면 원격지에서 인증서를 뽑아낼 수 있다. 해커는 원격지에서 해킹대상 컴퓨터를 마치 자기 컴퓨터처럼 사용할 수 있게 되는데, 인증서 암호, 각 은행마다의 로그인 암호, 이체 암호, 보안카드의 코드까지, 키 입력하나 까지도 모두 알아낼 수 있다.

2) 해커와 해킹

해커는 원래 컴퓨터 자체를 탐닉하는 사람을 의미했다. 그러나 지금은 컴퓨터를 이용해 범죄를 저지르는 사람을 말한다. 해커의 관심은 개인 PC가 아니라 서버이다. 서버는 개인 PC보다 중요한 정보가 더 많이 저장되어 있기 때문이며, 또 개인 PC는 항상 네트워크에 연결되어 있는 것은 아닌데 비해 서버는 많은 사람들이 공동으로 사용하는 컴퓨터이므로 항상 네트워크에 연결되어 있으며, 다른 컴퓨터들이 요청하는 서비스를 제공하는 역할을 하기 때문이다. 예를 들어 쇼핑몰 회사의 서버는 전 세계 수많은 고객들이 요청하는 상품 정보를 제공하고 그들이 입력하는 자료를 요청하는 일을 수행한다.

해커들은 주로 인터넷을 이용하여 해킹 대상 컴퓨터를 공격하는데, 이를 위해서는 IP주소를 알아야 하므로 물리적인 컴퓨터로 접근하는 것이 아니라 네트워크, 인터넷 상 IP 주소를 해킹하여 서버에 접근한다. 그러므로 서버 관리자는 항상 IP 주소 등이 해킹되지 않도록 보안에 신경을 써야 하는 것이다.

3) 해킹의 대중화

해킹이 대중화되기에 이른 이유는 기술적 요인이 가장 크다. 월드와이드웹이라는 인터넷 기술로 인해 해커들이 서로의 지식을 아주 쉽게 공유할 수 있게 된 것이다. 심지어 해킹 기술을 보급해주는 사이트가 등장하였는데, 이러한 사이트를 통해 해커는 서로 간의 정보를 더욱 공유할 수 있게 되었다. 또 컴퓨터에 대한 간단한 상식만 있어도 해킹을 할 수 있도록 도와주는 소프트웨어, 프로그램이 하루가 멀다할 정도로 매일 생겨나고 있다.

예를 들어 상대방이 입력하는 모든 키 값을 가로채서 보여주는 해킹 프로그램이 있으며, 이러한 프로그램을 통해 상대방의 아이디와 암호는 쉽게 알아낼 수 있게 되고, 상대방이 쓰는 이메일의 메시지나 인터넷 뱅킹에 사용되는 암호까지도 쉽게 알아낼 수 있게 되었다. 또 컴퓨터에 저장되어 있는 암호도 알아내고, 윈도우 움직임을 동영상 파일로 저장하거나 상대방 컴퓨터 웹캠으로부터 녹화도 가능해졌다(류종현·강장묵, 2005).

2. 인터넷 기술과 보안 위협 요인들

이러한 해킹과 같은 인터넷 보안을 위협하는 다양한 기술들을 구체적으로 살펴보면, 사이트 접속 기록이나 쿠키, 트로이 목마, 바이러스 등을 예로 들 수 있다.

1) 사이트 접속 기록

사이트 접속 기록은 인터넷 익스플로러의 접속 기록이나 임시 인터넷 파일, 자동완성 등에서 그 흔적을 찾아볼 수 있다. 주소 입력창이나 URL 입력창에 기록이 남는 경우가 많은데, 접속한 사이트들 중에서 접속 빈도, 접속한 시간에 따라 사이트의 주소들이 표시된다. 열어본 페이지의 목록창 같은 것이 그것이다.

임시 인터넷 파일도 기록을 남기게 되는데, 인터넷에서 이용자가 본 그림이나 글들이 하드디스크에 저장이 된다. 텍스트 파일이나 HTML파일, 쿠키, 그림 파일 등 접속한 적이 있는 홈페이지와 관련이 있는 파일들이 자동 저장되는 것을 볼 수 있다.

또 주소 입력 표시줄에 직접 입력을 할 때 이전에 입력한 적이 있는 주소는 모든 주소를 입력하지 않아도 자동으로 완성해주는 컴퓨터의 자동완성 기능도 있다. 우리가 어떤 사이트에 접속할 때 사실은 이미 자신의 아이디와 암호가 입력되어 있었던 것이고, 심지어 이름이나 주소, 주민등록번호까지도 입력되어 있는 경우도 있을 만큼 개인정보의 해킹은 심각한 수준에 이르렀다.

2) 쿠키

쿠키는 서버의 프로그램이 사용자에 대한 기록을 유지하기 위해 PC에 남겨놓은 조그마한 파일을 말한다. 이러한 쿠키가 해킹을 낳게 되는 즉, 보안을 위협하는 요소가 된다. 그럼에도 쿠키가 사용되는 이유는 인터넷에서 통신에 사용되는 프로토콜 TCP/IP 때문이다. TCP/IP는 소위 '비연결형' 프로토콜이다. 즉, 서로 통신을 하는 두

대의 컴퓨터 사이에 상호 연결이 안되어 있기 때문에 이들 컴퓨터 간에 상호 데이터가 안전하게 도달하기 위해서는 반드시 쿠키가 필요하다. 따라서 A 컴퓨터는 패킷화 형태로 파일을 보내고 B 컴퓨터에서는 원래의 파일로 복원하게 되는데, 이때 A 컴퓨터 패킷이 B 컴퓨터에 도달하려면 B 컴퓨터의 주소가 필요하기 때문에 쿠키, 즉 사용자에 대한 기록을 남기는 쿠키가 사용된다. 이처럼 사용자의 편의와 맞춤화된 정보를 제공하기 위해 쿠키를 공유하고, 사이트들끼리 각자 얻을 수 있는 사용자 정보를 공유하고 있지만, 그러나 수많은 사이트에서 나의 모든 행동을 동시에 알고, 또 나의 행동 패턴을 쿠키 파일을 이용해서 수집하고, 분석하기도 하여 일종의 데이터베이스를 만들고 있다는 것이 너무나 위험한 일인 것이다.

3) 트로이 목마

트로이 목마는 사용자가 인지하지 못하는 사이에, 또 인지한다고 하더라도 정상적인 프로그램으로 위장하여 사용자 컴퓨터에 교묘히 설치되어 있어서 정확하게 이것이 컴퓨터 보안을 위협하는 요인인지 알 수 없도록 한다. 결국 이용자의 개인 정보를 쉽게 빼내거나 PC 통제권을 다른 사람에게 넘기게 되는 기능을 하게 된다.

트로이 목마는 원격 제어 기능이 잇다. 즉, 원격지 PC를 마치 자신의 PC 처럼 사용할 수 있게 된다. 트로이 목마가 작동하게 되는 원리를 보면, PC를 자기 마음대로 조정하기 위해서는 일단 타겟 PC에 서버툴을 설치해야 하는데, 서버툴을 설치하고 나면 그 다음, 원격지에서 다른 PC에 클라이언트툴을 설치하고 타겟 컴퓨터의 IP 주소로 접속하여 해킹을 할 수 있게 된다.

트로이 목마가 침투되는 경로는 세 가지가 대표적이다. 직접 침투하는 경우, 이메일을 이용하여 침투하는 경우, 윈도우의 공유 폴더를 이용하여 침투하는 경우가 있다. 먼저 직접 침투하는 경우는 사람이 직접 설치할 수밖에 없다. 잠깐 자리를 비운 사이 다른 사람 컴퓨터에 몰래 설치하고 외부에서 해당 컴퓨터로 공격을 하게 된다. 이메일을 이용하여 침투하는 경우는 이메일에 서버툴을 첨부하여 이용자에게 보내고 이용자가 그것을 실행하도록 유도하여 감염된 컴퓨터 IP 주소는 서버툴을 설정할 때 감염 컴퓨터의 IP 주소가 해커에게 날아오도록 설정하면 공격이 가능해진다. 윈도우의 공유 폴더를 이용하여 침투하는 경우는 로컬 네트워크에 허가된 이용자 간에 간편하게 폴더와 각종 파일을 공유함으로서 침투하게 되는데, 누구든지 접근이 가능해진다.

4) 바이러스

바이러스란 컴퓨터 프로그램이나 실행 가능한 부분을 변형하여 그곳에 자기 자신 또는 자신의 변형을 복사하여 컴퓨터 작동에 피해를 주는 명령어들의 조합을 말한다. 바이러스는 파일에 기생하는 형태로 홀로 존재하지 않고 반드시 다른 파일에 감염되어 존재한다. 이와 유사한 버그, 악성 프로그램은 프로그래머가 의도하지 않은 프로그램 상의 오류가 생기게 되는 결과를 낳는다. 또 다른 유형인 웜의 경우 파일에 코드를 덧붙이고 직접 시스템 파일을 조작하는 바이러스와 달리 웜은 그런 작업을 하지 않는다. 대신 시스템의 약점을 이용하여 자신을 수도 없이 복제해 네트워크에 뿌리고, 결국 과도한 트래픽 증가를 유도하여 시스템과 네트워크를 멈추게 한다 (류종현·강장묵, 2005).

3. 인터넷 보안 관련 이슈와 문제들

1) 바이러스 유포 모두 비윤리적인가?

컴퓨터 바이러스의 경우 자동적으로 다양한 방법으로 퍼질 수 있다. 이메일 메시지를 보낼 때도 사실은 자동적으로 바이러스가 유포될 수도 있다. 그런데도 의도적이고 해로운 것이 분명한 바이러스의 유포만이 비윤리적이라고 말할 수 있는가?

반대로 최신 안티 바이러스의 유포에 대해서는 어떻게 판단할 수 있을까? 최신 안티 바이러스 역시 바이러스 류의 것이다. 그런데 안티 바이러스이므로 이것을 유포하는 일은 비윤리적이라고 말하지 않는다. 그러나 문제는 최신 안티 바이러스를 인스톨하지 않은 사람의 경우, 윤리적으로 무책임하다고 볼 수 있는가? 최신 안티 바이러스 소프트웨어는 바이러스를 방지하기 위해 반드시 인스톨해야만 한다. 만약 안티 바이러스 소프트웨어를 인스톨하지 않은 사람은 무의식적으로 자신의 컴퓨터를 바이러스에 노출, 해킹 당하도록 무방비 상태로 내버려둔 꼴이다. 뿐만 아니라 다른 사람의 컴퓨터까지도 감염시킬 수 있게 된다. 그렇다면 최신 안티 바이러스 소프트웨어를 인스톨하지 않는 것은 결과적으로 자신의 컴퓨터만이 아니라 다른 사람의 컴퓨터까지도 해를 입히게 만드는 것이므로 비윤리적이라는 결과를 도출할 수 있을 것이다. 그러나 다시 한번 생각해봐야 할 것은 우리가 다른 사람의 컴퓨터를 보호하기 위해서까지 자신의 컴퓨터를 안전하게 해야 할 윤리적 의무가 있는가? 윤리적 의무와 책임의 범위는 어디까지인가?

2) 바이러스 유포가 윤리적으로 허용될 수는 없는가?

예를 들어 마이크로소프트 윈도우가 보안에 취약점이 있다는 정보가 있어 컴퓨터 보안 전문가들이 오히려 역으로 또 다른 바이러스를 유포해주었다고 한다. 이런 경우의 바이러스 유포는 윤리적으로 허용될 수 있는 것인가? 이 바이러스는 마이크로소프트 운영체제에 붙어 유해한 바이러스로부터의 공격을 막고 보안을 향상시켜 주기도 한다. 따라서 이런 류의 바이러스 유포는 결과적으로 긍정적인 효과를 낳는다는 측면에서 일정 부분 윤리적으로 허용되고 있다.

그러나 안전한 버전의 바이러스 유포가 결과적으로 전체 네트워크에 긍정적인 효과를 가져온다고 해서 모든 의미에서 긍정적인 결과를 가져온다는 것은 아니다. 보안적 결함에 대해 알리고 그 결함을 활용한 바이러스를 유포해주는 것이 전체 네트워크의 안전을 위해서는 긍정적일 수 있다. 그러나 보안적 결함을 보완하기 위한 바이러스의 유포는 민감한 개인정보를 훔치는 해킹 바이러스를 퍼뜨리는 주범이 될 수도 있다는 점에서 신중한 검토가 필요하다. 따라서 안전한 버전의 바이러스 유포가 전체 네트워크의 안전에 있어서 긍정적인 결과를 가져올 수는 있어도 모든 면에서 긍정적인 결과를 가져오는 것은 아니므로 이런 류의 바이러스 유포는 일정 부분 윤리적으로 허용되기는 하나 그러한 조치가 꼭 윤리적인 것만은 아니라는 결론을 내릴 수 있다(Plotkin, 2012).

4. 인터넷 보안 관련 윤리적 문제들

1) 개인 컴퓨터의 보안과 윤리적 문제

개인적 차원에서 컴퓨터 보안을 위해 할 수 있는 것은 물리적으로 컴퓨터를 안전하게 하거나 스스로 데이터 보안을 유지하는 방법이 있다. 물리적으로 개인 컴퓨터를 안전하게 하는 방법은 직접 컴퓨터를 잠그고 움직이지 못하도록 하여 훔치기가 어렵게 만드는 일차적인 방법이다. 또 도난을 당했을 때 즉각 컴퓨터를 찾아낼 수 있도록 최신 보안 장치를 해 둘 수도 있다. 예를 들어 최신 보안 기술로서 GPS(글로벌 위치시스템)을 이용하여 도둑맞은 컴퓨터의 지리적 위치를 탐지해낼 수 있다거나 법적 소유주나 보안 회사에 자동으로 보고도 해주고, 컴퓨터의 흔적을 추적하여 알려주거나 도둑을 기소해주기도 한다.

또 개인적 차원에서 할 수 있는 컴퓨터 보안 방법은 데이터를 안전하게 유지하는 것이다. 컴퓨터에 저장되어 있는 데이터를 통합하여 보안을 유지해야 하는데, 데이터가 시간이 지나도 변하지 않고 남아있도록 보호하기 위해서이다. 데이터를 통합하고 보안을 유지하기 위해서는 컴퓨터 하드 디스크 드라이브를 정기적으로 대체하거나 교환해주는 방법이 있다. 보유하고 있는 데이터가 어느 정도 시간이 지나면 예고 없이 손상되거나 부패하기 쉽기 때문에 이를 미리 방지하기 위해서는 컴퓨터 하드 디스크 드라이브를 정기적으로 교환해주는 것이 필요하다. 또 복사판을 만들어둘 필요가 있다.

두 개의 하드 드라이브는 최근 백업한 드라이브의 콘텐츠를 비교하여 에러를 찾아주기 때문이다.

이 외에도 개인적으로 보안을 위해서는 이용자 이름과 패스워드를 사용하는 것이 좋다. 개인 컴퓨터에 저장된 데이터는 허가 받지 않은 사람들이 접근하지 못하도록 개인 이용자의 이름과 패스워드를 사용하여 항상 데이터 보안에 신경을 써야 한다. 또 암호를 걸어두는 것도 필요하다. 암호화 소프트웨어는 컴퓨터 하드 디스크 드라이브에 저장된 데이터를 암호화하는데 사용되는데, 암호화 소프트웨어가 작동하면 그에 상응하는 암호화 해독키에 액세스 하지 않고는 알아차릴 수 없기 때문에 데이터 보완에 꼭 필요하다. 뿐만 아니라 안티 바이러스 소프트웨어를 인스톨해두는 것이 중요하다. 안티 바이러스 소프트웨어는 날짜를 지켜 최신 바이러스나 웜, 트로이 목마 등 유해한 바이러스로부터 컴퓨터를 보호해줄 수 있다. 특히 최신 바이러스는 매우 빠르게 복사되어 컴퓨터 네트워크까지 오염시킬 수 있고, 웜은 이용자가 알아차리기 어렵게 프로그램 안에 달려있으므로 이용자 개인이 자동 차단하기가 쉽지 않다. 따라서 안티 바이러스 소프트웨어를 인스톨하여 자신의 컴퓨터를 안전하게 보안을 유지할 필요가 있다.

그럼에도 불구하고 이용자 개인이 자신이 컴퓨터를 안전하게 유지하지 못하고 보안에 실패한다면 자신의 컴퓨터는 쉽게 해킹 위험에 노출될 수 있고, 그 피해는 이용자 자신뿐만 아니라 가족 구성원, 심지어 개인적인 범위에서 그치는 것이 아니라 전체 네트워크까지 퍼질 수 있다. 따라서 다른 사람의 컴퓨터의 안전까지도 공동으로 지켜야할 윤리적 책무가 따르는 것이다.

2) 컴퓨터 네트워크 보안과 윤리적 문제

해킹의 위협은 개인적 범위에서 그치는 것이 아니라 전체 네트워크에 까지 영향을 미치므로 네트워크 차원에서의 보안이 직접 요구된다. 컴퓨터 네트워크는 네트워크 안에 있는 컴퓨터들뿐만 아니라 다양한 컴퓨터 하드웨어나 소프트웨어들이 물리적으로 연결되어 있고, 또 네트워크 안에서 컴퓨터들끼리 커뮤니케이션이 효과적으로 될 수 있는 상태를 말한다.

해킹은 컴퓨터 네트워크를 직접 공격하기도 한다. 라우터나 스위치 등을 통해 네트워크 안에서 직접 공격을 하는데, 네트워크에 연결되어 있는 이런 장치들에 잠입하여 그 안에서 다른 시스템에 복제하여 공격한다. 초기 퍼스널 컴퓨터 시대에는 컴퓨터들이 네트워크에 연결되어 있지 않았던 시기였으므로 네트워크를 통한 직접 공격을 일어날 수 없었다. 다만 테이프나 디스켓 등을 통해서만 바이러스가 침투할 수 있었고, 그 피해 범위 또한 제한적일 수밖에 없었다. 또 이용자들 역시 컴퓨터를 인터넷 뱅킹 시스템이나 온라인 거래 등 오늘날과 같이 다양한 용도로 사용하기 보다는 워드프로세스와 같이 단순한 기능으로 사용하여 민감한 개인 정보를 별도로 저장해 둘 필요가 없었다. 그러나 오늘날은 워드프로세스만이 아니라 정보검색, 상품구매 등 다양한 용도로 컴퓨터를 활용하게 되었고, 때문에 민감한 개인정보를 별도로 저장해두어야만 하게 되었다. 특히 컴퓨터 네트워크를 직접 침투하는 바이러스는 네트워크 감염이 쉽게 일어나고 감염속도 매우 빠르다는 것이 문제이다. 전체 호스트를 위협하는 스파이웨어, 맬웨어, 웜, 트로이목마 등의 바이러스는 눈에 보이지도 않지만 마치 바이러스처럼 이러한 어플리케이션들이 한번 인스톨되면 개인 컴퓨터뿐만 아니라 네트워크 전체가 빠르게 감염되기에 더욱 위험하다. 또 네트워크가 공격받으면 정부나 기업 네트워크까지 공격받을 수 있고, 개인정보가 노출되면서 이로 인한 프라이버시 침해, 나아가 재정적 피해가 상당히 발생할 수 있다.

때문에 이러한 네트워크 공격에 대해 보안을 유지하기 위해서는 보안 어플리케이션이 반드시 필요하다. 또 원본 데이터를 미리 복제해두고, 방화벽을 활용하여 네트워크를 통한 직접 공격을 차단해야만 한다.

3) 소프트웨어 보안과 윤리적 문제

컴퓨터 보안을 위해 다양한 보안 어플리케이션, 소프트웨어들이 등장하고 있다. 그러나 소프트웨어 역시 자체적으로 보안적 결함이 있을 수 있다는 점이 윤리적으로 제고되어야 할 문제이다. 버그는 절대적으로 차단할 수 없다. 왜냐하면 소프트웨어 개발과 동시에 발생하기 때문이다. 보안을 위해 소프트웨어 개발자는 버그를 고정시키고 최신 패치판을 이용자에게 배포한다. 개발자는 버그를 근절해야 하는 윤리적 책무가 있기 때문이다. 그러나 보안 소프트웨어 개발에 버그를 근절하는데 드는 비용도 들게 되면서 새로운 소프트웨어가 출시될 때 버그를 근절하는데 든 비용은 가격을 상승시키게 하는 원인이 되기도 한다. 따라서 보안 소프트웨어는 보안을 위해서 개발되지만 개발과 동시에 버그를 낳게 되고 버그를 차단하는 비용까지도 안게 되면서 가격이 상승하게 되는 것이다.

이에 미국 소프트웨어 산업계에서는 ACM(the Association for Computing Machinery) 이라는 윤리적 조항으로 다음과 같은 규칙을 만들었는데, 첫째 소프트웨어를 증명하도록 권고하고 있다. 즉 소프트웨어가 보안성이 뛰어난지 질적으로 안전성을 보장할 수 있어야 한다는 것이다. 둘째, 안전성을 가지고 있다면 전문적이고 적절한 테스트를 통과하도록 권고하고 있다. 즉 소프트웨어의 안전성은 일정한 전문적인 심의기준을 넘어서야 한다는 것이다. 셋째, 인생의 질을 훼손하지 않도록, 넷째, 프라이버시나 환경을 훼손시키지 않도록, 다섯째, 궁극적으로 공공선의 효과를 내라고 독려하고 있다. 그러나 이러한 윤리적 조항은 개발자 및 산업계에 윤리적 책무를 갖도록 할 수는 있으나 전문 면허 소지자들처럼 엄격한 규제를 가하기는 어려우므로 더 복잡한 윤리적 딜레마로 빠뜨릴 가능성도 있다는 점에서 논란이 되고 있다(Plotkin, 2012).

〈인터넷 보안 관련법〉

(1) 통신비밀보호법

1	제4650호 1993.12.27	제정
2	제5454호 1997.12.13	일부개정
3	제5681호 1999.01.21	일부개정
4	제6146호 2000.01.12	일부개정
5	제6305호 2000.12.29	일부개정
6	제6346호 2001.01.08	일부개정
7	제6546호 2001.12.29	일부개정
8	제6626호 2002.01.26	일부개정
9	제7138호 2004.0129	일부개정
10	제7371호 2005.01.27	일부개정
11	제7428호 2005.03.31	일부개정
12	제7428호 2005.03.31	일부개정
13	제7503호 2005.05.26	일부개정
14	제8728호 2007.12.21	일부개정
15	제8733호 2007.12.21	일부개정
16	제8867호 2008.02.29	일부개정
17	제9752호 2009.05.28	일부개정
18	제9819호 2009.11.02	일부개정
19	제11690호 2013.03.23	일부개정
20	제11731호 2013.04.05	타법개정

통신비밀보호법 제11731호 20130405 타법개정

※ 개정이유

2000년 12월 13일 우리나라가 서명한 「국제연합국제조직범죄방

지협약」(United Nations Convention against Transnational Organized Crime) 및 「인신매매방지의정서」의 국내적 이행을 위한 입법으로서, 협약 및 의정서상의 입법의무 사항을 반영하여 범죄단체 및 범죄집단의 존속과 유지를 위한 행위의 처벌규정을 마련하는 한편, 범죄단체나 집단의 수입원으로 흔히 사용되는 도박장소의 개설이나 복표발매에 대한 처벌규정의 법정형을 상향하고, 각종 착취 목적의 인신매매죄를 신설하여 인신매매의 처벌범위를 확대함으로써 국제조직범죄를 효율적으로 방지·척결하는 동시에 국제협력을 강화하려는 것임.

※ 주요내용

가. 범죄단체조직죄의 개선(안 제114조)

나. 도박과 복표에 관한 죄의 개선(안 제246조부터 제249조까지)

다. 약취와 유인의 죄의 개선(안 제287조부터 제292조까지, 제294조, 제295조, 제295조의2 및 제296조, 현행 제293조 삭제, 안 제296조의2 신설)

(2) 정보통신망 이용촉진 및 정보보호 등에 관한 법률

1	전산망보급확장과 이용촉진에관한법률	제3848호 1986.05.12	제정
2		제3493호 1991.08.10	일부개정
3		제4439호 1991.12.14	일부개정
4		제4528호 1992.12.08	일부개정
5		제4969호 1995.08.04	일부개정
6		제4998호 1995.12.06	일부개정

7		제5219호 1996.12.30	일부개정
8		제5669호 1999.01.21	일부개정
9		제5835호 1999.02.08	전문개정
10		제5986호 1999.05.24	일부개정
11		제6360호 2001.01.16	전부개정
12		제6585호 2001.12.31	일부개정
13	정보통신망이용촉진 등에관한법률	제6797호 2002.12.18	일부개정
14		제7139호 2004.01.29	일부개정
15		제7142호 2004.01.29	일부개정
16		제7262호 2004.12.30	일부개정
17		제7796호 2005.12.29	일부개정
18		제7812호 2005.12.30	일부개정
19		제7917호 2006.03.24	일부개정
20		제8030호 2006.10.04	일부개정
21		제8031호 2006.10.04	일부개정
22		제8289호 2007.01.26	일부개정
23		제8486호 2007.05.25	일부개정
24		제8778호 2007.12.21	일부개정
25		제8852호 2008.02.29	일부개정
26		제8867호 2008.02.29	일부개정
27		제9119호 2008.06.13	일부개정
28	정보통신망이용촉진 등에관한법률	제9637호 2009.04.22	일부개정
29		제10138호 2010.03.17	일부개정
30		제10165호 2010.03.22	일부개정
31		제10166호 2010.03.22	타법개정
32		제10465호 2011.03.29	타법개정
33		제10560호 2011.04.05	일부개정
34		제11048호 2011.09.15	타법개정
35		제11322호 2012.02.17	일부개정
36		제11690호 2013.03.23	일부개정

[전문개정]

※ 개정이유

정보통신망을 통하여 수집 · 처리 · 보관 · 유통되는 개인정보의 오 · 남용에 대비하여 개인정보에 대한 보호규정을 신설하고, 수신자의 의사에 반하여 광고성 정보를 전송하는 행위를 금지하며, 한국전산원의 설립에 관한 사항등을 정보화촉진기본법으로 이관하는 등 정보화촉진기본법과의 관계를 재정비하는 한편, 현행 제도의 운영상 나타난 일부 미비점을 개선 · 보완하려는 것임.

※ 주요내용

가. 전산망 보급확장사업이 정보화촉진기본법에 의한 정보화사업으로 전환되어 추진되고, 개인정보의 보호에 관한 제도가 신설됨에 따라 법률의 명칭을 정보통신망이용촉진등에관한 법률로 변경함(법제명).

나. 정부는 정보통신망을 통하여 유통되는 정보내용물과 정보통신망을 활용하여 업무를 효율화하는 정보통신망응용서비스의 개발을 촉진하기 위하여 자금 및 기술등을 지원할 수 있도록 함으로써 정보통신망 이용의 활성화를 도모함(법 제8조 및 제9조).

다. 정보통신서비스제공자가 정보통신서비스이용자의 개인정보를 수집하는 경우에는 그 이용자의 동의를 받도록 하고, 수집된 개인정보의 목적외 이용 및 제3자에의 제공을 제한하며, 정보통신서비스이용자에게 자신의 개인정보에 대한 열람 및 오류 정정권을 부여함으로써 개인의 사생활을 보호하도록 함

(법 제16조 내지 제18조).

라. 무분별한 광고성 정보의 유통을 방지하기 위하여 수신자의 의사에 반하여 영리목적의 광고성 정보를 전송하는 행위를 금지함(법 제19조제2항). (출처 : 정보통신망이용촉진등에관한법률 제05835호 19990208 전문개정)

(3) 개인정보보호법

제4장 개인정보의 안전한 관리

연혁정보보기 제29조 (안전조치의무)

연혁정보보기 제30조 (개인정보 처리방침의 수립 및 공개)

연혁정보보기 제31조 (개인정보 보호책임자의 지정)

연혁정보보기 제32조 (개인정보파일의 등록 및 공개)

연혁정보보기 제33조 (개인정보 영향평가)

연혁정보보기 제34조 (개인정보 유출 통지 등)

개인정보보호법 제10465호 2011.03.29. 제정(출처 : 개인정보 보호법 제11690호 2013.3.23 일부개정)

(4) 위치정보의 보호 및 이용 등에 관한 법률

1	제7372호 2005.01.27	제정
2	제8002호 2006.09.27	일부개정
3	제8367호 2007.04.11	일부개정
4	제8486호 2007.05.25	일부개정
5	제9481호 2009.03.13	일부개정

6	제9483호 2009.03.13	일부개정
7	제10137호 2010.03.17	일부개정
8	제10166호 2010.03.22	일부개정
9	제10517호 2011.03.30	일부개정
10	제11423호 2012.05.14	일부개정
11	제11690호 2013.03.23	일부개정
12	제11717호 2013.03.23	일부개정

제3장 위치정보의 보호

제1절 통칙

연혁정보보기 제15조 (위치정보의 수집 등의 금지)

연혁정보보기 제16조 (위치정보의 보호조치 등)

연혁정보보기 제17조 (위치정보의 누설 등의 금지)

제2절 개인위치정보의 보호

연혁정보보기 제18조 (개인위치정보의 수집)

연혁정보보기 제19조 (개인위치정보의 이용 또는 제공)

연혁정보보기 제20조 (위치정보사업자의 개인위치정보 제공 등)

연혁정보보기 제21조 (개인위치정보 등의 이용·제공의 제한 등)

연혁정보보기 제22조 (사업의 양도 등의 통지)

연혁정보보기 제23조 (개인위치정보의 파기 등)

연혁정보보기 제24조 (개인위치정보주체의 권리 등)

연혁정보보기 제25조 (법정대리인의 권리)

연혁정보보기 제26조 (8세 이하의 아동등의 보호를 위한 위치정보 이용)

연혁정보보기 제27조 (손해배상)

연혁정보보기 제28조 (분쟁의 조정 등)

(출처 : 위치정보의 보호 및 이용 등에 관한 법률 제11717호 2013.3.23)

(5) 정보통신기반 보호법

1	제6383호 2001.01.26	제정
2	제6796호 2002.12.18	일부개정
3	제7428호 2005.03.31	일부개정
4	제8777호 2007.12.21	일부개정
5	제8852호 2008.02.29	일부개정
6	제9708호 2009.05.22	일부개정
7	제11690호 2013.03.23	타법개정

제4장 주요정보통신기반시설의 보호 및 침해사고의 대응

제10조(보호지침)

제11조(보호조치 명령 등)

제12조(주요정보통신기반시설 침해행위 등의 금지)

제13조(침해사고의 통지)

제14조(복구조치)

제15조(대책본부의 구성등)

제16조(정보공유ㆍ분석센터)

(출처 : 정보통신기반 보호법 제11690호 2013.03.23 타법개정)

[전부개정]

※ 개정이유

국가 성장동력의 양대 핵심 축인 과학기술과 정보통신기술을 창조경제의 원천으로 활용하여 경제부흥을 뒷받침할 수 있도록 정부조직체계를 재설계하고, 국민생활 전반에 영향을 미치는 안전 관련 업무 기능을 강화하여 국민의 안전을 최우선으로 하는 정부를 구현하는 한편, 각 행정기관 고유의 전문성을 강화하여 행정환경의 변화에 능동적으로 대처할 수 있도록 하는 등 창조적이고 유능한 정부를 구현할 수 있도록 정부기능을 재배치하려는 것임.

※ 주요내용

가. 대통령의 국가 위기상황 관리기능을 효과적으로 보좌하기 위하여 대통령 밑에 국가안보실을 신설함(안 제15조).

나. 대통령실·국무총리실 및 특임장관으로 분산되었던 정무기능 수행체계를 효율적으로 개편하기 위하여 특임장관을 폐지함.

다. 금융위기 등 급변하는 대내외 경제 환경에 체계적으로 대응하기 위하여 경제분야 정책을 총괄、조정하는 경제부총리제를 도입함(안 제19조).

라. 국무총리의 정책조정 기능을 강화하여 책임총리제를 뒷받침할 수 있도록 국무총리실을 국무조정실과 국무총리비서실로 확대·개편함(안 제20조 및 제21조).

마. 국민생활의 안전을 위하여 식품 및 의약품 안전관리체계를 국무총리 소속의 식품의약품안전처로 일원화함(안 제25조).

바. 과학기술과 정보통신기술 발전을 통하여 일자리를 창출하고, 경제부흥의 기반을 마련할 수 있도록 미래창조과학부를 신설하고, 그 소관업무를 과학기술정책의 수립 · 총괄 · 조정 · 평가, 과학기술의 연구개발 · 협력 · 진흥, 과학기술인력 양성, 원자력 연구 · 개발 · 생산 · 이용, 국가정보화 기획 · 정보보호 · 정보문화, 방송 · 통신의 융합 · 진흥 및 전파관리, 정보통신산업, 우편 · 우편환 및 우편대체에 관한 사무로 하며, 교육과학기술부는 교육부로 개편함(안 제28조 및 제29조).

사. 통상교섭의 전문성을 강화하고 국내산업의 대외경쟁력을 제고하기 위하여 외교통상부의 통상교섭 기능을 지식경제부로 이관하고, 그 명칭을 산업통상자원부로 개편함(안 제30조 및 제37조).

아. 국민행복의 필수조건인 국민생활 안전을 책임지는 안전관리 총괄부처로서의 위상과 기능을 강화하기 위하여 행정안전부를 안전행정부로 개편함(안 제34조).

자. 동북아 해양환경 변화에 능동적으로 대응하고 해양 · 항만정책과 수산정책의 상호 연계를 통해 해양기능의 융합효과를 제고하기 위하여 해양수산부를 신설하고, 농림수산식품부 및 국토해양부를 각각 농림축산식품부 및 국토교통부로 개편함(안 제36조 · 제42조 및 제43조).

차. 창의와 혁신을 기반으로 하는 다양한 창조기업의 육성 · 지원 강화를 위하여 중소기업청의 업무영역을 확대함(안 제37조제3항).

(출처 : 정보통신기반 보호법 제11690호 20130323 타법개정)

〈인터넷 보안 관련사례〉

사례 1) 10.26 디도스 공격사건

서울시장 보궐선거일인 2011년 10월 26일, 중앙선거관리위원회 홈페이지가 디도스(DDoS, 분산서비스거부) 공격을 받은 사건이다. 당시 시민들은 중앙선관위 홈페이지에서 투표소를 확인하려 했지만 오전 6시 15분부터 8시 32분까지 접속하지 못했고, 디도스 공격은 오전 9시 이후에 중단됐다. 시민들은 소셜네트워크서비스(SNS)를 통해 지역별 투표소 정보를 공유하며 투표소를 찾아가야 했고, 투표소 위치 변경으로 인한 혼선과 맞물리면서 디도스 공격이 투표방해를 하려는 것이 아니었냐는 의혹을 낳았다. 또한 선거 당일 박원순 후보 홈페이지인 원순닷컴에도 새벽 1시 47분~1시 59분까지, 오전 5시 50분~6시 52분까지 각각 2차례에 걸쳐 디도스 공격이 이어졌다. 경찰은 12월 8일, 10·26 재·보선 당일 중앙선거관리위원회와 박원순 후보 홈페이지에 대해 발생한 디도스 공격이 한나라당 최구식 의원실 비서 공 모 씨의 단독 범행이라는 자백을 받았다며, 수사 결과를 발표했다. 한편 이번 사건과 관련해 최구식 의원은 12월 4일, 당직을 자진 사퇴했다. 한편, 10·26 선관위 디도스 공격에 대한 배후 논란이 계속되자, 정부는 2012년 2월, 10·26 디도스 공격 진상 규명을 위한 디도스 특검법 제정 공포안을 심의, 의결하였다. 다만, 사건 은폐 의혹을 받았던 김효재 당시 청와대 정무수석에 대해 수사기밀 누설 혐의만 적용하여 재판에 넘겨졌고, 이 외 4명을 추가 기소하는 데에서 수사가 마무리되었다.(KBS 뉴스 2011.12.09 참조)

사례 2) 신상 털린 시민들 "주민번호 바꿔달라"

최근 대규모 개인정보가 유출된 '네이트·싸이월드 해킹 사건' 이후 개인정보 도용에 대한 시민들의 불안이 끊이지 않고 있다. 특히 개인정보 유출을 우려한 시민들의 주민등록번호 변경 요구가 빗발치고 있으나 행정기관이 불가 입장을 밝히면서 향후 반발이 예상된다. 통상적으로 주민등록번호는 주민등록법에 따라 가족관계등록부상 기재된 생년월일이 실제와 다른 때나 성별이 바뀐 경우 변경이 가능하다. 변경은 법원 판결을 통해 가족관계등록부 변경 절차 등을 거쳐 가능하며 출생착오나 누락관련 입증자료를 제출해야 한다. 그러나 대한민국의 경우 주민등록번호가 개인을 증명하는 가장 중요한 기준이기 때문에 변경이 쉽지 않다. 하지만 몇년새 유명 포털이나 쇼핑몰의 개인정보유출 사고가 잇따르면서 주민등록번호 도용에 대한 불안감이 커지고 있다. 실제 2006년 리니지 120만 명, 2008년 옥션 1081명, 지난해 신세계 계열 2000만 건, 올해 SK커뮤니케이션즈 3500만 명 등 개인정보유출 규모가 갈수록 대량화되는 추세다. 또 행정안전부가 최근 공개한 주민등록번호 변경 현황을 봐도 2007년 1만 6720건, 2008년 4만 8190건, 2009년 2만 530건, 2010년 1만 2823건 등 한해 평균 1만6000여 건의 주민번호가 변경되고 있다.(충청투데이 2011.08.24 참조)

9_ 사이버 일탈과 엽기문화

1. 정보화 시대 문화 욕구와 일탈

1) 사이버 문화와 사이버 관계

정보화 시대를 맞아 생겨난 문화 욕구는 사이버 문화 속에서 생성된 사회 구성원들의 관계에서 유발된 것이다. 따라서 사이버 문화 욕구를 이해하기 위해서는 먼저 사이버 문화 속 사이버 사회 구성원들끼리의 관계들을 이해할 필요가 있을 것이다. 사이버 사회는 네트워크형 조직이다. 네트워크형 조직은 과거 산업 사회에서 형성된 수직적 위계조직이 아니다. 네트워크형 조직은 각 구성원들이 서로 간에 대등하게 연결된 수평적이고 분권화된 조직이다. 따라서 사이버 사회, 사이버 문화는 네트워크형 조직으로 하향전달식이 아니라 쌍방향적인 상호작용을 통한 서로의 관계 유지가 중요한 사회라 하겠다.

사이버 사회, 사이버 문화는 참여적 민주주의 가치관이 확산된 사회이다. 누구나 자유롭게 의사표현을 할 수 있고, 서로의 관심과 욕구를 표출할 수 있으며, 비록 소수 의견이라 하더라도 얼마든지 사회적 이슈로 부각될 수도 있다. 과거 산업사회는 상대적으로 오늘날에 비해 정치적으로 권력집단이나 엘리트집단의 정치적 관심과 욕구가 더 우세하고, 다수의 의견이 지배적이었기 때문에 소수 의견이 사회적 이슈로 확산되기가 쉽지 않았다. 그러나 오늘날에는 누구나 자신의 의견을 가상공간에서 쉽게 표출할 수 있게 되었고, 이것이 이슈화되기도 한다.

사이버 사회, 사이버 문화에서는 상대적 가치관이 자리 잡게 되었다. 다원성과 다양성을 인정하며 관용과 포용의 가치를 지향하게 되면서 가치관은 유연하고 상대적인 개념이 더욱 중요해졌다.

또 사이버 사회는 감성적 인간주의 가치관을 지향하고 있다. 산업사회는 합리적 이성의 가치가 중요했다면 정보사회는 인간적 감성의 가치가 중요해진 것이다.

2) 사이버 문화와 문화욕구

원래 문화란 사람들이 공유하고 있는 생활양식의 총체를 말한다. 즉, 사이버 문화는 가상공간에서 일어나는 유, 무형의 생활양식의 총체라 하겠다. 그런데 사이버 문화는 최근 인터넷, 정보통신기술의 발전으로 인해 문화체계의 변화가 급속도로 진행되고 있다. 앞서 언급하였듯이 사이버 문화는 사이버 사회의 다양한 속성들로 인해 기존의 문화체계에 많은 변화가 생기게 되었는데, 네트워크형 조직과 참여적 민주주의 가치관, 유연한 상대적 가치관, 감성적 인간적 가치관으로의 변화가 일어난 것이다.

특히 사이버 문화는 유연한 상대적 가치관으로 인해 다원적 가치를 지향하는 개방적 사회 환경이므로 이질적인 요소 간의 자유로운 결합을 허용한다. 따라서 각각의 문화적 행위 주체로서 사회 구성원들은 그들의 이질적인 사고방식을 자유롭게, 또 유연하게 결합시킬 수 있게 되었다. 이러한 구성적 사고방식은 사회 구성원으로서의 개인으로 하여금 주관적 판단이나 동기에 따라 매우 폭넓게 행동할 수 있도록 해 줌으로서 '무엇이든 가능하다'는 식의 임의적 행동양식을 갖게 해준다. 따라서 사이버 문화는 문화적 행위 주체로서 사회 구성원들이 구성적 사고방식과 임의적 행동양식에 따르게 되는 개방적 환경 속에서 일탈적 사고와 일탈적 행동이 빈번해질 수 있는 또 다른 면을 내포하고 있다 하겠다(Poster, 1990/1994).

3) 사이버 문화욕구와 일탈

사이버 문화가 사회 구성원들로 하여금 구성적 사고방식과 임의적 행동에 따르도록 했다면, 인터넷 매체가 갖고 있는 속성들은 이를 더 부추기는 요인이기도 하다. 예를 들어 인터넷의 접속성과 익명성, 탈공간성, 가상성, 초현실성 등은 사이버 문화 주체들로 하여금 구성적 사고방식과 임의적 행동을 표출하도록 한 촉매제이기도 하다. 인터넷은 시공간의 제약 없이 언제 어디서나 접속이 가능하다. 더구나 자신이 누구인지 밝히지 않고도 활동할 수 있으며, 심지어 자기와 전혀 닮지 않은 무한한 존재들이 생겼다 사라질 수도 있고, 마음껏 활동할 수 있으며, 물리적 거리와도 무관하고, 또 물리적인 실체를 갖고 있지 않기 때문에 가상적이고 초현실적인 사이버 문화 주체들로서 활동할 수 있는 것이다. 그러나 이러한 속성들은 일탈적 문화욕구를 동반하며, 사이버공간은 현실세계와 달리 제재가 약하므로 사이버 문화구성원들로 하여금 일탈적 행위를 하도록 부추길 가능성이 더욱 커진 것이다(이수범, 2003).

2. 정보화 시대 일탈과 규제의 개념 및 유형

1) 일탈과 제재

(1) 일탈의 개념

일탈이란 공동체에서 많은 사람들에 의해 받아들여지는, 규범에 순응하지 않는 행위를 말한다. 일탈적 행동은 개인들의 행위뿐만 아니라 집단의 행위까지도 포함하는데, 이러한 행위들이 공동의 규범에서 벗어나 공동체 유지에 위협이 된다고 보는 부정적인 측면에서의 의미가 일반적인 일탈 개념이다.

그러나 일탈이라고 해서 항상 부정적인 의미에서만 개념 정의가 내려지는 것은 아니다. 긍정적인 측면에서 일탈을 본다면, 공동체에서 많은 사람들에 의해 받아들여지는 규범에는 순응하지 않으나 공동의 규범과 맞지 않은 만큼 보다 발전적인 방향으로 사고하고 행동하는 것일 수 있고, 또 이러한 시도는 개인 차원의 도전, 개선만이 아니라 사회적 차원에서도 개혁, 발전으로 변할 수 있다.

(2) 일탈에 대한 제재

이처럼 일탈의 개념에는 부정적인 의미뿐 아니라 긍정적인 의미도 있으므로 일관되게 규정짓기가 쉽지 않듯이 일탈 행위에 대해서도 어떤 것이 일탈적 행위인지 아닌지에 대한 보편적 기준을 정하기가 어렵다. 일탈행위란 사회의 질서와 규범에 얼마나 따르는 것인가 하는 문제인데, 한 사회의 질서는 변화하고, 또 이에 따라 행동의 허용 한계도 변화하기 때문에 어떤 행위는 일탈 행위로 간주되기도 하고 어떤 행위는 용인되기도 하는 것이다.

결국 사회 질서와 규범에 따라 허용 한계를 두고, 그 기준에 따라 일탈 행위에 대해 제재를 가하게 되는데, 제재란 주어진 규범들이 확실하게 받아들여지게 하는 것을 목적으로 하는 개인 혹은 집단의 행동에 대한 타인으로부터의 반응을 말한다. 제재에는 공식적인 제재와 비공식적인 제재가 있다. 공식적인 제재는 특정한 규범이 지켜지도록 하는 업무를 담당하는 사람들이나 기관이 있는 곳에서 수행하는 것이며, 비공식적 제재는 덜 조직적이고 좀 더 자생적인 반응을 가져온다.

제재의 유형으로는 두 가지, 비웃음과 추방을 고려해볼 수 있다. 비웃음이라 하더라도 가벼운 제재는 아니다. 인간은 사회적 존재로서 누구나 인정받고 그 사회에 속하고 싶어한다. 그러한 이유에서 사람들은 대세를 따르게 되고, 여론을 좇아가게 되고, 규범을 따르게 되고, 어긋나지 않으려고 노력하게 된다. 즉, 관습이나 도덕규범에 순응하는 이유는 규범에서 어긋나 다르게 취급받는 것을 원하지 않기 때문이다. 또 동료들이 인정하지 않고 승인하지 않는 분위기를 원하지 않기 때문이다. 따라서 비웃음이란 결코 가벼운 제재가 아니다. 추방은 비웃음보다 더 강력한 제재 방법인데, 누구도 자신이 속한 집단으로부터 추방당하길 원하지 않으므로 강력한 제재 유형이 될 수 있다(정찬모, 2003).

2) 규제의 개념 및 유형

규제란 조직의 구성원이 특정 상황에서 일정한 행위를 하도록 명하는 일반 명제에 해당한다. 사회화 등에 의한 내적 규제와 사회 통제 등에 의한 외적 규제로 이루어진다. 규제는 규범을 유지시키기 위한 모든 통제방식, 즉 관습과 도덕, 법을 포함하는 광의의 기준이다. 구체적으로 규제는 시민들이나 기업 활동을 제한하는 입법부, 행정부 등에 의해 형성된 일련의 유인책으로, 즉 특정한 종류의 유인 메카니즘으로서 작용한다.

규제의 유형은 크게 내적 규제와 외적 규제 측면으로 구분되는데, 이용자와 정부, 사업자 세 축을 중심으로 규제 유형을 나눠볼 수 있다. 즉 자기 규제와 사업자 자율규제, 공적 규제, 공동 규제로 나뉘는데, 이용자를 더 중심축으로 한다면 자기 규제가, 사업자가 더 중심축이 된다면 사업자 자율규제가, 정부가 더 중심축이 된다면 공적 규제가 될 것이며, 세 축이 모두 중심축이 된다면 공동 규제가 된다. 먼저 자기 규제는 이용자 스스로에 의한, 이용자 조직에 의한 규제를 말한다. 사업자 자율규제는 사업자가 주도적으로 규범을 제정하는데 관여하고 구성원들에게 적용하며, 집행하는 등 스스로 규제하는 것을 말한다. 공적 규제는 정부가 주도적으로 공익과 사회 유지를 위해 규범을 제정하고 구성원들에게 적용하고 집행하는 규제를 말한다. 공동 규제는 정부와 사업자, 이용자 모두 규범을 제정하고 또 이를 준수하기 위해 각자의 역할을 하는 규제를 말한다.

규제의 유형은 크게 네 가지 형태로 나눠지지만 사이버 공동체에 대한 규제는 사실상 공적 규제가 어려운 것이 현실이다. 비용면에서나 효율성면에서나 또 법적인 측면에서나 모두 그러하다. 공적 규제가 되려면 규제 비용이 많이 들기 때문이다. 비용이 많이 드는데도 불구하고 공적 규제의 효율성은 상대적으로 더 떨어진다는 것이 단점이고, 법적으로도 헌법상 보호되는 법익과 충돌할 우려가 있으므로 사이버 공동체는 기본적으로 이용자를 중심으로 한 자율 규제가 더 적합하기 때문이기도 하다. 인터넷 매체의 속성 상 사적 자치에 의한 쌍방향 커뮤니케이션 매체의 특성이 있기 때문에, 자율규제의 중요성이 더 대두될 수밖에 없다. 인터넷 매체 기술과 기능이 지속적으로 변화하고 확장되고 있는데 이것을 사업자 규제나 공적 규제에 맡기는 것은 엄청난 비용이 들 수 있고, 내용면에서도 일일이 규제하기가 불가능하다. 따라서 자율규제에 맡기면 인터넷 매체의 변화와 확장에 따른 규제문제를 유연하게 대처할 수 있을 것이다. 또 정부의 법적 강제라는 부담을 최소화할 수 있다. 뿐만 아니라 이용자를 보호하면서 동시에 사업자와 정부에게는 산업발전이라는 정책 목표를 달성하는데 적절한 규제 방식으로 적용할 수 있으며, 사업자나 정부의 사회적 신뢰성을 제고해줄 것이다. 또 이용자는 규제 주체가 되기도 하므로 이용자의 지위가 강화된다고 볼 수 있다(김신·이희정, 2004).

3. 사이버 일탈 및 엽기문화의 특성과 유형

1) 사이버 일탈의 정의

사이버 일탈은 일탈의 개념, 즉 공동체에서 많은 사람들에 의해 받아들여지는 규범에 순응하지 않고 규범에서 벗어나 공동체 유지에 위협이 될 만한 사고와 행위를 하는 것을 말하는데 기존의 일탈 개념이 사이버 상으로 이어진 것이다. 일탈에 대한 개념 규정을 사이버 일탈로 확장하여 가상공간에서 나타나는 부정적인 의미에서의 규범 위반을 뜻한다. 네티즌들은 그들이 가상공간에서 구축한 일체의 전자적 구성물들, 예를 들어 아바타나 사이트, 게시물 등과 같은 곳에서, 또 네트워크를 대상으로 다양한 일체의 행위를 하게 되는데 이것이 부정적으로 평가될 때 우리는 사이버 일탈이라고 부른다.

그러나 가상공간에서 일어나는 일탈이라고 해서 가볍게 볼 것은 아니다. 현실 세계와 달리 가상공간은 가시적으로 그 일탈 행위가 드러나지 않아 자칫하면 가볍게 생각할 수 있다. 문제는 일탈적 행위의 범위나 폐해 규모가 매우 크다는 점이다. 때로는 가상공간을 매개로 한 일탈 행위가 현실 공간으로 이어져 나타나기도 하도, 네트워크상으로 연결되어 있어 폐해가 전 세계로 퍼지는 것도 순식간에 일어날 수 있는 것이다. 따라서 현실 세계에 나타나고 있는 일탈도 심지어 사이버 일탈의 범주에 포함될 만큼 오늘날 사이버 일탈은 매우 심각한 사회문제가 되고 있다.

2) 사이버 일탈의 특성

사이버 일탈의 특성은 상당 부분 인터넷 매체의 속성에서 비롯되었다. 인터넷 매체는 기존 매체와 달리 익명성, 비대면성이 강하다. 예를 들어 가상공간은 자기가 누구인지 드러내지 않고 커뮤니케이션할 수 있다. 즉, 자신의 이름도 성별도 나이도 직업도 알리지 않은 상태에서 타인과 자유롭게 말하고 행동하는 등 자신의 정체성을 숨기고도 얼마든지 상호작용할 수 있다. 더구나 얼굴을 직접 대면하지 않고 마치 상대방과 면대면 커뮤니케이션을 하는 듯이 커뮤니케이션하기 때문에 내면적인 민감한 내용도 주저 없이 대화할 수 있다. 이처럼 가상공간은 컴퓨터 네트워크를 기반으로 형성되는 비가시적이고 개념적인 가상의 공간에서 모든 행위가 일어나므로 익명적이고 비대면적인 상황에서 사이버 일탈 행위가 더욱 쉽게 일어날 수 있는 것이다. 뿐만 아니라 온라인 커뮤니케이션은 주로 문자 언어를 매개로 하기 때문에 상대방을 보지 않지 않고 대화하는, 비가시적인 상황에서 커뮤니케이션하므로 일탈적 행위가 더욱 용이해질 수밖에 없다.

또한 시공간의 초월성이나 확산의 신속성, 광범위성 등은 사이버 일탈을 촉발하는 강력한 원인이 되기도 한다. 인터넷 매체의 시공간적 초월성으로 인해 사이버 일탈은 누구에게나 일어날 수 있는 일이 되어 버렸다. 기존 매체는 시간적, 공간적 제약이 강하므로 지극히 제한적으로 일탈적 행위가 일어났다면 가상공간은 그러한 제약이 없으므로 사이버 상에서는 누구나 일탈적 행위를 쉽게 할 수 있게 된 것이다. 더구나 사이버 일탈은 빠르고 광범위하게 확산될 수 있다. 지구상의 어디에 있더라도 컴퓨터가 연결되어 있고, 사람이 접속한 곳이라면 순식간에 퍼질 수 있기 때문이다.

그러나 바이러스 제작이나 유포, 해킹, 메일폭탄, 자살사이트, 폭탄사이트, 청부살인사이트 등 반사회적 사이트를 운영하는 등의 사이버 일탈 행위는 컴퓨터와 인터넷에 대한 전문적인 지식과 기술이 필요하므로 누구에게나 사이버 일탈이 일어날 수는 있지만 전문적인 지식과 기술이 요구되는 부분이 있기도 하다.

3) 사이버 일탈의 유형

사이버 일탈의 유형은 크게 세 가지 형태로 살펴볼 수 있다. 현실공간에서의 일탈 행동이 가상공간으로 옮긴 경우와 가상공간에서 새롭게 나타난 경우, 가상공간에서만 나타나는 경우이다. 먼저 현실공간에서의 일탈 행동이 가상공간으로 옮긴 경우는 예를 들어 사이버 도박이나 사이버 명예훼손, 사이버 성희롱, 사이버 매매춘, 인터넷 음란물 유포, 사이버 사기, 사이버 스토킹, 사생활 침해, 게시물이나 홈페이지의 무단 복제 등과 같은 것으로 기존 현실공간에서도 지속적으로 나타났던 일탈 행동들이다. 이것이 다만 가상공간으로 옮겨갔을 뿐 기존의 일탈 행동과 크게 다를 바는 없다. 그러나 가상공간에서는 더 대담해지고, 더 자주, 그리고 죄의식도 없이 마구 일어나고 있다는 점이 심각하다.

둘째, 가상공간에서 새롭게 나타난 일탈 행동은 예를 들어 해킹, 바이러스 제작 및 유포, 메일 폭탄, 개인 신용정보 도용, 인터넷 중독, 자살사이트나 폭탄사이트 등과 같은 반사회적 사이트를 통한 일탈 들이다. 과거에는 없었던 유형들로서 가상공간에서 새롭게 나타난 일탈적 행동들이다. 특히 자살 사이트는 자살 방법을 서로 공유하고, 실제로 함께 자살을 시도하는 등 현실 공간으로까지 반사회적 행동이 이어져 사회적으로 엄청난 물의를 빚고 있다. 폭탄 사이트 역시 인터넷을 통해 폭탄 제조방법을 공개하고 실제로 폭탄을 만들어 사람을 다치게 했던 사건도 나타나 심각한 범죄로 이어지고 있다. 메일 폭탄은 컴퓨터 프로그램을 통해서 방대한 양의 메일을 무제한적으로 계속 발송하여 수신자의 메일 서버의 처리 능력의 한계를 넘어서게 함으로서 시스템을 다운시키는 행위이다. 상대방의 컴퓨터 시스템에 어떤 장애가 있을 것인지 알고 고의적으로 저지르는 일탈 행동으로 컴퓨터 바이러스와 스팸 메일의 중간 형태로 볼 수 있다.

셋째, 가상공간에서만 일어나는 일탈 행동은 예를 들어 플레이밍, 스팸메일, 도배, 도메인이나 사이버 캐릭터에 대한 사이버 절도 등을 들 수 있는데, 현실 공간에서는 일어나지 않고 다만 가상공간에서만 일어날 수 있는 일탈적 행동들이다. 오늘날에는 가상공간에서만 일어나는 이러한 일탈적 행동들도 지속적으로 늘어나고 있어 이에 대한 윤리적 고찰과 제재방법에 대한 논의가 필요한 실정이다(이수범, 2003).

4. 사이버 일탈 및 엽기문화의 윤리적 문제

1) 가상공간의 기술적 속성에 관한 윤리적 문제

가상공간은 익명성을 기반으로 하고 있다. 익명적 상황은 행위 기준의 단서가 부족할 수 밖에 없다. 상대방을 알 수 없는 익명적 상황은 규범 준수에 대한 의지를 약화시키고, 개인의 행위 선택에도 혼란스러운 경험을 하게 된다. 또 가상공간은 최소한의 비공식적인 제재만 취할 수 있으므로 사회적 통제가 약화될 수밖에 없다. 더구나 가상공간은 범죄 억제 효과가 약하다. 처벌의 엄격성이나 신속성, 확실성이 제한적이기 때문이다. 범법 행위에 대해 매우 엄중한 처벌을 내릴 수 있다면, 또 범법 행위가 일어난 뒤 최대한 빠른 시간 내 처벌이 집행될 수 있다면, 범법 행위가 있으면 반드시 처벌을 받게 된다면 사이버 일탈이 줄어들 수 있겠지만 가상공간은 범죄를 억제하는 이러한 엄격성이나 신속성, 확실성이 현실세계보다 더 약하기 때문에 갈수록 사이버 일탈이 늘어나고 있는 것이다. 반면 가상공간의 기술적 속성을 무시하고 사이버 일탈을 줄이기 위해 범죄 억제 효과를 최대한 늘릴 수 있도록 해야 하는가에 대해서는 윤리적인 논란이 일 수 있다.

2) 가상공간의 유통 콘텐츠에 관한 윤리적 문제

인터넷을 통해 유통되는 음란물, 폭력물 등은 현실공간과 달리 손쉽게 접할 수 있다는 점에서 문제가 된다. 또 음란물이나 폭력물 등에 한번 노출이 되면 점점 더 자극적인 것을 추구하게 되고, 결국 사람들의 규범의식이 약화된다는 점에서 문제가 된다. 결국 사람들은 약화된 규범의식으로 인해 사이버 상의 일탈 행동을 자연스럽게 저지르게 된다. 반사회적인 사이트나 채팅방, 뉴스 그룹, 게시판 등을 통해 일탈 행동에 대한 직접적인 정보를 교환하면서 이들의 일탈 행동이 더욱 촉발될 수 있다.

반면 또 다른 측면에서 문제가 제기되었다. 첫째, 음란물이나 폭력물의 양이 유용한 정보의 양을 초과하고 있는가하는 것이다. 인터넷을 통해 유통되는 수많은 다양한 정보들이 모두 음란물이나 폭력물은 아니라는 지적이다. 아무리 음란물과 폭력물의 양이 늘어나고는 있지만 정보의 홍수 속에 유용한 정보도 있으며, 유용한 정보가 오히려 음란물이나 폭력물의 양보다 더 많다는 것이다. 그렇다면 유용한 정보를 접하도록 인터넷 교육이 필요한 부분이지 음란물이나 폭력물이 유통된다고 해서 모든 콘텐츠 유통에 제재를 가한다면 이것은 오히려 더 큰 윤리적 문제를 낳게 된다고 보는 입장이다.

둘째, 음란물의 지속적인 접촉이 과연 규범의식을 실제적으로 약화시켰는가하는 것이다. 음란물을 지속적으로 접촉하면 사람들의 의식을 마비시키고, 규범의식을 갖지 못하도록 한다는 것인데 이러한 결과를 입증하는 연구들은 매우 미흡한 실정이다. 만약 음성적인 유통 콘텐츠, 즉 음란물이나 폭력물의 노출이 이용자의 윤리의식, 규범의식을 마비시켰고 이에 대해 제재가 필요하다면 반드시 그러한 결과에 대한 입증 자료와 연구들이 있어야만 제재 근거를 마련할 수 있다고 보는 입장이다.

셋째, 실제 원인은 가상공간이 아니라 현실공간에서 있었던 것은 아닌가하는 것이다. 인터넷을 통해 유통되는 음란물이나 폭력물과 같은 콘텐츠 때문에 사이버 일탈, 일탈적 행동이 유발되는 것이 아니라 오히려 실제 원인은 현실공간에서 이미 있었던 것은 아닌가라는 문제가 제기되었다. 즉, 사이버 일탈 행동을 하는 콘텐츠 이용자는 이미 현실 공간에서도 일탈적 사고와 행동을 갖고 있었던 것이지 사이버 상에서 문제의 콘텐츠에 노출되어서 그렇게 된 것은 아니라는 입장이다.

3) 인터넷 이용자의 상황에 대한 윤리적 문제

인터넷 이용자의 상황이 사이버 일탈에도 영향을 미칠 수 있다. 즉, 인터넷 이용자가 어떠한 상황에 있는가에 따라, 또 상황에 대해 어떻게 판단하는가에 따라 이들의 행위가 달라진다 하겠다. 상징적 상호작용론에 따르면 사람들의 인식은 행위를 수반하며, 인식에 따라 행위의 양태가 변할 수 있다. 즉, 사람들은 상호 작용을 통해 자기가 현재 처한 상황에 대한 나름대로의 정의를 내리고 거기에 맞는 행위를 선택하게 된다는 것이다. 그러므로 네티즌들이 상호 작용을 통해 가상공간을 어떤 공간으로 인식하느냐에 따라 그들의 행위의 양태가 변화할 수 있다. 예를 들어 가상공간을 도구합리적인 공식적 공간으로 인식한다면, 네티즌들은 인터넷을 정보의 바다로 인식하고 인터넷에서 정보검색 등 정보추구 행위를 하게 된다. 또 가상공간을 전자 민주주의의 실현공간으로 인식한다면, 이때 네티즌들은 인터넷을 정치적 의견을 주고받고 의견을 개진하기 위해 토론을 벌이는 공간으로 인식하며, 인터넷은 공론장 기능을 하게 될 것이다. 만약 가상공간을 커뮤니티의 활동 공간으로 인식한다면 네티즌들은 인터넷을 공동체를 위한 커뮤니티 형성과 활동을 위해 이용할 것이다. 또 가상공간을 기능적 공간으로 인식한다면 네티즌들은 인터넷을 전자정부나 전자상거래 등 기능적으로 활용할 것이며, 가상공간을 욕구 충족의 공간으로 인식한다면 인터넷을 유희적으로 이용할 것이다. 그러나 문제는 인터넷을 유희적 공간으로 인식할 때 인데, 자신의 억제된 욕구를 분출시키고 감정이 절제되지 않은 행동이 인터넷에서 용인된다고 생각한다면 네티즌들은 현실공간과 다르게 가상공간에서는 느슨한 행위규범을 가지고 행동하게 될 것이다. 규범의식이 약한 상태에서 사이버공간을 놀이공간으로, 인터넷을 유희적으로 이용하게 됨으로서 사이버 일탈과 엽기 행위를 범죄라기보다 장난으로 생각하게 될 가능성이 높아진다. 따라서 인터넷 이용자들이 가상공간을 업무공간으로 보느냐, 놀이공간으로 보느냐에 따라 행위규범과 행위양식이 달라질 수 있기 때문에 인터넷 이용자들이 가상공간을 어떻게 인식하느냐는 매우 중요한 문제이다.

4) 사이버 일탈과 엽기의 통제와 윤리적 지향점

사이버 일탈과 엽기문화를 통제하기 위해서는 기본적으로 바람직한 행위 규범이 필요하다. 가장 효과적인 통제방법은 규범을 내면화함으로 자기 규제를 하는 것이다. 사이버 이용자들이 내면의 규범의식과 행위규범을 명확히 가지고 있다면 또 스스로 자기 규제를 한다면 사이버 일탈과 엽기문화는 윤리적으로 제한이 될 것이다. 특히 사이버 행위에 대해서 공적 규제는 비용과 효과면에서도 문제가 되지만 적용에 있어서 제약이 많으므로 오히려 자기 규제를 위한 바람직한 행위 규범을 만드는데 보다 적극적인 노력을 기울여야 할 것이다.

또 이용자들의 가상공간에 대한 바람직한 인식이 필요하다. 앞서 언급하였듯이 가상공간을 혼자서 컴퓨터 속 세상을 들여다보는 사적 공간으로서가 아니라 사이버 공동체, 커뮤니티를 형성하는 무수한 사람들이 함께 살아가고 있는 공간으로 인식해야 할 것이다. 그렇다면 이용자들은 서로가 함께 공동체를 구성해가는 사회 구성원들로서 서로를 존중해 주어야 한다는 당위가 성립할 것이며, 그 속에서 바람직한 행위 규범이 만들어질 수 있을 것이다. 가상공간이 사이버 공동체로서 자리 잡기 위해서는 무엇보다 행위자 개개인의 책임이 중요하다. 가상공간은 현실공간보다 훨씬 역동적이고 과정적이다. 따라서 서로간의 사고와 행동, 커뮤니케이션 활동에 대해 개개인은 더욱 적극적이고 책임 있게 행동해야 한다(이수범, 2003).

〈사이버 일탈과 엽기문화 관련법〉

(1) 정보통신망 이용촉진 및 정보보호 등에 관한 법률

[시행 2012.8.18.] [법률 제11322호, 2012.2.17., 일부개정]

제44조의7(불법정보의 유통금지 등) ① 누구든지 정보통신망을 통하여 다음 각 호의 어느 하나에 해당하는 정보를 유통하여서는 아니 된다.〈개정 2011.9.15〉

② 방송통신위원회는 제1항제1호부터 제6호까지의 정보에 대하여는 심의위원회의 심의를 거쳐 정보통신서비스 제공자 또는 게시판 관리·운영자로 하여금 그 취급을 거부·정지 또는 제한하도록 명할 수 있다. 다만, 제1항제2호 및 제3호에 따른 정보의 경우에는 해당 정보로 인하여 피해를 받은 자가 구체적으로 밝힌 의사에 반하여 그 취급의 거부·정지 또는 제한을 명할 수 없다.

③ 방송통신위원회는 제1항제7호부터 제9호까지의 정보가 다음 각 호의 모두에 해당하는 경우에는 정보통신서비스 제공자 또는 게시판 관리·운영자에게 해당 정보의 취급을 거부·정지 또는 제한하도록 명하여야 한다.

④ 방송통신위원회는 제2항 및 제3항에 따른 명령의 대상이 되는 정보통신서비스 제공자, 게시판 관리·운영자 또는 해당 이용자에게 미리 의견제출의 기회를 주어야 한다. 다만, 다음 각 호의 어느 하나에 해당하는 경우에는 의견제출의 기회를 주지 아니할 수 있다.[전문개정 2008.6.13]

(2) 아동 · 청소년의 성보호에 관한 법률

제1조(목적) 이 법은 아동·청소년대상 성범죄의 처벌과 절차에 관한 특례를 규정하고 피해아동·청소년을 위한 구제 및 지원절차를 마련하며 아동·청소년대상 성범죄자를 체계적으로 관리함으로써 아동·청소년을 성범죄로부터 보호하고 아동·청소년이 건강한 사회구성원으로 성장할 수 있도록 함을 목적으로 한다.

제2조(정의) 이 법에서 사용하는 용어의 뜻은 다음과 같다.

5. "아동·청소년이용음란물"은 아동·청소년 또는 아동·청소년으로 인식될 수 있는 사람이나 표현물이 등장하여 제4호의 어느 하나에 해당하는 행위를 하거나 그 밖의 성적 행위를 하는 내용을 표현하는 것으로서 필름·비디오물·게임물 또는 컴퓨터나 그 밖의 통신매체를 통한 화상·영상 등의 형태로 된 것을 말한다.

개정 후: 제8조(아동、청소년이용음란물의 제작、배포 등) ① 아동·청소년이용음란물을 제작·수입 또는 수출한 자는 5년 이상의 유기징역에 처한다.

② 영리를 목적으로 아동·청소년이용음란물을 판매·대여·배포하거나 이를 목적으로 소지·운반하거나 공연히 전시 또는 상영한 자는 7년 이하의 징역에 처한다.

③ 자신이 관리하는 정보통신망에서 아동·청소년이용음란물을 발견하기 위하여 대통령령으로 정하는 조치를 취하지 아니하거나 발견된 아동·청소년이용음란물을 즉시 삭제하고, 전송을 방지 또는 중단하는 기술적인 조치를 취하지 아니한 온라인서비스제공자는 3년 이하의 징역 또는 2천만 원 이하의 벌금에 처한다. 다만, 온

라인서비스제공자가 정보통신망에서 아동·청소년이용음란물을 발견하기 위하여 상당한 주의를 게을리하지 아니하였거나 발견된 아동·청소년이용음란물의 전송을 방지하거나 중단시키고자 하였으나 기술적으로 현저히 곤란한 경우에는 그러하지 아니하다. 〈신설 2011.9.15〉

④ 아동·청소년이용음란물을 배포하거나 공연히 전시 또는 상영한 자는 3년 이하의 징역 또는 2천만 원 이하의 벌금에 처한다.〈개정 2011.9.15〉

⑤ 아동·청소년이용음란물을 소지한 자는 2천만 원 이하의 벌금에 처한다.〈개정 2011.9.15〉

⑥ 아동·청소년이용음란물을 제작할 것이라는 정황을 알면서 아동·청소년을 아동·청소년이용음란물의 제작자에게 알선한 자는 1년 이상 10년 이하의 징역에 처한다. 〈개정 2011.9.15〉

⑦ 제1항의 미수범은 처벌한다.〈개정 2011.9.15〉

(3) 형법

제250조(살인, 존속살해) ① 사람을 살해한 자는 사형, 무기 또는 5년 이상의 징역에 처한다.

② 자기 또는 배우자의 직계존속을 살해한 자는 사형, 무기 또는 7년 이상의 징역에 처한다. 〈개정 1995.12.29〉

제252조(촉탁, 승낙에 의한 살인 등)

① 사람의 촉탁 또는 승낙을 받어 그를 살해한 자는 1년 이상 10년 이하의 징역에 처한다.

② 사람을 교사 또는 방조하여 자살하게 한 자도 전항의 형과 같다.

〈사이버 일탈과 엽기문화 관련사례〉

사례 1) '악령'이 저지른 근린 공원의 살인극

김(20)씨는 온라인 게임 '마비노기'를 즐겼다. 박(20)씨도 온라인 게임을 하다 서로 만났으나 이내 위기가 왔다. 여자 친구 박 씨가 이른바 '사령카페'에 가입했기 때문이다. 사령카페는 '사령(죽은 자의 영혼)'을 불러내 악령으로부터 자신을 지키게 하는 방법을 공유하는 곳이다. 카페 탈퇴를 종용하는 김 씨의 말을 박 씨는 듣지 않았다. 그 과정에서 김 씨는 박 씨와 어울리는 다른 사령 카페 회원들과 다투게 되었다. 김 씨는 여자 친구 박 씨를 두고 말다툼을 벌였던 사령 카페 회원들을 만나러 서울 서대문구 창천동 바람산 어린이공원에 갔다. "목적은 '레카'(여자 친구 박 씨의 아이디) 구출. 무력 따위 안 써. 조용히 빼내오는 거야." 김 씨는 카카오톡으로 친구들에게 당시 상황을 생중계했다. "전부 다 왔어. 레카(여자 친구 박 씨의 카페 아이디)도 있어." "레카는 갔어." 저녁 7시59분 김 씨는 친구에게 다시 문자를 보냈다. 무슨 이유에서인지 여자 친구 박 씨가 먼저 공원을 떠났다는 내용이었다. 곧이어 김 씨는 마지막 문자를 남겼다. "점점 골목, 웬지 수상" 그리고 1시간여 뒤, 김 씨는 몸 곳곳을 흉기에 찔려 숨진 채 발견됐다. 서울 서대문경찰서는 "김 씨를 숨지게 한 혐의로 고등학생 이 씨와 홍 씨를 신촌 어느 찜질방에서 붙잡았고, 경기도 의정부 집에 있던 대학생 윤 씨를 추가로 붙잡아 조사하고 있다"고 밝혔다. 숨진 김 씨의 여자 친구 박 씨는 그

동안 용의자 이 씨에게 과외수업을 해왔던 것으로 확인됐다. 대법원은 9일 카카오톡 채팅방에서 말다툼을 벌인 대학생 김 씨를 불러내 흉기로 40여 차례 찔러 숨지게 한 혐의(살인)로 구속 기소된 대학생 윤 씨와 이 씨에 대한 상고심에서 각각 징역 20년을 선고한 원심을 확정했다. 또 범행을 모의하고 묵인한 혐의(살인방조 등)로 구속 기소된 고등학생 홍 씨에게는 장기 12년, 단기 7년의 징역을, 대학생 박 씨에게는 징역 7년을 선고한 원심을 확정했다. (한겨레신문 2012.05.02 참조)

사례 2) 인터넷 카페서 만난 남녀 3명 동반자살

경북 포항시 한 빌라에서 남녀 3명이 함께 숨진 채 발견됐다. SBS 보도에 따르면 경찰은 경북 포항시 남구 대도동 한 빌라의 문을 열고 들어가 한 씨와 구 씨, 전 씨가 숨져 있는 것을 발견했다. 경찰은 이 빌라에 사는 한 씨의 친척으로부터 3개월째 연락이 되지 않는다는 신고를 받아 출동했다. 경찰은 발견 당시 휴대용 가스레인지 위에 연탄이 올려져 있었고 유서가 발견된 점으로 미뤄 이들이 동반자살한 것으로 보고 있다. 유서에는 '인터넷 카페에서 만나 자살을 실행하게 됐다. 세상 살기 어렵다' 등의 내용이 적혀 있었다. 경찰에 따르면 구 씨와 전 씨는 각각 서울과 강원도 영월에 살았던 것으로 알려졌다. 이들은 강원도 등지에서 2차례 자살을 시도했다 실패했고 유서 작성일이 9월8일인 것으로 보아 숨진 지 오래된 것으로 파악하고 있다.(머니투데이 2012.12.01 참조)

10_ 사이버 범죄

1. 사이버 범죄의 개념과 특성

사이버 범죄란 가상공간에서 일어나는 범죄로서 가상공간을 범행의 수단과 대상의 무대로 삼는 현상이다. 가상공간은 현실공간에서보다 그 범죄가 더 복잡하고 심각한 결과를 낳는다. 재산상의 손실이나 신체적 손상이 발생할 수도 있다. 개인의 인격을 훼손하고 자아존중감과 자아정체성을 훼손하는 등 심리적 병폐를 낳을 수도 있다. 특히 사이버 범죄는 접근이 용이하고 재발가능성이 매우 높으며, 범죄를 저지르는 연령층도 갈수록 더 낮아지고 있다는 것이 문제이다. 그럼에도 불구하고 사이버 범죄에 대한 법의 적용은 그 여부가 모호하고, 따라서 사이버 범죄에 대한 인식도 낮아 현실공간에서 일어나는 범죄와 달리 실질적인 범죄라고 생각지도 못하는 경우가 있다.

1) 인터넷 기술적 속성으로 인한 사이버 범죄의 특성

이렇게 가상공간을 범행 대상의 무대로서 빈번히 사이버 범죄가 일어나는 것은 인터넷 기술이 가지는 속성에서 그 원인을 찾아볼 수 있는데, 첫째, 인터넷 기술은 빠른 전파성을 가지기 때문에 모든 정보가 순식간에 매우 빠르게 전파될 수 있다. 문제는 이용자들이 이러한 인터넷 네트워크의 빠른 전파성과 집약성을 악용하여 사이버 범죄를 낳게 된다는 것인데, 범죄가 빠르게 진행될 뿐만 아니라 그 피해는 엄청나고, 천문학적 재산상의 피해도 가져올 수 있다.

둘째, 인터넷 기술은 비대면성을 지닌다. 상대방의 얼굴을 보지 않기 때문에 어떠한 감정도 느끼지 못하고 상대방을 고려하지 않고 행동할 수 있으며, 자기중심적으로 사고하게 되고, 예상치 못한 행동들이 나타날 수 있어 사이버 일탈에서 사이버 범죄로 발전이 가능하다.

셋째, 인터넷 기술은 시공간적 개념을 초월한다. 가상공간은 현실공간과 달리 시간적, 공간적 제약이 없다. 따라서 외국에서 접속하여 범죄가 일어난 경우도 많으며 때와 장소를 가리지 않는다. 이러한 이유에서 사이버 범죄는 범죄의 증거를 확보하기가 어렵고, 현행범의 개념을 적용하기가 어렵다. 또 불법 사이트에 대해 국내법을 적용하여 처벌하려고 하면 사이트를 외국으로 옮겨 교묘히 법망을 피해가는 사례도 많아서 국가 간 협조가 필요하다.

2) 범죄성에 대한 인식부족

그러나 사이버 범죄는 그 심각성에도 불구하고 일반인들조차 현실에서 일어나는 범죄와 달리 범죄로 보지 않는 경우가 많아 윤리적으로, 법적으로, 제도적으로 문제가 되고 있다. 범죄자 본인도 범죄라는 사실을 인식하지 못하는 경우도 있을 만큼 사이버 범죄에 대해서는 범죄성에 대한 인식이 매우 낮다. 범죄성에 대한 인식이 낮은 이유는 범죄사실이 잘 드러나지 않고, 범죄가 발견되기 어렵고, 또 범죄로 입증되기가 쉽지 않아서 그럴 수도 있지만, 비대면적 가상공간에서 서로 간에 모르는 사람들끼리 마음껏 행동하고 자유롭게 생각하다보니 마음대로 행동해도 된다는 생각이 지배적인 탓에 죄의식이 낮아져 심각한 수준에 이른 것이라 볼 수 있다. 어떤 경우에는 범죄 사실 자체를 알지 못하는 경우도 있는데, 일정한 조건이 충족되면 자동적으로 작동하여 피해를 야기하는 바이러스의 경우 현실적으로 피해가 발생하기 전까지는 그것이 범죄라는 사실조차 알지 못할 수도 있다.

또 인터넷 이용자들은 기술적이고 전문적인 지식에는 관심이 많지만 기본적인 도덕개념이나 윤리적 판단에는 관심이 없는 경향이 있으므로 이러한 윤리의식의 부재는 사이버 범죄의 가장 큰 원인이 되기도 한다. 따라서 인터넷 이용자뿐만 아니라 일반인들도 사이버 범죄는 심각한 범죄라는 점을 반드시 인식하고, 불법적인 행위에 대해서는 엄격한 잣대와 판단 근거로서의 윤리의식이 요구된다. 또 사이버 범죄의 개념을 어떻게 정의하느냐에 따라 사이버 범죄에 대한 규정이 달라질 수 있으므로 사이버 범죄에 대한 처벌 수위를 논의하기 보다는 사이버 범죄에 대한 개념적 고찰이 먼저 충분히 이루어져야 할 것이다(양해림 외, 2011).

3) 범죄사실의 발견의 어려움

한편 사이버 범죄는 범죄 사실의 발견이 어렵다는 점에서 문제가 된다. 또 범죄 사실을 입증하기도 어렵다. 사이버 범죄는 가상공간의 특성상 범행 수법은 있지만 현장이 없기 때문이다. 더구나 외국에서 범행을 저지른 경우 범죄자의 위치를 지목하기가 사실상 불가능하다. 전자데이터로 저장된 컴퓨터 자료를 보관하여 위조하거나 전부 또는 일부를 없애버려도 흔적이 남지 않으므로 범행의 흔적을 확인하기가 어렵다. 따라서 사후에 범행을 입증하는 일은 매우 어렵게 되는 것이다. 특히 범죄자들의 암호체계는 범죄입증을 가로막게 되는데, 컴퓨터 프로그램은 고유한 프로그램 언어와 프로그래머의 독특한 표현방식과 기술로 구성되어 있으므로 전문가도 범행을 가려내기가 어렵다. 컴퓨터는 단시간에도 방대한 양의 자료를 처리하므로 자료를 조작하게 되면 범죄가 일어난 후에는 범죄에 대한 혐의를 입증하기가 매우 어려워진다. 디지털 자료는 일단 저장되면 폐쇄성, 은닉성, 불가시성을 가지므로 사후에 조작했다는 혐의를 밝히기가 어려운 것이다(우제태, 2000).

4) 처벌 법 적용의 어려움

사이버 범죄는 감시·감독이 불가능하기 때문에 누가 사이버 상에서 활동하고 어떻게 행동하는지 일일이 감시하기가 어렵다. 이러한 이유에서 이용자는 자신이 무슨 행동을 하더라도 타인이 모를 것이라는 인식이 크게 작용하게 되고 범죄 확률이 높아지게 되는 것이다. 그런데 사이버 범죄를 처벌할 수 있는 법을 적용하는 것도 쉽지 않다. 첫째, 정보가 드러나지 않아 사실 확인이 어렵다는 점 둘째, 정보가 너무 방대해서 일일이 확인하기가 어렵다는 점 셋째, 가상공간이라 하더라도 수사를 구실로 인권과 프라이버시를 침해할 수는 없다는 점 넷째, 가상공간에서는 현행범이 없고, 체포나 압수, 수색과 같은 강제처분이 불가능하다는 점에서 그렇다. 가상공간에서의 정보는 비가시성을 띠고 있기 때문에 구체적인 사실로 드러나지 않는다. 더구나 인터넷을 정보의 바다라고 부를 정도로 인터넷 정보량은 엄청나다. 이 많은 자료를 일일이 감시할 수 있는 인력도, 재정도, 인프라도 역부족인 것이다. 또 가상공간이라 하더라도 현실공간과 마찬가지 수사를 구실로 함부로 인권과 프라이버시를 침해할 수 있는 것은 아니며, 가상공간에서는 범죄현장도 없듯이 현행범도 없고, 따라서 현실공간에서처럼 일반인에 의한 현행범 체포나 압수, 수색과 같은 강제처분이 불가능하기 때문에 사이버 범죄에 대한 처벌법을 적용하기가 어려워질 수밖에 없다.

2. 사이버 범죄의 유형

1) 사이버 위조

위조 행위는 현실 공간에서도 많이 일어나는 범죄이다. 가상공간에서는 다양한 형태의 위조 사례가 발견되고 있는데, 먼저 해커의 접근으로 중요한 데이터가 변질되는, 위조 사건들이 있다. 단순히 장난으로 데이터가 변질되고 삭제된 것이라 하더라도 결과적으로 큰 피해가 생기게 되고 이것은 엄연히 범법 행위가 되는 것이다.

오늘날에는 온라인 상에서 많은 금융거래가 일어나고 있는데, 해커가 증권사 계좌를 해킹하여 주식을 팔고, 자신이 가지고 있던 주식을 사도록 거짓으로 주문한 뒤 시세 차익을 남기는 사례들이 많다. 또 네트워크 게임에서 다른 사람의 계정과 암호를 훔쳐 게임에 필요한 아이템을 임의로 팔아 이익을 취하는 사례들도 있다. 도메인 이름의 소유자로 위장하여 도메인 이름을 판매하려고 전자우편을 보내는 사례도 있다. 암호를 도용하는 사례도 있다. 이용자에게 직접 전화로 계정과 비밀번호를 묻기도 하고, 이용자 사무실에 몰래 침입하여 계정이나 비밀번호가 적힌 자료를 훔치기도 하고, 이용자의 거주지 주변의 쓰레기통을 뒤져 계정이나 비밀번호를 알아내기도 하고, 컴퓨터 프로그램을 사용하여 이용자의 계정이나 비밀번호를 유추하기도 하고, 통신망을 통해서 이용자가 입력하는 계정이나 비밀번호를 도청하기도 한다. 이처럼 다른 사람의 계정이나 비밀번호 등을 임의로 사용하는 것은 위조 및 사기이다. 전자 금융 및 전자상거래상의 위조 및 사기도 매우 흔해졌다. 전자상거래 시 물건이 배달되지 않은 채 홈페이지가 폐쇄되거나 주문한 물건의 일부만 배달되었는데 사전에 공지되지 않았던 운송비를 요구하는 사례 등도 사기 및 위조에 해당된다(배시규·권성우, 2005).

2) 피싱(Phishing)

피싱은 개인정보(private data)와 낚시(fishing)이란 용어를 합성한 것이다. 인터넷이나 전화를 통해 공공기관이나 금융기관, 수사기관을 사칭해 개인정보나 금융정보를 불법적으로 알아낸 뒤 이를 이용해 예금인출이나 결재 대납 등의 금전을 편취하는 사기 수법이다. 위장 홈페이지를 만든 뒤 불특정 다수의 이메일 이용자들에게 메일을 보내는 수법으로 수신자의 개인정보를 빼내 금융 범죄에 악용하는 행위이다.

피싱은 오늘날 다양한 형태로 변형되고 있는데, 전화를 이용한 보이스 피싱(Voice Phishing), 인터넷 전화를 이용한 비싱(Vishing), 도메인을 중간에서 탈취해 위장된 가짜 사이트로 유인한 뒤 개인정보를 가로채는 파밍(Pharming), 스마트폰과 같은 휴대전화 문자 메시지를 이용해 피싱을 하는 스미싱(Smishing) 등으로 사기 유형이 다변화하고 있다.

3) 사이버 스토킹

사이버 스토킹 역시 현실 공간에서 일어나는 범죄 유형이 가상공간으로 옮겨온 형태이다. 사이버 스토킹은 가상공간에서 타인에게 원하지 않는 접근을 계속적으로, 또 반복적으로 시도하고, 이로 인하여 상대방에게 공포감이나 두려움을 유발하는 행위를 말한다. 예를 들어 상대방의 의사와 상관없이 불필요한 메시지를 계속해서 전송하는 행위도 사이버 스토킹에 해당된다.

사이버 스토킹은 주로 여성 이용자를 대상으로 남성 이용자들이 스토킹을 하는 것으로 보고되고 있어서 사이버 성폭력의 한 유형으로 인식되고 있다.

대상이 불특정 다수라는 점에서 피해 규모가 크고 주로 언어적

폭력의 형태를 띠고 있다는 특징이 있다. 사이버 특성상 물리적 접촉이 없으므로 일반인들도, 범죄자까지도 가볍게 생각하는 경향이 있는데, 물리적 접촉이 없다 하더라도 피해자의 자아에 미치는 충격은 매우 심각하며, 정보통신기술을 이용한 부당한 개인정보의 획득과 오용으로 뜻하지 않은 피해를 줄 수도 있어 성폭력 특별법 뿐만 아니라 스토커처벌특례법안 등으로 엄격히 규제하고 있다(이수범, 2003).

3. 사이버 범죄의 윤리적 문제

1) 사이버 범죄, 법과 윤리의 적용 문제

범죄에 대한 사후 대응은 법에 의한 처벌로 진행된다. 법이란 관습이나 도덕, 종교 등 사회적 규범과 달리 처벌 수위가 엄격하다. 우리가 사회적 규범을 위반했을 때는 강제성을 띤다 하더라도 자율적이고, 심리적인 강제성을 동반하는데 그치지만 법을 위반했을 시에는 반드시 타율적이며 물리적 강제를 통해 제재를 받게 되고, 강제의 결과 모두가 원하는 상태와 결과를 실현하게 된다. 이처럼 범죄는 도덕이나 윤리, 종교 등 사회적 규범보다 법으로 통제되기 때문에 다른 윤리적 실천 항목들에 비해 매우 엄격하고 논란의 여지가 없다. 그러나 문제는 범죄가 발생한 후 이에 대한 처벌은 처벌의 수위와 관계없이 모두에게 후유증이 남는다는 것이다. 아무리 범죄자를 처벌하더라도 재산상의 손실에 대해서, 또 심각한 인격손상에 대해서는 회복이 불가능하고 정신적 스트레스가 남게 된다. 따라서 사이버 범죄 역시 법적으로 처리하는 사후처벌에만 관심을 가질 것이 아니라 예방이 반드시 우선되어야 할 것이다.

예방의 목적은 법보다 윤리가 더 적합하다. 법은 강제성을 띠고 처벌이 따르므로 부정적인 상황이 싫어서라도 범죄를 저지르지 않도록 해주지만 범죄 발생 후 사후 처벌이므로 이미 많은 피해가 발생한 다음에 일어나는 후속 조치일 뿐이다. 반면 윤리는 도덕적 가치 규범을 갖도록 하여 이용자가 자발적으로 도덕규범과 자신의 행동 규범을 가다듬을 수 있으므로 그야말로 예방이 가능하다. 자율적으로 행동기준을 정하도록 한다면 범죄가 발생한 다음이 아니라 미리 범죄를 억제하는데 지속적으로 작용할 수 있기 때문이다.

또 사이버 범죄의 변화속도는 매우 빠르게 진행되고 있어서 법적으로 규제한다고 하더라도 법이 범죄 실태를 못 쫓아가는 게 사실이다. 법률의 제·개정이 이뤄지려면 일정 기간이 필요하고 범죄는 이미 저질러진 상황에 놓이게 되어 법률의 제·개정이 역부족인 경우가 많다. 반대로 범죄가 일어날 수 있는 경우의 수를 놓고 사이버 범죄를 미리 예측하여 법을 제정하는 일 또한 쉽지 않다. 따라서 사이버 범죄 역시 법적 조치로만 강제할 것이 아니라 사이버 윤리, 즉 올바른 가치기준, 윤리적으로 사이버 범죄에 대한 판단기준을 바로 세워야 할 필요가 있다.

2) 사이버 범죄 사례와 윤리적 문제

이처럼 사이버 사기, 피싱, 사이버 스토킹 등 각종 사이버 범죄에 대해서는 이용자 인식을 고취함으로서 법적 사후 조치보다는 윤리적 예방이 필요하다. 특히 피싱 사례는 오늘날 매우 빈번한데, 주로 은행이나 신용카드사, 전자지불업체와 같은 금융기관, 쇼핑몰이나 온라인 경매와 같은 전자상거래 업체, 온라인 게임이나 취업알선업체, 성금모금 기관을 사칭하여 이용자 아이디와 비밀번호를 유출하거나, 대출미끼 금융사기, 개인정보 수집 등 다양한 형태로 사기 사건이 일어나고 있다. 이러한 사례들에 있어서 기술적, 법적, 제도적 차원에서의 대응과 함께 개인적 차원에서도 예방의 노력이 절실하다. 피싱 메일이나 게시글의 특징은 메일 수신자의 이름이나 회원번호를 명시하지 않는 경우가 있다. 메일 본문의 인터넷 주소로 접속하여 개인정보를 입력하도록 요구하는 경우도 있다. 메일 본문의 인터넷 주소와 실제 접속되는 인터넷 주소가 다른 경우도 있다. 응모하지 않은 이벤트나 복권에 당첨되었다는 내용을 포함하고 있기도 하다. 신용불량자도 대출 가능하다거나 상식 밖의 저렴한 대출 내용을 포함하고 있기도 하다. 특정 인터넷 주소의 사이트에서 특정 파일을 다운로드 받아 설치하도록 요구하기도 한다. 이러한 피싱 메일이나 게시글의 특징을, 또 피싱 예방법 등을 잘 숙지해 둘 필요가 있으며, 의심스러운 사이트의 방문은 자제하고, 피싱이 의심되면 한국인터넷진흥원(KISA) 등 관련 기관에 신고하여야 한다(양해림 외, 2011).

4. 사이버 범죄 대책방안

1) 사이버 범죄 제도적·국가적 대응방안

사이버 범죄는 제도적, 국가적 대응이 필요하다. 가상공간에서 일어나는 범죄인 만큼 빠른 전파성과 시공간적 개념을 초월하는 범죄로서 천문학적 재산상의 피해가 발생할 수 있음에도 불구하고 범죄 사실의 발견이 어렵고, 처벌할 수 있는 법의 적용이 어렵기 때문에 때로는 국가 간 협조가 필요하므로 제도적이고 국가적인 차원에서의 대응이 요구된다.

제도적 차원에서는 인력과 대응 체제, 법률 체계에 대한 정비가 필요하다. 사이버 범죄를 수사할 수 있는 전문 인력이 확보되어야 하며, 사이버 테러형 범죄에 대해 중앙 집중적으로 대응할 수 있도록 대응 체제를 구축해야 한다. 또 사이버 범죄에 대한 법 적용을 신속히 할 수 있도록 법률을 정비해야 한다.

나아가 국가적 차원에서는 사이버 범죄에 대한 예방활동을 강화하고 범죄자를 추적할 수 있도록 가능성을 확보해야 한다. IP 사용 없이도 인터넷 사용이 가능한데, 이럴 경우 사이버 범죄 수사나 범인 검거가 어려우므로 범죄자 추적 가능성을 확보해둬야 한다. 이를 위해서는 국제적 협조 체제를 구축해야 하는데, 외국의 수사기관과 공조 체제를 구축할 필요가 있다(안경옥, 2003).

2) 사이버 범죄 개인적 대응방안

사이버 범죄에 대해서 개인적 대응방안은 사전 대응과 사후 대응으로 구분하여 생각해볼 수 있다. 사전 대응 방안으로는 구체적인 실천 사항으로 이용자들이 할 수 있는 것들인데, PC방에서 음란물을 검색한다거나 불법 소프트웨어를 설치하거나 복사하는 일 등을 하지 않는다. 특히 공공장소에서 금융거래를 하지 않도록 주의한다. 이메일을 이용할 때 출처가 불분명한 경우 열지 않고 바로 삭제한다. 채팅을 할 때 실명을 밝히지 않고 개인정보를 비공개로 하거나,

PC를 이용할 때 정품 소프트웨어를 사용하도록 한다. 무료 프로그램의 경우 신뢰할 수 있는 사이트에서 다운받도록 한다.

그러나 사이버 사기, 위조, 피싱 등 사이버 범죄에 노출된 다음에는 사후 대응 방안으로 이용자 개인이 침착하게 대응할 수 있어야 하는데, 상대방의 반사회적 행위에 대해 즉시 중단하도록 적극적으로 요구할 수 있어야 한다. 또 증거를 최대한 수집하도록 한다. 그런 다음 사이버 범죄 대응 기관에 피해 구제를 요청한다(양해림 외, 2011).

3) 사이버 사기·피싱 등에 대한 대책들

사이버 사기나 피싱 등을 예방하기 위해서는 개인적으로 신원이 불명확한 첨부파일은 열지 말고, 항상 최신 버전으로 업데이트된 바이러스 백신을 설치해둔다. 금융기관으로부터 개인정보, 계좌정보 등의 업데이트를 요구하는 이메일을 받으면 클릭하지 말고, 해당 금융기관 사이트에 가서 직접 확인하도록 하다. 인터넷 뱅킹을 이용할 때는 항상 지정된 계정을 사용하도록 한다. PC방 등에서 온라인 금융거래를 하지 않도록 하고, 불가피한 경우 PC에 바이러스가 있는지 검사한 뒤 사용하도록 한다. 개인 방화벽을 설치해 해커의 침입을 탐지하도록 한다. 피싱이나 사기 관련 웹브라우저 툴바를 설치한다. 피싱 사이트가 팝업 형태로 되어 있다면 피해를 막을 수 있다.

4) 사이버 스토킹에 대한 대책들

현재 사이버 스토킹에 관한 법적 처벌은 성폭력특별법 제14조 통신매체 이용 음란죄를 근거로 1년 이하의 징역 또는 300만 원 이하의 벌금을 구형하고 있다. 그러나 동기를 가지고 행한 스토킹에 대응할 수는 없다는 것이 한계이다.

또한 스토커 처벌 특례법안을 마련해놓고 있는데, 개념 규정 및 구성요건(안 제2조, 안 제3조)에 따르면 특정한 사람을 그 의사에 반하여 반복적으로 미행하거나 말이나 글 또는 사진, 그림을 일방적으로 전달함으로써 심각한 공포심이나 불안감을 유발하는 행위를 한 자에 대해 2년 이하의 징역 또는 500만 원 이하의 벌금을 구형할 수 있다. 그러나 스토킹을 규정하는 기준에 대해서는 여전히 논란이 계속되고 있다(배시규·권성우, 2005).

〈사이버 사기 관련법〉

(1) 정보통신망 이용촉진 및 정보보호 등에 관한 법률

[시행 2013.3.23.] [법률 제11690호, 2013.3.23., 타법개정]

제48조(정보통신망 침해행위 등의 금지) ① 누구든지 정당한 접근권한 없이 또는 허용된 접근권한을 넘어 정보통신망에 침입하여서는 아니 된다.

② 누구든지 정당한 사유 없이 정보통신시스템, 데이터 또는 프로그램 등을 훼손·멸실·변경·위조하거나 그 운용을 방해할 수 있는 프로그램(이하 "악성프로그램"이라 한다)을 전달 또는 유포하여서는 아니 된다.

③ 누구든지 정보통신망의 안정적 운영을 방해할 목적으로 대량의 신호 또는 데이터를 보내거나 부정한 명령을 처리하도록 하는 등의 방법으로 정보통신망에 장애가 발생하게 하여서는 아니 된다.

제71조(벌칙) 다음 각 호의 어느 하나에 해당하는 자는 5년 이하의 징역 또는 5천만 원 이하의 벌금에 처한다.[전문개정 2008.6.13]

(2) 형법

제39장 사기와 공갈의 죄

제347조(사기) ① 사람을 기망하여 재물의 교부를 받거나 재산상의 이익을 취득한 자는 10년 이하의 징역 또는 2천만 원 이하의 벌금에 처한다. 〈개정 1995.12.29〉

②전항의 방법으로 제삼자로 하여금 재물의 교부를 받게 하거나

재산상의 이익을 취득하게 한 때에도 전항의 형과 같다.

〈사이버 사기 관련사례〉

농협 전산망 마비 사태는 2011년 4월 12일 농협 전산망에 있는 자료가 대규모로 손상되어 수일에 걸쳐 전체 또는 일부 서비스 이용이 마비된 사건이다. 검찰은 농협해킹이 조선민주주의인민공화국의 사이버 테러에 의한 것으로 결론 냈다. 조사결과에 따르면 서버 유지보수를 맡은 외주업체 직원 한국IBM 직원 한 모 씨가 지난해 2010년 9월 4일 한 커피숍에서 받은 웹하드 사이트 무료 다운로드 쿠폰으로 서버관리 업무에 쓰는 노트북에 영화를 내려 받다가 컴퓨터가 감염된 것이다. 이 노트북이 조선민주주의인민공화국 정찰총국이 심은 악성코드에 감염되었고, 범인들은 노트북을 마음대로 들락거리며 각종 악성프로그램을 심고 다음 공격 실행까지 7달 동안 최고위 관리자의 비밀번호 등 전산망 관리를 위한 각종 정보를 빼냈고, 도청 프로그램을 설치했다. 좀비 PC가 된 노트북에 공격명령 파일이 설치된 건 사태가 발생한 2011년 4월 12일 오전 8시20분경으로 밝혀졌다. 해커들은 공격명령 파일 설치 후 오후 4시50분경 인터넷을 이용한 원격제어로 공격명령 프로그램을 실행했다. 이때부터 서버 운영 시스템 파괴가 시작됐다. 이런 치밀한 준비 끝에 2011년 4월 12일 오후 4시 50분, 노트북으로 '삭제 명령'을 내리자 1차 공격을 받은 전산망 서버들이 좀비 컴퓨터로 변해 다른 서버들을 잇따라 공격하면서, 30분 만에 서버 절반이 파괴됐다고 밝혔다.(SBS 2011.05.03.참조)

〈피싱 관련법〉

(1) 정보통신망 이용촉진 및 정보보호 등에 관한 법률

제49조의2(속이는 행위에 의한 개인정보의 수집금지 등) ① 누구든지 정보통신망을 통하여 속이는 행위로 다른 사람의 정보를 수집하거나 다른 사람이 정보를 제공하도록 유인하여서는 아니 된다.

② 정보통신서비스 제공자는 제1항을 위반한 사실을 발견하면 즉시 방송통신위원회나 한국인터넷진흥원에 신고하여야 한다.〈개정 2009.4.22〉

③ 방송통신위원회나 한국인터넷진흥원은 제2항에 따른 신고를 받거나 제1항을 위반한 사실을 알게 되면 다음 각 호의 필요한 조치를 하여야 한다.〈개정 2009.4.22〉

[전문개정 2008.6.13]

(2) 전자금융거래법

2장 제6조(접근매체의 선정과 사용 및 관리) ① 금융기관 또는 전자금융업자는 전자금융거래를 위하여 접근매체를 선정하여 사용 및 관리하고 이용자의 신원, 권한 및 거래지시의 내용 등을 확인하여야 한다.

② 금융기관 또는 전자금융업자가 접근매체를 발급할 때에는 이용자의 신청이 있는 경우에 한하여 본인임을 확인한 후에 발급하여야 한다. 다만, 다음 각 호의 어느 하나에 해당하는 경우에는 이용자의 신청이나 본인의 확인이 없는 때에도 발급할 수 있다.

③ 누구든지 접근매체를 사용 및 관리함에 있어서 다른 법률에 특별한 규정이 없는 한 다음 각 호의 행위를 하여서는 아니 된다. 다만, 제18조에 따른 선불전자지급수단이나 전자화폐의 양도 또는 담보제공을 위하여 필요한 경우에는 그러하지 아니하다.〈개정 2008.12.31〉

제6조(접근매체의 선정과 사용 및 관리) ① 금융회사 또는 전자금융업자는 전자금융거래를 위하여 접근매체를 선정하여 사용 및 관리하고 이용자의 신원, 권한 및 거래지시의 내용 등을 확인하여야 한다. 〈개정 2013.5.22〉

② 금융회사 또는 전자금융업자가 접근매체를 발급할 때에는 이용자의 신청이 있는 경우에 한하여 본인임을 확인한 후에 발급하여야 한다. 다만, 다음 각 호의 어느 하나에 해당하는 경우에는 이용자의 신청이나 본인의 확인이 없는 때에도 발급할 수 있다.〈개정 2013.5.22〉

③ 누구든지 접근매체를 사용 및 관리함에 있어서 다른 법률에 특별한 규정이 없는 한 다음 각 호의 행위를 하여서는 아니 된다. 다만, 제18조에 따른 선불전자지급수단이나 전자화폐의 양도 또는 담보제공을 위하여 필요한 경우에는 그러하지 아니하다.〈개정 2008.12.31〉

제7조(거래내용의 확인) ① 금융기관 또는 전자금융업자는 이용자가 전자금융거래에 사용하는 전자적 장치(금융기관 또는 전자금융업자와 이용자 사이에 미리 약정한 전자적 장치가 있는 경우에는 그 전자적 장치를 포함한다)를 통하여 거래내용을 확인할 수 있도록 하여야 한다.

② 금융기관 또는 전자금융업자는 이용자가 거래내용을 서면(전자문서를 제외한다. 이하 같다)으로 제공할 것을 요청하는 경우에는 그 요청을 받은 날부터 2주 이내에 거래내용에 관한 서면을 교부하여야 한다.

③ 제1항 및 제2항의 규정에 따라 제공하는 거래내용의 대상기간, 종류 및 범위 등에 관한 사항은 대통령령으로 정한다.

제7조(거래내용의 확인) ① 금융회사 또는 전자금융업자는 이용자가 전자금융거래에 사용하는 전자적 장치(금융회사 또는 전자금융업자와 이용자 사이에 미리 약정한 전자적 장치가 있는 경우에는 그 전자적 장치를 포함한다)를 통하여 거래내용을 확인할 수 있도록 하여야 한다.〈개정 2013.5.22〉

② 금융회사 또는 전자금융업자는 이용자가 거래내용을 서면(전자문서를 제외한다. 이하 같다)으로 제공할 것을 요청하는 경우에는 그 요청을 받은 날부터 2주 이내에 거래내용에 관한 서면을 교부하여야 한다.〈개정 2013.5.22〉

③ 제1항 및 제2항의 규정에 따라 제공하는 거래내용의 대상기간, 종류 및 범위 등에 관한 사항은 대통령령으로 정한다.[시행일 : 2013.11.23]

〈피싱 관련사례〉

(1)

서울 영등포경찰서는 가짜 검찰청 홈페이지를 만들어 금융정보를 빼돌려 돈을 가로챈 혐의(사기 등)로 조선족 윤모씨(28) 등 3명을 검거했다고 25일 밝혔다. 이들은 가로챈 금융정보를 이용해 5000여 만 원을 가로채 중국 소재 사기단에게 전달한 혐의를 받고 있다. 경찰조사 결과 이들은 검찰을 사칭해 "대포통장 사용으로 수사대상이 됐다"고 피해자들에게 전화를 해 가짜 검찰청 홈페이지에 접속하도록 한 뒤 신용카드번호와 비밀번호를 입력하도록 유도한 것으로 드러났다. 이들은 단속을 피하기 위해 국내 송금책과 직접 연락하지 않고 중국의 사기조직으로부터 국제전화로 지시를 받고 활동한 것으로 드러났다.(영등포경찰서 홈페이지)

(2)

서울영등포경찰서(서장 김두연)는 약혼자를 사칭해 인터넷 메신저를 통해 피해자인 A모씨(여,29세)에게 "인터넷 뱅킹이 오류가 나서 그러니 대신 돈을 송금해 달라"고 속여 대포통장에 돈을 입금하게 한 후 이를 인출하여 송금책에게 전달하려던 B모씨(26세,남)를 검거했다고 밝혔다. B모씨는 지난 12. 7.경 인터넷 아르바이트 소개 사이트를 통해 많은 돈을 주겠다는 신원불상의 C실장으로부터 일당 20만원을 받기로 하고 현재까지 약 1억 원 상당을 인출하여 C실장에게 넘긴 피싱사기 인출책으로 확인 되었다. 경찰은 검거 당시 타인 명의 현금카드를 약 37장을 소지하고 있는 것으로 보아 혐의가 더 있을 것으로 보고 수사를 진행중이며, 특히 모집책인 C실장에 대해서도 계속 수사할 예정이며 검거 당시 회수한 약1,100만원은 피해자를 확인하여 돌려줄 예정이며 피의자 B모씨는 구속영장을 신청할 예정이다.(영등포경찰서 홈페이지)

〈사이버 스토킹 관련법〉

정보통신망 이용촉진 및 정보보호 등에 관한 법률

제5장 정보통신망에서의 이용자 보호 등 〈개정 2007.1.26.〉

제44조의7(불법정보의 유통금지 등) ① 누구든지 정보통신망을 통하여 다음 각 호의 어느 하나에 해당하는 정보를 유통하여서는 아니 된다. 〈개정 2011.9.15〉

3. 공포심이나 불안감을 유발하는 부호·문언·음향·화상 또는 영상을 반복적으로 상대방에게 도달하도록 하는 내용의 정보

〈사이버 스토킹 관련사례〉

사례 1) 뷰티 관련 블로그를 운영하던 A(27·여)씨는 한 네티즌의 블로그 이웃신청을 자연스러운 사이버 친구 맺기라고 생각하며 수락했다 예상치 못한 수난을 겪어야 했다. 사이버 친구신청은 블로거 활동을 하다보면 자주 있는 일이었다. 하지만 이후 이 네티즌은 A씨에게 지속적으로 쪽지를 보내고 프로필에 게재된 휴대폰 번호로 연락을 취하는 등 친구 이상의 관심을 보이기 시작했다. 그는 A씨에게 시도 때도 없이 연락을 취했고, '블로그 포스트 업데이트는 언제 하는 거냐' '이번엔 소녀시대 윤아 콘셉트의 화장을 해봐라' '가슴이 더 노출되도록 사진을 찍어 올려라' 등의 음란 발언을 보냈다. 당황한 A씨는 개인정보를 모두 비공개로 바꾸고 친구관계를 끊었지만 그는 또 다른 인터넷 사이트를 통해 A씨에게 연락을 취했다. A씨는 "인터넷에서 활동하는 정보를 모두 파헤쳐 찾은 것 같았다. 생각지도 못한 부분에서 사생활 침해를 받았다"며 "결국 미니홈피,

블로그 등을 닫고 휴대폰 번호도 바꿨다. 취미로 즐겨하던 블로그 포스팅도 이제는 너무 두려운 일이 되어버렸다"고 말했다.(일요시사 2012.10.19 참조)

사례 2) 직장인 B(30 · 남)씨도 지난해 사이버 스토킹을 당하면서 정신적 고통에 시달렸다. 한 네티즌이 B씨의 미니홈피에 드나들며 1년 가까이 그를 괴롭혔기 때문이다. 그는 B씨에게 "사랑한다" "너 없으면 나는 죽는다"라는 협박성 말을 지속적으로 내뱉었다. B씨는 "누군지도 모르는 여자로부터 스토킹이 계속되어 미니홈피를 폐쇄하고 휴대폰 전화번호까지 바꿨다"며 "그로인한 정신적 피해로 SNS 활동은 물론 오프라인으로 만나는 사람들까지 다 의심의 눈초리로 보고 있다"고 털어놨다.(일요시사 2012.10.19. 참조)

11_ 가상공간의 성윤리

1. 가상공간과 성

가상공간과 성에 관한 문제는 공개적으로 거론하기에는 좀 민망한 부분도 있고 또 경우에 따라서는 특정 내용에 대해 과잉 반응을 보일 수도 있는 민감한 부분도 없잖아 있다. 그러나 성에 대한 학문적 성찰을 통해 가상공간의 성에 대해 올바른 인식과 함께 건강한 성 정체성을 확립하는 것은 매우 중요한 일이라고 할 수 있다. 성은 인터넷에서 가장 많이 검색되는 주제 가운데 하나다. 한 연구에 따르면 인터넷 이용자의 20%가 성과 관련된 활동에 참여한다고 한다(Cooper etc, 2000). 또 대학생들을 대상으로 실시한 한 설문조사 결과를 보면 인터넷상에서 성 관련 콘텐츠를 이용하는 목적은 주로 유흥, 성적 욕구 충족, 애인 구하기, 성적 탐험 등 4가지 정도라고 한다(Boies, 2002). 그런데 사실 인터넷상에는 성과 관련해 말초신경을 자극하는 선정적인 내용보다는 성 건강이나 성 정체성과 같은 교육적인 내용이 더 많다고 한다. 그런 의미에서 인터넷이 성교육에 이용될 수도 있지만 인터넷은 사이버섹스나 사이버 포르노그래피 같은 것들을 통해 부정적인 현상을 초래할 수도 있다.

가상공간의 성과 관련해 한 가지 주목할 것은 가상공간에서는 기존의 이분법적인 성별 구분과는 다른 복합적인 성 정체성을 형성하고 수행할 수 있다는 것이다. 가상공간의 성 정체성을 이해하기 위해서는 먼저 생물학적 성을 의미하는 섹스(sex)와 사회적으로 구성되는 성을 의미하는 젠더(gender)의 차이에 대해 알아둘 필요가 있다. 섹스는 태어날 때부터 부모로부터 물려받은 출생의 우연성에 의한 성을 의미한다. 반면 젠더는 사회적으로 구성되는 사회적 구성물(social construct) 즉 사회적 성을 의미한다(Wood, 2009). 젠더는 사회적 담론(social discourse)을 통해 형성되고 유지된다고 할 수 있는데(Butler, 1990), 가상공간은 이러한 젠더가 수행되는 새로운 공간을 제공함으로써 인간의 성 역할 및 성 정체성 구성에 일정한 영향을 미친다(White, 2003).

가상공간은 익명성으로 인해 사회적 압력이나 제약 없이 기존의 이분법적 성별 구분과는 다른 유동적인 젠더를 경험할 수 있다(Kuntsman, 2008). 현실 세계와는 달리 가상공간은 얼마든지 자신이 원하는 방식대로 젠더를 형성하고 체험할 수 있다. 가상공간에서는 또 기존의 헤게모니적 성 담론과는 달리 성과 관련된 사회적 이슈에 대해 자유로운 토론과 참여가 이루어질 수 있다. 가령 가상공간에서는 기성 사회에서 간과되거나 침묵해야했던 10대 레즈비언과 같은 성적 소수자들을 위한 토론 포럼이 제공되기도 한다. 가상공간은 이처럼 이전에는 볼 수 없었던 성의 재개념화를 위한 새로운 공간이 되고 있으며 가상공간에서의 이러한 복합적인 성 정체성의 수행은 성에 관한 전통적인 개념에 도전이 되고 있다.

2. 젠더 벤딩

젠더 벤딩(gender-bending)은 제1장에서 약술한 것처럼 기존의 고정된 성 역할 바꾸기 혹은 성 역할 파괴를 말한다. 즉 남자가 여자처럼 가장한다거나 혹은 여자가 남자처럼 꾸민다거나 아예 성이 없거나 양성 혹은 중립적인 것처럼 행세하는 것을 말한다. 가상공간은 익명성의 특성으로 인해 기성 사회의 제약 없이 아주 용이하게 젠더 벤딩을 수행할 수 있다.

한 연구 결과를 보면 채팅 룸 이용자의 28%가 젠더 벤딩을 하고 있는 것으로 나타났다(Samp, Wittenberg & Gillett, 2003). 이 가운데 52%는 자신의 ID를 가장한 경우였고, 24%는 공개적으로 자신의 생물학적 성을 사실과 다르게 얘기한 경우였다. 또 15%는 고의적인 언어적 표현을 통해 자신의 성 역할을 바꿔서 수행한 경우였다. 또 미국 대학생을 대상으로 실시한 한 조사 결과를 보면 온라인 포럼의 경우 여성이 ID 가장을 통해 성 정체성을 감춤으로써 남성보다 더 많이 젠더 벤딩을 하고 있는 것으로 나타났다(Jaffe, Lee, Huang & Oshagan, 1999). 이는 남녀 모두 가상공간에서 젠더 벤딩을 하고 있다는 것을 보여주는 것이라고 하겠다.

그렇다면 사람들은 왜 젠더 벤딩을 하는 것일까. 젠더 벤딩의 동기는 남녀 간에 차이가 있는데 남성의 경우 여성이 얻을 수 있는 타인의 주목을 끌기 위해 젠더 벤딩을 하는 경향이 있다고 한다. 반면 여성은 남성에게 부여된 권력을 향유하기 위해 젠더 벤딩을 하는 경향이 있다고 한다(Danent, 1998). 또 여성의 경우에는 온라인상에서의 성희롱을 피하기 위해 젠더 벤딩을 하는 경우도 있다고 한다. 온라인 게임의 경우에는 게임 전략상 젠더 벤딩을 하는 경우가 많다. 가령 남성 게이머의 경우 게임 전략의 일환으로 여성 캐릭터에게 집중되는 특별한 관심을 얻기 위해 젠더 벤딩을 하기도 한다. 즉 남성 게이머의 경우 여성들에게 집중되는 배려나 도움 혹은 공짜 선물을 얻기 위해 젠더 벤딩을 하는 경향이 있다고 한다. 반면 여성 게이머의 경우에는 남성 게이머의 지나친 관심을 피하기 위해 혹은 성적 공격을 피하기 위해 젠더 벤딩을 하는 경우가 있다고 한다. 성적으로 공격적이거나 문란한 여성 캐릭터의 경우 실제로는 남성인 경우가 많다고 한다(Bruckman, 1993).

이 같은 젠더 벤딩에 대해 여권론자들은 남성의 젠더 벤딩은 또 다른 형태의 여성에 대한 억압이 될 수 있다고 강조한다. 일부 학자들은 인간의 상호작용에 있어 성을 매우 중요한 요소로 생각하는 우리 사회에서 젠더 벤딩은 부적절한 성 정체성을 보여줄 수 있다는 점에서 사회 구조에 위협이 되는 일종의 저항으로 간주될 수 있다고 지적한다(Rothman, 1993). 이와는 달리 젠더 벤딩은 면대면 커뮤니케이션에서 활용할 수 있는 바람직한 커뮤니케이션 행위를 위한 사전 리허설 기회를 제공함으로써 대인관계에 있어 긍정적인 역할을 할 수 있도록 도움을 주는 측면이 있다고 역설하는 학자들도 있다. 한발 더 나아가 가상공간에서의 젠더 벤딩은 이분법적인 경직된 성별 구조에서 비롯되는 권력관계를 해체하고 젠더를 재개념화하는 건설적인 도구가 될 수 있다고 강조기도 한다.

3. 사이버섹스

사이버섹스(cybersex)는 가상섹스(virtual sex)라는 용어로도 사용되는데 사이버 섹스가 무엇을 의미하는 것인지 먼저 학자들의 사이버섹스에 대한 개념 정의부터 살펴보면 다음과 같다. '2명의 온라인 이용자가 성적 환상과 관련된 사적인 담론에 몰입하는 것'(Young etc., 2000). '컴퓨터를 통해 동시에 온라인에 접속해있는 당사자들끼리 에로틱한 메시지를 주고받거나 성적 환상을 공유하는 행위'(Noonan, 1999). '최소한 2명 이상의 사람이 성적으로 흥분하기 위해 실시간으로 디지털 메시지를 주고받는 사회적 상호작용'(Ben-Ze'ev, 2004). 낸시 듀얼(Nancy Deuel)이라는 학자는 사이버섹스 대신 가상섹스라는 용어를 사용해 '섹스의 욕구에 대한 창의적 발산이 상호교감되어 정신적 또는 육체적 흥분을 불러 일이키는 것'이라고 정의하고 있다. 또 실제 섹스와는 달리 가상공간의 익명성이라는 특성이 상대방의 육체적 존재감이 줄 수 있는 부담감을 해소시켜 준다고 설명하고 있다(Deuel, 1996).

사이버섹스는 기혼과 미혼의 남녀 모두가 참가하고 있고 매우 다양한 형태를 보여주고 있는데(Milner, 2008), 사이버섹스는 많은 경우 면대면 만남은 배제된다는 특성을 갖고 있다. 사이버섹스가 면대면 만남으로 이어지는 경우 그 관계는 매우 짧게 끝나는 경향이 있다고 한다(Barta & Kiene, 2005). 그러나 온라인상에서 감정적 관계를 형성한 사이버 파트너의 경우 상당히 오랫동안 상호작용이 이루어지는 경향이 있다고 한다. 사이버섹스는 또 분리된 연결(detached attachment)이라는 특성을 갖고 있는데, 이는 온라인상의 성적 관계는 친밀한 친구도 아니고 그렇다고 완전히 낯선 타인도 아닌 가까우면서도 먼 독특한 관계라는 것이다(Butkus, 2004). 사이버섹스의 또 다른 특성은 즉흥적이고 우연적이면서도 강렬한 개인적 관여 혹은 몰입을 보여줄 수 있다는 점이다. 사이버섹스는 이밖에도 면대면에서는 추구하기 어려운 다양한 다중 관계 혹은 동성애 관계나 가학적 관계와 같은 기존의 통념을 깨는 그런 관계로 발전할 수 있다는 특성을 갖고 있다(Brookey & Cannon, 2009; Walker, 2009).

영(Young) 등은 익명성(anonymity), 편리성(convenience), 면책성(escape) 이라는 3가지 속성으로 사이버섹스를 설명하고 있는데, 이들 세 단어의 머릿글자를 딴 ACE 모델은 사이버섹스를 이해하는데 모종의 통찰력을 제시해주고 있다(Young etc., 2000). 먼저 익명성(anonymity)인데 사이버섹스의 익명성은 사이버섹스와 관련된 채팅을 통해 자신에 관한 정보를 공개하는 것에 대해 편안한 느낌을 줄 수 있다. 왜냐하면 익명성으로 인해 면대면 연인 그러니까 실제 세계에서의 연인에게 사이버 연인을 들키지 않을 것이라는 심리적 안정감을 주기 때문이다. 사이버섹스의 익명성은 또 면대면 연인과는 달리 사이버 연인은 기존의 면대면의 기준과는 다른 채팅 룸에서의 기준으로만 자신을 판단할 것이라는 그런 생각을 갖게 해준다(Peter & Valkenburg, 2007). 사이버섹스의 이러한 익명성은 은밀한 욕망이나 환상에 대해 자유롭고 거침없는 얘기를 나누는 촉매제로 작용할 수 있다. 두 번째는 편리성(convenience)이다. 편리성은 면대면 보다는 가상공간에서 더 쉽게 사람들을 만날 수 있는 가능성을 말한다. 오늘날의 사회는 인터넷 이용자의 꾸준한 증가로 컴퓨터 매개 커뮤니케이션(CMC)이 일상화되면서 가상공간에서의 인간관계 형성이 매우 편리해지고 있다. 세 번째는 면책성(escape)이다. 면책성은 사람들로 하여금 사이버섹스는 가상이고 실제가 아니라는 생각을 갖게 한다는 것을 의미한다. 다시 얘기하면 사이버섹스는 가상공간에서의 관계이고 물리적 공간에서의 육체적 관계가 이루어지지 않기 때문에 불륜이 아니라는 생각을 갖게 한다는 것이다. 실제로 한 설문 조사 결과를 보면 응답자의 75%가 온라인상의 성적 행위에 대해 죄책감을 느끼지 않는다고 응답한 것으로 나타났다(Cooper etc., 1999). 사이버섹스는 이처럼 육체적 만남이 배제된 관계이기 때문에 사람들이 실제가 아닌 가상이라고 생각하는 경향이 있어 죄책감을 느끼지 않는 면책성의 속성이 있다.

그렇다면 사람들은 왜 사이버섹스에 빠져드는 것일까. 사람들이 사이버섹스에 몰입하게 되는 심리적 동기는 2가지 가설로 설명되고 있다(Peter & Valkenburg, 2007). 첫 번째는 유흥가설이다. 유흥가설은 자유분방한 성적 감각을 추구하기 위해 사이버 섹스에 몰입한다는 것이다. 두 번째는 보상가설이다. 보상가설은 자신의 결함을 보상해줄 제3자와의 만남이 사이버섹스의 심리적 동기라고 설명한다. 이와는 다른 시각에서 사이버섹스의 동기를 설명하고 있는 학자들도 있는데 성적 욕망과 감정적 욕망이 사이버 섹스의 동기가 되고 있다는 것이다(Barta & Kiene, 2005). 생물학적인 성적 욕망의 충족이 사이버섹스의 동기라고 할 수 있으며 특히 남성의 경우 여성보다 더 이러한 성적 욕망이 사이버섹스의 동기로 작용하게 된다는 것이다. 또 여성의 경우에는 감정적 욕망의 충족 즉 감정적 만족을 위해 사이버섹스를 하는 경향이 있다는 것이다. 여성은 특히 이전의 관계에서의 감정적 불만족이 사이버섹스의 동기로 작용한다는 것이다.

사이버섹스는 가상공간에서 온라인 파트너와의 가상적인 성적 행위를 통해 다양한 관계를 형성할 수 있는데 이러한 사이버섹스는 면대면에 비해 기만과 자기 노출이 더 심한 경향이 있다. 사이버섹스는 전술한 젠더 벤딩의 가능성이 상존한다고 할 수 있고 또 여성의 경우 신변의 안전을 위해 종종 기만을 하는 경우가 있다. 특히 남성의 경우에는 여성을 괴롭히는 성희롱이니 가학과 같은 병리적 행위를 보일 수도 있다. 한 조사 결과에 따르면 성인 사이트 이용자의 61%가 성인 사이트에 접속할 때 자신의 나이를 속인다고 한다. 또 5%는 자신의 성을 속인다고 한다(Cooper, Scherer, & Mathy, 2001). 이처럼 사이버섹스는 기만의 위험성이 상존하고 있고 인간관계에 상당히 부정적인 영향을 미칠 수 있다.

특히 사이버섹스 중독은 개인의 일상생활은 물론 가족 관계를 망가뜨리고 경우에 따라서는 성범죄로까지 이어지는 치명적인 피해를 줄 수 있다. 사이버섹스 중독이란 성인 채팅방 등을 통해 사이버섹스에 병리적으로 몰입하는 것을 말하는데 처음에는 호기심으로 성인 사이트를 찾아다니고 채팅을 하던 것이 그 수준을 넘어서서 지나치게 집착하게 된다면 사이버섹스 중독을 의심해야 한다(인터넷윤리실천협의회, 2012). 실제로 한 조사 결과를 보면 남성 응답자의 10%, 여성 응답자의 6%가 사이버섹스에 중독돼 있다고 응답한 것으로 나타났다(Cooper, 2001). 사이버섹스에 몰입했던 한 남성은 사이버 파트너와의 관계를 위해 기꺼이 가족을 버릴 의사가 있다고 응답하기도 했다(Milner, 2008). 일주일에 10시간 이상씩 사이버섹스에 몰입하는 네티즌도 있었다(Cooper etc, 2000).

사이버섹스 중독은 사이버 과부(cyber-widow)와 같은 병리적 현상을 초래할 수 있다. 사이버 과부는 남편이 가상공간에 빠져버리는 바람에 과부 아닌 과부로 살아가는 사람을 말한다. 가령 남편이 사이버섹스에 빠졌을 수도 있고 혹은 과도하게 게임에 집착해 대부분의 시간을 온라인 게임을 하면서 보내기 때문에 남편을 본지 오래된 사람들도 있을 수 있다. 사이버섹스 중독이 미치는 부정적인 영향은 다음과 같이 네 가지 정도로 정리해볼 수 있다(인터넷윤리실천협의회, 2012). 첫째, 성에 대한 왜곡된 인식을 가질 수 있다. 둘째, 학교 공부나 업무에 지장을 초래할 수 있다. 셋째, 청소년들에게 심리적 외상이 될 수 있다. 넷째, 성범죄를 유발할 수 있다.

4. 사이버 성폭력

가상공간에서 성희롱으로 특정 아바타를 괴롭힌다거나 자신의 아바타를 나체로 만들어 가상공간을 활보하게 한다거나 할 경우 우리는 이를 어떻게 봐야할까. 사실 오늘날 가상공간을 통해 많은 사회적 상호작용이 이루어지고 있고 또 가상공간의 기술이 급속도로 발전하고 갈수록 복잡해짐에 따라 우리는 종종 어디에서 현실 세계가 끝나고 어디에서 가상 세계가 시작되는지 분간하기 어려울 때가 많다. 이에 따라 가상공간에서 발생할 수 있는 성적 문제와 관련해서도 우리는 종종 윤리적 딜레마에 봉착할 수 있다. 가상공간에서 존재할 수 있는 윤리적 딜레마의 한 예로 1993년 람다무(LambdaMOO)라는 가상 공동체에서 일어났던 가상 강간(virtual rape) 사건을 들 수 있다(Plotkin, 2012). 당시 람다무는 수천 명의 회원을 갖고 있었는데 미스터 벙글(Mr. Bungle)이라는 ID를 가진 회원이 다른 회원의 아바타를 임의로 조정할 수 있도록 해주는 '부두 인형(voodoo doll)'이라는 프로그램을 이용해 강제적으로 자신의 아바타와 다른 여성 회원의 아바타가 성행위를 갖도록 했다. 이 사건으로 인해 람다무 공동체 전체가 충격에 빠져 미스터 벙글에 대한 처벌 여부를 놓고 격론을 벌이게 됐다. 물리적 공간에서의 만남이 이루어진 것도 아니었고 또 어떠한 신체적 피해도 없었지만 많은 회원들이 이에 대해 분노했고 한 여성 피해자는 "정신적인 외상후 쇼크로 인해 눈물이 쏟아져 내렸다"며 마치 실제 강간을 당하는 듯 한 치욕과 고통을 느꼈다고 토로했다. 이 문제에 대해 람다무 회원들이 현실의 법을 적용해 소송을 제기하지는 않았지만 미스터 벙글에 대한 처벌이 이루어져야 하는가에 대해 뜨거운 논란을 벌인 끝에 마침내 그의 계정을 삭제하게 되었다. 람다무 사건은 이 후로도 가상공간에서의 성윤리와 관련해 지속적인 논란을 불러일으켰다.

가상공간에서 이루어지는 성추행이나 성폭력은 가상공간의 특성상 물리적 몸의 피해가 일어난 것이 아니기 때문에 심각하게 생각하지 않을 수도 있고 또 가상세계에서 일어난 일이라는 점에서 현실 세계와 가상 세계의 윤리적 혹은 도덕적 경계선이 불투명해 윤리적 판단이 어려울 수도 있다. 그러나 미스터 벙글 사건의 예에서처럼 가상공간에서 행해지는 성폭력은 실제 상황과 매우 유사해서 피해자의 경우 현실 세계에서의 성폭력과 똑같은 정신적 충격과 심리적 상처를 입을 수 있다.

그렇다면 정확히 사이버 성폭력이란 무엇을 말하는 것일까. 사이버 성폭력이란 가상공간에서 성적인 내용의 글이나 동영상, 사진 등을 통해 성적 수치심이나 혐오감을 느끼게 하는 행위를 말한다. 이러한 사이버 성폭력에는 언어 성폭력, 이미지 성폭력, 성적 사이버 스토킹 등 다양한 유형이 있다. 먼저 언어 성폭력은 가상공간에서 상대방에게 성적인 욕설을 하거나 성적 행위를 묘사하는 글을 올려서 성적 수치심을 주거나 언어로 성폭력을 시도하는 행위를 말한다. 이미지 성폭력은 가령 휴대 전화 카메라를 이용해 몰래 찍은 선정적인 사진을 게시판에 올리거나 그림, 합성 사진, 동영상 등을 이용해 성적 수치심을 유발하는 행위를 말한다. 성적 사이버 스토킹은 특정인을 대상으로 집요하게 반복적으로 성적인 만남을 시도함으로써 상대방에게 성적 수치심이나 공포심, 두려움 등을 유발하는 행위를 말한다(인터넷윤리실천협의회, 2012).

사이버 성폭력은 '성폭력 범죄의 처벌 및 피해자보호 등에 관한 법률'에 의해 처벌된다. 성폭력 범죄의 처벌 및 피해자보호 등에 관한 법률 14조는 '자기 또는 다른 사람의 성적 욕망을 유발하거나 만족시킬 목적으로 전화·우편·컴퓨터 기타 통신매체를 통하여 성적 수치심이나 혐오감을 일으키는 말이나 음향, 글이나 도화, 영상 또는 물건을 상대방에게 도달하게 한 자는 2년 이하의 징역 또는 500만 원 이하의 벌금에 처한다'라고 규정하고 있다. 카메라 등을 이용해 타인의 신체를 촬영하는 경우에는 형량이 훨씬 무겁다. 동법 제

14조의 2는 '카메라 기타 이와 유사한 기능을 갖춘 기계장치를 이용하여 성적 욕망 혹은 수치심을 유발할 수 있는 타인의 신체를 그 의사에 반하여 촬영하거나 그 촬영물을 반포·판매·임대 또는 공연히 전시·상영한 자는 5년 이하의 징역 또는 1천만 원 이하의 벌금에 처한다'라고 규정하고 있다.

5. 사이버 포르노그래피

포르노그래피 산업은 미국에서만 연간 120억 달러의 이윤을 올리고 있고, 전 세계적으로는 연간 약570억 달러의 시장 규모를 형성하고 있다(Young, 2008). 인터넷상에는 7만4,000여개의 성인 사이트가 존재하고 있는데 이는 전체 인터넷 웹 콘텐츠의 2%에 해당한다고 한다. 또 아시아 인터넷 이용자의 50%가 성인 사이트에 접속하고 있고 그중 한국의 성인 사이트 접속률이 가장 높다고 한다(Thurlow, Lengel & Tomic, 2004).

인터넷과 스마트폰의 등장으로 포르노그래피의 양상도 많은 변화를 보이면서 그 시장이 날로 커지고 있는데 인터넷은 접근의 용이성과 익명성으로 인해 청소년들도 인터넷상의 사이버 포르노그래피와 같은 음란물에 쉽게 노출될 수 있고 또 이용자 간에 상호작용이 가능한 인터넷의 특성으로 인해 화상 채팅을 이용한 새로운 형태의 음란물이 확산되고 있다. 특히 디지털 카메라와 초고속 인터넷의 발달로 일반인들도 손쉽게 음란물을 제작해 인터넷에 올리는 것이 가능해져 개인이 제작한 음란물이 복제와 공유를 통해 쉽게 유통되고 있어 문제의 심각성을 더해주고 있다(권영빈, 2009). 이처럼 컴퓨터 매개 커뮤니케이션(CMC)이라는 최첨단 커뮤니케이션 기술을 기반으로 한 가상공간이 사이버 포르노그래피의 무차별적 유통을 통해 성적 욕구 충족을 위해 사용되고 있다는 것은 아이러니가 아닐 수 없다.

한 연구 결과를 보면 대개 성인 남성의 경우 여성보다 더 많이 포르노그래피를 보는 경향이 있는데(Boies, 2002; Peter & Valkenburg, 2006), 남성은 성적 흥분을 위한 수단으로 시각적 이미지를 선호하는 반면에 여성은 에로틱한 대화나 성인 채팅 룸을 선호하는 경향이 있다고 한다(Barta & Kiene, 2005). 또 남성은 인터넷상의 포르노그래피를 아무런 감정적 연관이 없는 단순한 시각적 자극으로 생각하는 경향이 있지만 여성은 남편이 사이버 포르노그래피를 보고 있는 것을 발견하게 되면 남편이 자신에 대해 만족하지 못하고 다른 여성과 관계하고 있다는 것에 대해 심각한 감정적 고통을 느끼는 경향이 있다고 한다(Limacher & Wright, 2006). 이처럼 사이버 포르노그래피는 남성과 여성의 견해가 다를 수 있는데 경우에 따라서는 사이버 포르노그래피가 부부간의 신뢰를 파괴할 수도 있다.

특히 사이버 포르노그래피 중독은 개인의 일상생활은 물론 가족관계까지 파괴시킬 수 있다. 사이버 포르노그래피 중독은 자기 통제력을 상실할 정도로 인터넷상의 포르노그래피에 병리적으로 몰입하는 것을 한다(Levert, 2007). 여기서 말하는 병리적 몰입은 일상적이고 통제가 불가능하고 면대면 대인관계에 지장을 초래할 정도로 강박적인 행위를 보이는 것을 말한다. 가령 평범한 인터넷 이용자였던 한 남성의 경우 우연히 포르노그래피 사이트를 접한 후 밤늦게 까지 포르노그래피를 보는 바람에 업무상 중요한 약속을 놓치거나 몇 시간씩 집에서 홀로 지내기도 하는 포르노그래피 몰입 현상을 보이게 됐는데 이는 전형적인 사이버 포르노그래피 중독이라고 할 수 있다(Young, 2008).

일반적으로 게임 중독 혹은 음란물 중독과 같은 인터넷 중독은 스스로의 욕구에 대해 저항하지 못하는 충동 조절 장애로 금단(withdrawal)과 내성(tolerance)이 발생해서 사회적, 직업적 손상이 발생하는 상태를 의미한다. 여기서 금단이라는 것은 자극을 차단할 경우 부작용으로 인해 이를 중단하지 못하는 상태를 말한다. 또 내성이라는 것은 같은 쾌락을 얻기 위해 더 많은 자극이 필요한 증세를 말한다. 이처럼 금단 혹은 내성의 상태에 이를 정도로 사이버 포르노그래피에 대해 탐닉하고 있다면 중독자가 돼가고 있다는 신호라고 할 수 있다(Paul, 2009).

포르노그래피에 대한 규제를 살펴보면 우리나라의 경우 실정법에 포르노그래피라는 용어를 직접 규정하고 있지는 않고, 개별 법규에서 음란, 저속, 퇴폐, 외설, 선정, 청소년 유해물이라는 용어를 혼용해서 사용하고 있다. 우리나라 대법원은 음란을 '사회 통념상 일반 보통인의 성욕을 자극하여 성적 흥분을 유발하고 정상적인 성적 수치심을 해하여 성적 도의관념에 반하는 것'으로서 '사회 통념에 비추어 전적으로 또는 지배적으로 성적 흥미에만 호소하고 하등의 문학적, 예술적, 사상적, 과학적, 의학적, 교육적 가치를 지니지 아니하는 것'이라고 정의하고 있다. 또 우리나라의 정보통신망 이용촉진 및 정보보호 등에 관한 법률을 보면 제74조 제1항 제2호에 음란한 부호·문언·음향·화상 또는 영상을 배포·판매·임대하거나 공연히 전시한 자는 1년 이하의 징역 또는 1천만 원 이하의 벌금에 처한다라고 규정하고 있다. 특히 한국의 청소년보호법 제50조 제1호는 영리를 목적으로 청소년에게 청소년 유해 매체물을 판매·대여·배포하거나 시청·관람·이용에 제공한 자는 3년 이하의 징역 또는 2천만 원 이하의 벌금에 처하도록 함으로써 보다 엄격히 규정하고 있다. 또 정보통신망 이용촉진 및 정보보호 등에 관한 법률 제73조 제2호를 보면 청소년 유해 매체물을 광고하는 내용의 정보를 정보통신망을 이용하여 부호·문자·음성·음향·화상 또는 영상 등의 형태로 청소년에게 전송하거나 청소년 접근을 제한하는 조치 없이 공개적으로 전시한 자는 2년 이하의 징역 또는 1천만 원 이하의 벌금에 처하도록 규정하고 있다.

그런데 가상공간은 기술적 특성상 프르노그래피와 같은 불법 유해물을 국경을 초월해서 무차별적으로 확산시킬 우려가 있다. 가상공간에서의 이러한 불법 유해 정보의 유통은 그 양적 규모의 확대 자체도 문제지만 IT 기술의 급속한 발전으로 정보에 대한 접근성이 이전보다 훨씬 더 용이해져 아주 빠르게 확산되고 있다는 데 문제의 심각성이 있다. 그런데 가상공간에서의 음란물에 대한 규제는 음란물의 개념 정의를 내리는 것에서부터 국경이 없는 가상 세계에서 한 국가의 규제가 얼마나 실효를 거둘 수 있을 것인가에 대한 문제에 이르기까지 해결해야할 난제가 산적해 있다. 특히 사이버 포르노그래피에 대한 규제는 다른 국가와 관련돼 있을 가능성이 많아 관할국의 법을 적용하기 어려울 수 있다. 또 사이버 포르노그래피와 같은 음란물에 대한 규제는 표현의 자유를 위축시킬 수도 있어 음란물 규제와 표현의 자유라는 두 가지 상반된 가치의 충돌은 해결이 쉽지 않은 사회적 논란이 될 수 있다. 따라서 사이버 포르노그래피와 같은 음란물에 대한 규제는 특정 국가 혹은 정부의 규제만으로는 한계가 있고 정부와 시민단체, 자원봉사자를 비롯한 다양한 주체의 협력에 의한 공동 규제 혹은 공공 규제가 필요하다. 또 국제 공조 체제 구축을 통한 국제적 협력이 절실하다. 가상공간은 기존의 국가 중심적 규제의 전통적인 방식으로는 기술적인 특성상 사이버 포르노그래피와 같은 인터넷상에서의 음란물 혹은 불법적인 유해 콘텐츠에 대해 적절하게 대처하기가 어렵다. 특히 국가 규제는 표현의 자유에 대한 침해나 일상적 검열 혹은 감시 등의 부작용을 초래할 수 있는 가능성 때문에 위헌 논란을 야기할 수 있다. 따라서 정부뿐만 아니라 시민 사회 등 다양한 주체가 참여하는 상호 협력적 공동 규제가 필요한데 우리나라의 인터넷에 대한 규제는 그동안 국가가 거의 모든 이슈에 대해 적극적으로 관여하고 개입하는 국가 중심적 규제였다고 할 수 있다. 따라서 정부와 시민사회, 콘텐츠 제공자, 인터넷 서비스 제공업자 등이 공동의 주체로 함께 참여하는 공동 규제 혹은 공공 규제를 적극 모색할 필요가 있다. 아울러 컴퓨터 매개 커뮤니케이션(CMC) 혹은 디지털 기술의 발전 추세에 맞춰 표현의 자유를 억압하지 않으면서도 보다 효율적으로 포르노그래피를 규제할 수 있는 새로운 기법 혹은 기술의 지속적 개발이 필요하다. 그러나 무엇보다 중요한 것은 몇몇 주체들만의 정책적 규제만으로는 부족하고 자율과 책임 의식을 토대로 인터넷 이용자들의 건강한 시민 의식 즉 가상공간의 사이버 문화에 대해 주체적 의식을 가진 자율적 주체로서의 인터넷 이용자들의 적극적인 관심과 참여 의식이 무엇보다도 중요하다고 하겠다.

12_ 사이버 언어와 네티켓

1. 사이버 언어의 특성

인터넷의 대중화로 이제는 누구나 게시판이나 대화방, 메신저, 이메일 등을 통해 커뮤니케이션을 할 수 있게 되면서 가상공간에서 사용되는 사이버 언어가 일상화 되고 있다. 사이버 언어는 디지털 언어(digital language), 인터넷 통신 언어(internet communication language), 전자 언어(electronic language) 등 다양한 용어로 사용되고 있는데 여기서는 사이버 언어라는 용어로 통일하고자 한다. 사이버 언어는 넓은 의미로는 컴퓨터 통신, 인터넷, 스마트폰과 같은 휴대전화에서 문자로 표현되는 모든 언어를 말한다. 좁은 의미로는 컴퓨터 통신과 인터넷에서 문자로 표현되는 언어를 말하는데, 활자나 인쇄 언어 다음의 3차적 언어를 의미하기도 한다(인터넷윤리실천협의회, 2012).

사이버 언어는 언어를 새롭고 독특한 방식으로 사용하는 경우가 많은데 사이버 언어의 특성을 살펴보면 첫 번째는 기호 체계의 융합이다. 컴퓨터와 인터넷의 출현은 인간의 커뮤니케이션 역사에 있어서 가히 혁명적인 전환점이었다라고 할 수 있다. 14세기 인쇄술의 발명이 이전에는 볼 수 없었던 매스 커뮤니케이션이라는 새로운 방식을 통해 당시 사회와 문화에 엄청난 영향을 미쳤던 것처럼 컴퓨터와 인터넷은 기호의 생산과 유포를 포함해 인간의 커뮤니케이션의 모든 단계에 걸쳐 혁명적인 변화를 가져오고 있다. 특히 컴퓨터의 출현으로 인류 역사상 처음으로 하나의 미디어가 기술적으로 전달할 수 있는 모든 커뮤니케이션의 형태를 컴퓨터를 통해 통합적으로 수행할 수 있게 되었다. 가령 텍스트나 이미지, 사운드, 동영상과 같이 서로 구분되었던 이질적인 유형의 기호 체계가 컴퓨터라는 하나의 미디어를 통해 서로 융합되고 있다. 이러한 혁신적인 변화는 기술적으로 그리고 법과 제도적으로 서로 구분되었던 아날로그 시대의 전통적인 커뮤니케이션 방식을 하나로 통합시키고 있다. 쉽게 얘기하면 컴퓨터 한 대가 과거의 타자기나 라디오, CD 플레이어, TV, 전화, 팩스, 프린터와 같은 다양한 기기의 기능을 하나로 융합시키고 있다(소만섭, 2009; 박현구, 2006).

특히 웹의 등장은 이러한 융합 현상을 더욱 가속화시키고 있고, 하이퍼텍스트나 하이퍼미디어와 같은 새로운 커뮤니케이션 방식을 만들어내고 있다. 하이퍼텍스트 방식은 우리가 글을 읽을 때 아날로그 시대에 책이나 잡지를 읽던 것처럼 텍스트를 선형적인 방식으로 읽는 것이 아니라 비선형적으로 읽게 한다. 이처럼 가상공간의 의 기호는 선형적인 것이 아니라 비선형적인 특성을 갖고 있으며 네트워크로 서로 연결되어 있다. 따라서 가상공간의 기호 체계는 과거와 현재 혹은 미래를 자유롭게 넘나드는 인간의 사고의 연상적 형태에 가깝다. 가상공간에서 사용되고 있는 사이버 언어는 아날로그 시대의 전통적인 의미의 언어와는 달리 텍스트와 이미지, 사운드, 동영상이 융합되면서 다양한 기호체계의 융합을 통해 새로운 의미를 만들어내는 디지털 언어라고 할 수 있다.

사이버 언어의 두 번째 특성은 구어성과 문어성의 융합이다. 잘 알다시피 문어성을 대표하는 대표적인 매체는 편지라고 할 수 있다. 그리고 구어성을 대표하는 전형적인 매체는 전화라고 할 수 있다. 그런데 CMC를 통해 이루어지는 사이버 언어는 편지의 문어성과 전화의 구어성이 융합되는 특성을 갖고 있다. CMC의 실시간 의사소통은 구어적인 특성을 갖고 있지만 글씨를 써야 한다는 측면에서는 문어적 속성을 갖고 있다. 즉 키보드의 자판을 이용해 문자로 대화하는 CMC의 글쓰기는 구어성과 문어성의 요소가 혼합돼 있다고 할 수 있다. 가령 이메일을 이용한 커뮤니케이션은 말하기와 글쓰기가 혼합돼 있다. 이처럼 사이버 언어에 문어성과 구어성이 혼합되는 이유는 CMC의 특성인 시각적 신호와 청각적 신호의 부재 혹은 결핍을 극복하기 위해 CMC의 글쓰기에 구어적 요소를 혼용하기 때문이다. 따라서 CMC 이용자들의 글쓰기는 문어 중심의 전통적인 방식의 글쓰기와는 달리 구어 대화에서 볼 수 있는 비정형성의 특성까지 포함하고 있는 융합의 경향을 보이고 있다. CMC는 또 약어나 이모티콘과 같은 새로운 방식의 기호 혹은 언어를 사용한다. 그렇게 함으로써 CMC의 글쓰기는 비록 문자화되어 있지만 CMC를 통해 서로의 생각이나 감정을 마치 대화하듯이 표현할 수 있다. 사실 CMC 언어는 대화에 더 가깝게 닮아있다고 할 수 있다. 사이버 언어의 이러한 특성과 관련해 옹(Ong)이라는 학자는 '언어표현의 전자적 변형은 제2의 구술성(secondary orality)의 새로운 시대'를 가져왔다라고 말한다. CMC의 출현으로 제1의 구술성과 문자성을 거쳐 이제 제2의 구술성의 시대가 되었다는 것이다. 제1의 구술성 시대에는 기록할 문자가 없었기 때문에 모든 것을 인간의 기억에 의존할 수밖에 없었다. 인간의 커뮤니케이션은 항상 사람의 신체적 현존을 전제로 할 수밖에 없었다. 과거의 기억은 전달하는 사람의 시점과 행위를 통해 재현되고 전달되었기 때문에 전달자의 상상력과 감정에 의한 해석이 첨가되곤 했다. 제2의 구술성은 CMC의 쌍방향적 특성으로 인해 이러한 면대면 구술 문화에 변형을 가져왔다. 즉 제2의 구술성은 전자 미디어 혹은 CMC 기술의 발전으로 언어 표현의 전자적 변형을 통해 기존 구술 문화의 특징을 회복시키는 새로운 의미에서의 제2의 구술성을 뜻한다(소만섭, 2009; 이동후, 2009; Barnes, 2003)

2. 가상공간의 어휘

가상공간에서 통용되고 있는 사이버 언어는 기존 언어를 여러 가지 형태로 변형해서 사용하거나 기존 어휘와는 다른 방식으로 생략 혹은 조합해서 사용하는 어휘가 많기 때문에 변화의 형태를 예측하기 어렵고 또 의미를 추정하기가 어려운 경우도 많다. 사이버 언어가 이처럼 생략이나 음운 추가 등을 통해 기존의 어휘와는 다른 특성을 보이는 것은 문자 언어로는 제대로 전달할 수 없는 맥락적 정보 즉 상황적 정보나 비언어적 단서를 전달하고자하는 CMC 이용자들의 욕구가 반영된 것이라고 할 수 있다.

사이버 어휘의 형태는 매우 다양한데 여기서는 형태 변이, 축약, 의성어 및 의태어, 은어와 속어 등 몇 가지 대표적인 형태만 살펴보고자 한다(인터넷윤리실천협의회, 2012). 첫 번째는 형태 변이다. 형태 변이는 추카, 시러, 이써여, 오나전, 저놔 등과 같이 자음 받침을 소리나는 대로 사용하는 형태의 어휘로 타이핑이 용이하게 자음 받침을 옆으로 옮겨 쓰는 형태가 많다. 가령 추카는 축하의 형태 변이이고, 시러는 싫어, 이써여는 있어요, 오나전은 완전, 저나는 전화의 의미이다. 두 번째는 축약이다. 축약은 언어의 경제적 표현 방식이라고 할 수 있는데 가령 냉무, 열공, 강추, 썩소, 쌩얼, 훈남, 폭설, 강퇴 등과 같은 생략 혹은 줄임말을 예로 들 수 있다. 냉무는 내용이 없다는 뜻이고 열공은 열심히 공부하다라는 의미이다. 폭설은 폭탄 설치를 뜻하고 강퇴는 강제 퇴장을 의미한다. 영어에도 이러한 생략된 형태의 용어들이 자주 사용되는데 가령 IDK는 I don't konw라는 의미로 사용된다. CUL은 나중에 보자라는 See you later의 의미로 사용되고, TYVM은 Thank you very much를 줄여서 이렇게 표현한다. 세 번째는 의성어와 의태어다. 이것은 일종의 관용적 표현이라고 할 수 있는데 가령 의성어의 한 예로 웃음소리를 표현할 때 ㅎㅎㅎ, ㅋㅋㅋ 등과 같이 모음을 생략한 형태로 표기하는 것을 들 수 있다. ㄷㄷㄷ는 덜덜덜 떠는 모습을 나타내는 의태어다. 또 휘리릭은 대화방에서 사라지는 것을 의미하는 의태어다. 네 번째는 은어와 속어다. 가령 얼큰이, 쌩얼, 담탱이, 광클 등을 예로 들 수 있는데 이는 새로운 형태의 어휘 파괴라고 할 수 있다. 쌩얼은 화장을 안한 얼굴을 의미하고, 얼큰이는 얼굴이 큰 사람을 뜻한다. 광클은 주로 게임에서 사용하는 표현으로 미치도록 광적으로 클릭하는 동작을 의미한다.

가상공간에서 이처럼 새로운 어휘가 사용되고 또 서로 간에 그 의미가 통한다는 것은 그러한 어휘가 가상공간에서 어떤 현상을 설명하거나 커뮤니케이션을 하는데 있어 유용하기 때문이라고 할 수 있다. 이는 면대면 커뮤니케이션에서 언어와 함께 커뮤니케이션의 총체적인 의미를 구성했던 표정이나 몸짓과 같은 비언어적 단서가 가상공간에서 새로운 커뮤니케이션 환경에 맞게 최적화된 상징으로 표출된 것이라고 할 수 있다. 가령 가상공간에서 사용되는 어휘 가운데 음운을 의도적으로 첨가하여 음절수를 늘린다거나 혹은 어형을 변화시키는 것은 면대면 커뮤니케이션에서 사용되는 유사언어(paralanguage)가 가진 기능을 대체하는 것이라고 할 수 있다. 가상공간에서는 시각적 신호 혹은 청각적 신호의 부재를 극복하기 위해 구술 언어(oral language)와 문자 언어(written language) 혹은 문자와 그림이 융합하는 경향이 강해진다. 매개 환경 즉 컴퓨터 매개 커뮤니케이션 환경에서는 몸짓과 같은 비언어적 행위가 제대로 전달되지 않기 때문에 이러한 것들을 필요로 하는 사용자들이 유사 언어적 표현을 고안하는 과정에서 구술언어의 특성과 문자언어의 특성이 융합되는 현상을 보이는 것이라고 할 수 있다. 또 채팅이나 메신저와 같이 동시적 커뮤니케이션을 특성으로 하는 CMC의 경우 신속성을 필요로 하기 때문에 빠른 글쓰기를 위해 철자법 같은 것들은 그다지 중요하게 생각하지 않게 되고 따라서 약어적 표현들이 다른 단어들과 섞이게 된다. 즉 CMC 이용자들이 커뮤니케이션하는 과정에서 자연스럽게 빠른 글쓰기를 위해 새로운 약어나 새로운 글쓰기 형식을 개발해내는 것이라고 할 수 있다.

3. 가상공간의 텍스트

이번에는 가상공간의 텍스트에 대해 알아보도록 하겠는데 그에 앞서 먼저 텍스트성의 기준에 대해 살펴보도록 하자. 전통적인 의미의 문자 텍스트는 통일성과 내적 완결성을 갖고 있다. 아리스토텔레스가 말한 시간, 장소, 행위의 삼위일체와 시작, 중간, 종결로 이루어지는 텍스트의 구성은 텍스트의 이상이자 모범이었다. 이러한 통일성은 의미의 기준이자 텍스트를 이해하는 기준이라고 할 수 있다. 의미의 연속성 즉 의미의 연속적인 연관성 혹은 응집성은 텍스트와 非텍스트를 구분하는 '텍스트성의 기준'이라고 할 수 있다(소만섭, 2009). 그런데 가상공간에서는 이러한 텍스트성 즉 텍스트의 기준과 조건을 충족시키는 텍스트나 기호를 찾기 어렵다. 가상공간에서 주고받는 텍스트의 한 사례로 다음의 예를 살펴보도록 하자.

> 어솨요, 얼큰이, 방가방가.
> 모야, 시러, 절때루, 다덜 알쥐.
> 샘, 안냐세요, 모해요, 생일추카 함다~~~.
> 구래 이넘아, 짱 잼있다.

이는 전통적인 의미의 텍스트와는 많이 다르다. 가상공간에서의 이러한 텍스트 형태는 영어 사용자들 사이에서도 자주 일어난다. 가령 How are you?를 How R U?로 쓴다든지 혹은 Are You OK?를 R U OK?로 표현한다든지 혹은 I see를 IC로, See you tomorrow CU2MORO로 표기하는 것을 예로 들 수 있다. 이러한 축약 형태의 텍스트에 대해 일부 비평가들과 영어학자들은 영어에 대한 공격이자 파괴라고 비판하기도 한다(Plotkin, 2012)

가상공간에서는 이처럼 전통적인 의미의 문자 텍스트가 갖는 텍스트의 통일성과 내적 완결성을 기대하기 힘들고 또 의미의 연속적인 연관성을 읽어낼 수 있는 텍스트의 응집성도 찾아보기 어렵다. 가상공간의 텍스트는 비응집적인 경우가 많고, 또 일시적이고, 유동적이고, 실험적이고, 개방적인 특성을 갖고 있다. 가상공간에서 사용되는 이러한 기호들은 지속적으로 변화하고 있고, 또 특정 순간을 위해 일시적으로 혹은 개별적으로 이용되기도 한다. 가상공간의 텍스트가 인쇄 매체의 텍스트와 유사한 경우도 있지만 가령 블로그나 페이스북 혹은 트위터와 같은 소셜 네트워킹 사이트(SNS)에 올려진 텍스트는 격식이 없고 즉시적이고 일시적이고 변화무쌍한 경우가 많다. 가상공간은 이처럼 이전에는 볼 수 없었던 다양한 기호체계를 가진 텍스트가 생겨나고 있고 또 전체적으로나 부분적으로나 텍스트의 응집성과는 상당히 거리가 먼 텍스트가 많다(소만섭, 2009).

한 눈에 파악하기 힘든 이러한 기호 체계 혹은 의미 체계는 전통적인 텍스트 유형 가령 우리가 흔히 알고 있는 책이나 잡지, 신문과 같은 인쇄매체의 텍스트나 소설 혹은 서신에서는 찾아볼 수 없는 것들이다. 이러한 사이버 언어는 어휘의 파괴 혹은 텍스트의 파괴라는 부정적인 측면이 있을 수 있다. 그러나 언어는 동시대의 사회 현상을 반영하는 것이기 때문에 사이버 언어 역시 결국은 사람들 간의 효율적인 의사소통을 저해하지 않는 범위 내에서 인간 커뮤니케이션의 한 수단으로 자리잡아가게 될 것이다.

4. 이모티콘

이모티콘(Emoticon)은 영어의 emotion과 icon의 합성어다. 이모티콘의 초기 형태는 키보드 자판을 이용하여 웃는 모습이나 슬픈 모습 혹은 화난 모습, 윙크하는 모습 같은 것들을 표현한 스마일리(smiley)라고 할 수 있다. 이모티콘은 1982년 9월 미국 카네기 멜론(Carnegie Mellon) 대학의 스콧 팰먼(Scott Fahlman)이 키보드 자판을 이용해 처음 고안해낸 :-) 혹은 :-(등과 같은 스마일리가 다른 대학으로 확산되면서 보급되기 시작했다(Plotkin, 2012). 우리나라에서도 1990년대 중반 이후 출현해 확산되기 시작했는데 이러한 이모티콘은 컴퓨터 자판의 문자와 숫자, 수학 기호 같은 것들을 적절히 조합해 자신의 감정이나 의사를 전달할 때 쓰는 가상공간 특유의 사이버 언어라고 할 수 있다. 이모티콘은 기존의 문자를 해체하고 재조합해서 원래의 기능이나 의미와는 다른 새로운 기능 혹은 의미를 표현하는 관행화된 기호다. 이모티콘은 철자나 문장 부호의 조합을 통해 문자 언어만으로는 표현할 수 없는 얼굴 표정이나 감정을 상징하기도 하고 경우에 따라서는 메시지 전체의 의미를 바꿔놓기도 한다. 이모티콘은 문자이면서 이미지적 기능도 갖고 있는 새로운 시각적 표현 도구로써 가상공간의 대화에 심미적 효과를 주기도 한다.

한글 이모티콘은 이모티콘의 조합과 활용이 아주 편리해서 가상공간에서의 중요한 커뮤니케이션 도구로 자리잡아가고 있다고 할 수 있다. 한글은 한글 글자꼴 자체의 단순명료한 형태적 특징으로 인해 이모티콘으로서의 조형 표현이 용이하고 또 사용하기가 쉽다. 한글 이모티콘의 유형은 크게 2종류로 구분해 볼 수 있는데 첫 번째 유형은 얼굴의 모양이나 감정을 표현한 이모티콘이다. 두 번째는 특정 사물이나 형태를 조형적으로 표현한 다소 복잡한 형태의 이모티콘이다.

이모티콘은 CMC 환경의 단점을 보완해주는 상당히 유용한 커뮤니케이션 수단이라고 할 수 있다. 가상공간에서는 문자언어만으로 자신의 생각이나 느낌을 전부 전달할 수가 없다. 그런 의미에서 이모티콘은 CMC 환경의 단점을 보완하기 위한 대표적인 보조수단이라고 할 수 있다. CMC 상황에서는 문자뿐만 아니라 그림이나 사진 혹은 동영상도 쉽게 접하고 쉽게 사용할 수 있다. 또 가상공간의 텍스트는 이미지와 함께 형상화되면서 비로소 의미를 갖는 경우도 많다. 아울러 인터넷과 모바일이 일상화되면서 CMC 환경에서는 문자언어가 시각 기호의 역할까지 수행하는 경우도 많다. 이런 측면에서 볼 때 이모티콘과 같은 그래픽 언어(graphic language)가 가상공간에서 새로운 언어 층위를 형성하면서 자연스럽게 우리의 일상적인 커뮤니케이션의 일부가 되고 있다고 할 수 있다.

이모티콘에 대해서는 상반된 시각이 존재하고 있다. 문어적 시각에서 보면 사이버 언어는 문법의 파괴나 언어 규범의 일탈 현상으로 비쳐질 수 있다. 기존의 국어학자 혹은 언어학자들이 사이버 언어에 대해 어휘의 파괴 혹은 텍스트의 파괴라는 표현을 쓰고 있는 것은 이 같은 맥락에서다. 그런데 사이버 언어를 구어적 시각에서 보면 가상공간의 CMC 환경에서의 자연스러운 언어 변화의 한 양상으로 이해될 수 있다. 물론 사이버 언어의 새로운 기호체계는 문법의 파괴, 어휘의 파괴 혹은 언어 표현력의 하락과 같은 역기능을 갖고 있는 측면도 있다. 그러나 인터넷이 일상화된 CMC 환경에서 이모티콘과 같은 시각언어의 사용은 글로벌한 현상으로써 매우 자연스러운 것으로 볼 수 있다. 이러한 사이버 언어는 특정 국가에만 있는 특수한 상황이 아니라 여러 언어에 나타나는 보편적이고 자연스러운 언어 현상이라고 할 수 있다. 가령 옥스퍼드 영어 사전 개정판에도 B4(Before), TX(Thanks), IC(I see), HAND(Have a nice day)와 같은 사이버 언어 혹은 CMC 용어들이 신조어로 새로 등재되었다. 그런 의미에서 볼 때 한글 이모티콘은 한글의 실용적 활용이자 창조적 확장이라고 할 수 있다. 즉 한글 이모티콘은 한국인 특유의 사이버 언어이자 한글문화의 일부분이라고 할 수 있다.

5. 사이버 언어폭력[2]

인터넷에서의 언어폭력을 플레이밍(flaming)이라고 하는데 플레이밍은 욕설, 비방, 인신공격과 같은 무례하고 격렬한 언어를 사용해 적대감을 표현하는 행위를 뜻한다(Lea et al., 1992; 이철선, 2003). 사이버 언어폭력은 좁은 의미로 볼 때는 이러한 플레이밍 즉 게시판이나 채팅, 메신저, 이메일 등에서 상대방에 대해 욕설이나 비속

---

2 사이버 언어폭력은 한국외대 출판부에서 출간한 <온라인 저널리즘의 이해> 가운데 제9장 '온라인 미디어 공론장과 여론'의 일부 내용을 발췌해서 수정 보완한 것임.

어를 사용해 적대감을 표출하는 부정적이고 반사회적인 행위를 의미한다. 그러나 넓은 의미에서 사이버 언어폭력은 게시판이나 채팅, 메신저, 이메일 등에서 상대방에 대한 단순한 욕설과 비속어의 사용 외에도 허위정보 유포나 명예훼손, 성희롱을 비롯한 사이버 성폭력 등 다양한 행위를 포괄한다고 할 수 있다(이성식, 2005). 그런데 사이버 명예훼손이나 사이버 성폭력 등에 대해서는 이미 다루었기 때문에 여기서는 좁은 의미에서의 사이버 언어폭력 즉 플레이밍에 초점을 맞춰 플레이밍의 원인과 대처 방안 등을 살펴보고자 한다.

왜 사람들은 가상공간에서 욕설과 비방의 말을 표출하는 것일까. 가상공간에서 난무하는 플레이밍의 원인은 무엇일까. 사이버 언어폭력은 다양한 이유를 들 수 있겠는데 그 원인 가운데 하나로 가상공간의 익명성이 종종 거론되곤 한다. 가상공간은 이용자의 익명성이 일정하게 보장된다는 점에서 기존 매스 미디어로부터 소외돼온 일반인들이 상당히 능동적이고 적극적인 표현을 통해 사회적 발언을 할 수 있는 자유로운 커뮤니케이션을 가능케 해준다는 장점이 있다(Turkle, 1995; Danet 1998). 그러나 이러한 익명성의 보장은 자신의 정체성이 드러나지 않기 때문에 아무런 책임감이나 윤리의식 없이 인신공격이나 욕설, 비방과 같은 폭력적인 메시지가 난무함으로써 오히려 언어폭력을 조장할 수도 있는 부정적인 측면을 갖고 있기도 하다(김병철, 2005). 카츠(Katz)가 지적하고 있듯이 가상공간은 익명성으로 인해 면대면 커뮤니케이션 상황과는 달리 다른 사람을 공격하는 것이 훨씬 더 용이해지며 따라서 이러한 익명성이 보장된 커뮤니케이션은 오히려 언어폭력을 유발할 수도 있다(Katz, 1997).

그렇다면 사이버 언어폭력은 가상공간의 익명성이라는 기술적 특성에서만 비롯되는 것일까? 톰슨(Thompsen)은 가상공간에서 발생하는 언어폭력에 대해 기술적 요인에 초점을 맞춰왔던 기존의 주장과는 달리 언어폭력이 단순히 기술적인 요인에 의해서만 발생하는 것이 아니라 인간의 행위에 미치는 사회적 영향력(social influence)과 매체 경험 및 기술(media experience and skills)이라는 두 가지 요소가 영향을 미치고 있다는 이른바 사회적 영향력 모델(social influence model)을 제시하고 있다(Thompsen, 1997). 즉 기존의 이론이 언어폭력의 원인을 기술 자체의 특성에서 찾으려한 반면 톰슨은 언어폭력을 기술적 요인뿐만 아니라 특정한 행위를 언어폭력으로 간주하는 사회적 규범 등 제반 사회적 영향력이 복합적으로 작용한 결과로 파악하고 있다.

실제로 연구 결과를 보면 사이버 언어폭력은 익명성 외에도 사이버 언어폭력에 대한 용인 태도, 낮은 자기통제력, 언어적 공격 성향, 도덕적 규범, 사회적 정체성, 성별 혹은 연령과 같은 사회인구학적 특성, 가상 공동체의 유형 등 다양한 요인에 의해 영향을 받고 있다(구교태, 2007; 이성식, 2005; 서아영, 2012; 이정기·우형진, 2010). 이 같은 연구결과들은 단순히 익명성뿐만 아니라 가상공간에서의 언어폭력에 대해 허용적인 태도를 갖거나 자기 통제력이 낮고 충동적인 사람이 사이버 언어폭력의 가능성이 높다는 것을 의미하는 것이라고 할 수 있다. 따라서 가상공간에서의 언어폭력은 익명성과 같은 기술적인 요인 외에 행위자들의 개인적 요인 혹은 사회적 요인이 동시에 고려돼야 한다는 점에서 사이버 언어폭력을 단순히 익명성의 문제로만 접근하는 것은 문제가 있을 수 있다.

그렇다면 우리는 가상공간에서의 사이버 언어폭력을 어떻게 이해하고 어떻게 대처해야할까. 익명성이 사이버 언어폭력의 한 원인으로 거론된다는 점에서 실명제의 도입과 같은 기술적 혹은 법제적 차원의 대책을 생각해 볼 수도 있다. 그러나 이는 자칫 표현의 자유를 위축시키고 민주주의 발전에 장애 요인으로 작용하는 상당한 부작용을 야기할 우려가 있다. 따라서 사이버 언어폭력은 제도적 혹은 법제적 차원의 대책뿐만 아니라 가상공간에서의 활동과 관련해 개인의 태도나 가치관에 대해 학교 혹은 가정에서의 실질적인 사이버 윤리 교육과 더불어 가상공간의 댓글 문화에 대한 사회적 차원의 사회문화적 운동 등 다각적인 접근과 노력이 요구된다고 하겠다.

가상공간에서의 지나친 욕설과 비방은 갈등만 고조시킬 뿐 가상공동체 구성원들의 합리적 토론을 통한 의사결정이나 건전한 공론장 형성에 위협 요소가 될 수 있다. 가상공간에서는 참여자들 상호간에 서로의 의견과 생각을 정확하고 자유롭게 표현하면서 서로 이해력을 높이기 위해 욕설이나 비방을 자제하는 것이 바람직하다. 가령 '야 이 OOO야' 등과 같이 상대방에게 심한 모욕감을 주는 직접적인 욕설이나 '아가리' 혹은 '주둥이' 등과 같이 야비하고 비천한 느낌을 갖게 하는 비어나 속어, 'OOO도 OOO는 다 꺼져' 등과 같이 특정 지역 혹은 특정 집단을 비하하는 듯한 근거 없는 비방이나 인신공격은 가상 공동체의 토론 문화를 위협하고 합리적 의사결정을 위한 공론장 형성에 장애 요인으로 작용할 수 있다. 따라서 가상공동체가 공동체로서의 의미를 갖기 위해서는 참여자들이 서로 다른 사람의 의견과 생각을 존중하는 태도를 갖는 것이 중요하다. 특히 상대방이 틀렸다기보다는 나와 다른 생각이나 다른 의견을 갖고 있다는 것을 인정하고 이를 경청하는 적극적인 시민 정신이야말로 가상공간을 의미 있는 삶의 공간으로 만들어가기 위한 중요한 요소라고 할 수 있다. 숙의 민주주의에 관한 최근의 논의들도 말하기뿐만 아니라 듣기라는 근대적 인간의 시민성을 강조하는 고전적 견해들을 적극적으로 수용하고 있다. 가령 바버(Barber)는 민주주의에서의 정치 담화는 언제나 한결같이 말하기뿐만 아니라 듣기를 포괄하는 것으로 보고 있는데(Barber, 1984), 결국 숙의는 말하기라는 개인적 주관의 표출 행위와 듣기라는 시민 정신의 발현 행위가 결합된 이중적 상호작용을 통해 한편으로는 개인성을 강화하면서 다른 한편으로는 시민적 공동체의 창조와 발전에 공헌할 수 있다(박승관, 2001). 따라서 상대방의 의견에 대해 거칠고 무례한 말이나 반말 대신 상대방을 존중하는 존칭 또는 존댓말로 자신의 견해를 전달하면서 상대방의 의견을 경청하고 있다는 시민정신을 보여줌으로써 상호 신뢰를 구축하고 진지한 의견 교환과 토론이 전개된다면 상호간에 의미의 공유를 통한 건강한 공동체 형성에 긍정적인 요소로 작용할 수 있다. 아울러 가상공동체 혹은 가상공간에서 언어폭력이 발생했을 경우 이를 방관하거나 방치하기보다는 적극적인 시민정신의 발현을 통해 참여자들 스스로 나서서 이를 공론화하고 제재 및 예방에 나서는 등 공동체의 자율적인 규범과 건전한 사이버 문화를 형성함으로써 사이버 언어폭력에 대처하기 위한 자율적 역량을 갖추는 것이 무엇보다도 중요하다고 하겠다.

6. 네티켓

가상공간에서는 이메일이나 블로그, SNS 등을 통해 상호 연결된 많은 사람들이 서로 연락하고 만남을 갖고 상호작용을 한다. 그런데 가상공간의 글쓰기는 전술한 것처럼 실시간 커뮤니케이션을 위한 속도성의 필요로 인해 종종 매우 빠르게 글을 올리고 또 전통적인 의미의 텍스트의 구조나 문법, 어휘 등을 무시하는 경우가 많다. 또 사이버 언어의 특성상 기호 체계의 융합이 가속화되면서 뜻을 알 수 없는 모호한 기호들이 넘쳐나기도 하고 가상공간 특유의 은어나 속어가 사용되기도 한다. 그런데 가상공간에서의 사소한 말다툼이 현실 공간의 실제 싸움으로 이어져 폭행 혐의로 입건되는 등 가상공간의 언쟁이나 폭언이 현실 세계의 범죄의 원인이 되는 경우도 종종 있다. 또 인터넷 게시판에 올린 욕설이나 비방이 명예훼손 소송으로 이어져 곤욕을 치르기도 한다. 이처럼 가상공간에서의 사이버 언어폭력으로 인한 부작용을 최소화하고 이를 예방하기 위한 최선의 방법 가운데 하나는 가상공간 참여자 스스로가 네티켓을 준수하고 책임을 질 줄 아는 자율적 시민의식이다.

영어의 네트워크(network)와 에티켓(etiquette)의 합성어인 네티켓(netiquette)은 네티즌(netizen)들이 지켜야할 네트워크 예절 즉 가상공간에서의 자율적인 규범을 말한다. 네티켓을 잘 모르거나 알고 있으면서도 지키지 않을 경우 우리는 상대방을 당혹스럽게 만들거나 화나게 만들 수 있고 뜻하지 않게 불필요한 마찰을 빚거나 심한 경우 친구를 잃거나 직장을 잃을 수도 있다. 따라서 우리는 네티켓에 대해서도 잘 알고 있어야 하고, 이메일을 보내거나 게시판에 글을 올릴 때 혹은 채팅을 할 때 네티켓에 주의를 기울일 필요가 있다. 이와 관련하여 네티켓의 원칙으로 방송통신심의위원회(당시 정보통신윤리위원회)가 2000년 6월 네티즌의 기본 정신과 행동강령 등을 담은 '네티즌 윤리강령'을 선포하였는데, 네티즌 윤리강령과 더불어 이메일을 보내거나 채팅을 할 때 지켜야 할 기본적인 네티켓을 분야별로 살펴보면 다음과 같다(한국인터넷진흥원(KISA) 사이버인터넷역사박물관(www.i-museum.or.kr)).

네티즌 윤리강령

사이버 공간의 주체는 네티즌입니다. 네티즌은 사이버 공간에서 표현의 자유와 권리를 가지고 있으며, 동시에 의무와 책임도 지니고 있습니다. 이러한 권리가 존중되지 않고 의무가 이행되지 않을 때 사이버 공간은 무질서와 타락으로 붕괴되고 말 것입니다. 이에 사이버 공간을 모두의 행복과 자유, 평등이 실현되는 공간으로 발전시킬 수 있도록 '네티즌 윤리강령'을 제정하고 이를 실천할 것을 다짐합니다.

1. 네티즌 기본 정신

- 사이버 공간의 주체는 인간입니다.
- 사이버 공간은 공동체의 공간입니다.
- 사이버 공간은 누구에게나 평등하며 열린 공간입니다.
- 사이버 공간은 네티즌 스스로 건전하게 가꾸어 나갑니다.

2. 네티즌 행동 강령

1. 우리는 타인의 인권과 사생활을 존중하고 보호합니다.
2. 우리는 건전한 정보를 제공하고 올바르게 사용합니다.
3. 우리는 불건전한 정보를 배격하며 유포하지 않습니다.
4. 우리는 타인의 정보를 보호하며, 자신의 정보도 철저히 관리합니다.
5. 우리는 비·속어나 욕설 사용을 자제하고, 바른 언어를 사용합

니다.

6. 우리는 실명으로 활동하며, 자신의 ID로 행한 행동에 책임을 집니다.
7. 우리는 바이러스 유포나 해킹 등 불법적인 행동을 하지 않습니다.
8. 우리는 타인의 지적재산권을 보호하고 존중합니다.
9. 우리는 사이버 공간에 대한 자율적 감시와 비판활동에 적극 참여합니다.
10. 우리는 네티즌 윤리강령 실천을 통해 건전한 네티즌 문화를 조성합니다.

[출처 : 2000년 6월 15일 '네티즌 윤리강령' 선포
- 정보통신윤리위원회]

공개 게시판 네티켓

① 제목 앞에 [부탁][요청]등을 넣어 읽는 사람을 배려하는 것이 좋다.

② 게시판에 쓰는 글은 주제를 앞에 두는 두괄식 문장으로 쓰는 것이 좋다.

③ 인터넷 상에서 존댓말을 쓰는 것이 기본이다.

④ 게시물에 자신의 이름과 아이디, 메일 주소를 남기고, 자신의 글을 보기 좋게 편집해서 올린다.

⑤ 게시판의 글은 짧고 명확하게 쓴다.

⑥ 게시물 내용을 잘 설명할 수 있는 알맞은 제목을 붙인다. 문법

에 맞는 표현과 올바른 맞춤법을 사용한다.

⑦ 사실과 다른 내용을 올리지 않는다.

⑧ 다른 사람을 욕하거나 비난하는 글을 올리지 않는다.

⑨ 다른 사람이 올린 글에 대해 지나친 반박은 삼가 한다.

⑩ 같은 글을 여러 번 반복해서 올리지 않는다.

[출처 : 네티켓 교실]

e-메일 네티켓

① 매일 e-메일을 체크하고 중요하지 않은 것은 즉시 지웁니다.

② 자신의 ID나 비밀번호를 타인에게 절대 공개해서는 안 됩니다.

③ 메시지를 가능한 짧게 작성하고 내용을 알 수 있는 함축된 제목을 붙입니다.

④ e-메일을 보내기 전 주소가 올바른지 확인하고, 본인이 누구인지를 밝힙니다.

⑤ 흥분한 상태에서는 e-메일을 보내지 않습니다.

⑥ 줄 간격을 지나치게 넓게 하여 크기만 늘리는 식의 메시지 작성은 삼가 합니다. 단, 보 기 좋게 편집하는 것은 좋습니다.

⑦ 회신 시 상대방 의견을 직접 인용하여 본문 내용을 넣는 것은 삼가하고, 간단히 회신하도록 합니다.

⑧ 가능한 메시지 끝에 사인, 직위, 단체명, 전화번호 등을 포함시키되, 4줄을 초과하지 않도록 합니다.

⑨ 한 행의 길이는 너무 길지 않게 작성하고, 제어문자는 가능한

쓰지 않습니다. 총 줄 수 (현재 500라인)를 넘지 않습니다.

⑩ 주요 요점을 나타낼 때에는 단어 주변에 *를 사용하고, 책 제목 등에는 _를 사용합니다.

⑪ 타인에게 피해를 주는 언어(비방이나 욕설)를 사용하지 않습니다.

⑫ 행운의 편지, 메일폭탄 등에 절대 말려들지 않습니다.

⑬ 회신할 것인지 새 메일을 보낼 것인지 신중히 판단하고, 수신자와 참조자의 용도를 구분합니다.

[출처 : 정보통신윤리위원회]

채팅 네티켓

① 마주보고 이야기하는 마음가짐으로 임합니다.

② 만나고 헤어질 때에는 인사를 합니다.

③ 대화방에 처음 들어가면 지금까지 진행된 대화의 내용과 분위기를 어느 정도 경청하는 것이 좋습니다.

④ 엔터키를 누르기 전에 한 번 더 생각합니다. 다른 사람이 여러분에 대해 평가하는 것은 오로지 여러분이 쓴 글에 따른 것이기 때문입니다.

⑤ 동시에 몇 사람과 이야기할 때에는 상대방을 혼동하지 않도록 조심해야 하고, 지극히 개인적인 논조는 피합니다.

⑥ 광고, 홍보 등 이름 날리기만을 목적으로 고의로 악용하지 않습니다.

⑦ 유언비어, 속어와 욕설 게재는 삼가고, 상호비방의 내용이나 타인의 명예를 훼손시킬 우려가 있는 내용은 언급하지 않습니다.

⑧ 이모티콘이나 기호들을 적절히 사용하여 센스 있고 미소를 자아내는 대화를 유도합니다.

⑨ 상대방에게 불쾌감을 주는 대화를 하지 않습니다.

⑩ 불건전한 대화를 하지 않습니다.

⑪ 바른 언어, 좋은 말을 사용합니다.

⑫ 채팅방에서 만난 잘 모르는 사람을 함부로 만나지 않습니다.

⑬ 사이버 공간에서도 진실만을 이야기합니다.

[출처 : 네티켓 교실]

웹문서 작성 네티켓

① 문서에 지나치게 큰 그래픽 이미지를 넣지 않습니다.

② 비디오나 오디오 파일을 포함시킬 경우, 파일크기를 미리 알려 사용자가 미리 다운로드 시간을 예측할 수 있도록 합니다.

③ URL은 표준 표기를 따르며, 자주 바꾸지 않습니다.

④ HTML 문서 하단에 작성자 전자우편 주소를 넣어, 사용자와의 연락이 가능하도록 합니다.

⑤ 문서의 최신 수정 일을 문서 내에 포함시켜 문서의 만들어진 시기를 알려 줍니다.

⑥ 자신의 고유한 저작물에 대해서는 상표나 저작권을 반드시 기재합니다.

⑦ 다른 사람의 저작물에 대해서는 반드시 출처를 명시합니다.

[출처 : 네티켓 교실]

공개 자료실 네티켓

① 불법 소프트웨어는 올리지 않습니다.

② 음란물은 올리지 않습니다.

③ 자료를 올리기 전에 반드시 바이러스 체크를 합니다.

④ 올릴 자료는 압축해서 용량을 줄입니다.

⑤ 유익한 자료를 받았으면, 올린 사람에게 감사의 메일을 보냅니다.

⑥ 자료를 올릴 때에는 이름을 밝힙니다.

[출처 : 네티켓 교실]

유즈넷 뉴스그룹 사용 네티켓

① 포스팅하기 전에 기사들을 읽어봄으로써 뉴스그룹의 분위기와 이야기 흐름, 글쓰는 방식, 서술방식 등의 문화를 파악하는 것이 기본입니다.

② 상당히 많은 사람들이 자신이 올린 기사를 본다는 것을 항상 명심해야 합니다.

③ 기사의 내용은 간결하게 요점만 작성합니다.

④ 말머리 제도를 이용합니다.(예: [긴급], [제안], [잡담] 등)

⑤ 항상 기사의 끝에는 자신의 서명과 연락처를 넣어 보낸 사람을 밝히는 것이 예의입니다.

⑥ 회답할 때는 그 뉴스그룹 전체에 할 내용인지를 잘 생각해서 판단하도록 합니다.

⑦ 제목에는 기사의 내용을 함축할 수 있는 단어를 씁니다. 제목이야말로 다른 사람이 그 기사를 읽을지 안 읽을지를 결정하는 중요한 판단기준입니다.

⑧ 다른 사람이 당신이 알고 있는 질문을 했을 때는 친절히 답합니다.

⑨ 당신에게 도움을 준 사람에게 고맙다는 내용의 글은 개인적인 메일로 보냅니다.

⑩ 같은 글을 서로 다른 여러 뉴스그룹에 올리는 교차투고를 하지 않습니다.

⑪ 쓸데없는 선정적인 화제에 끼어들지 않도록 합니다.

⑫ 포스팅한 기사에 잘못된 점이 있다면 가능한 빨리 취소합니다.

⑬ 해당 뉴스그룹의 주제와 관련 없는 내용을 포스팅하지 않습니다.

⑭ 광고는 원하는 그룹에만 전달될 수 있도록 하되, 상업적인 광고는 가급적 올리지 않도록 합니다.

[출처 : 네티켓 교실]

13_ 지구촌 정보사회와 디지털 시민성

1. 인터넷과 지구촌 정보사회

세계화는 '전 지구적 차원에서 상호의존이 심화되거나 또는 지역적인 것들 상호간의 사회적 관계가 세계적으로 확대, 심화되면서 어느 한 곳에서 일어나는 일이 다른 곳에 영향을 미치는 것'을 말한다(Giddens, 1990). 세계화는 경제 영역뿐만 아니라 정치, 문화, 사회 등 다양한 영역에서 동시에 진행되는 매우 복합적인 현상이라고 할 수 있다. 이러한 세계화는 국가 간에 상품, 서비스, 자본의 이동을 촉진시키고, 정보의 교환을 확대시키는 IT 기술과 인프라의 발달로 급진적으로 확대되고 있다. 이에 따라 지구상의 국가들 간의 장벽이 없어지고 하나의 생활권을 형성하는 지구촌(global village) 시대를 만들어가고 있다. 지구촌 이라는 용어는 전자 미디어의 발달로 공동체화된 세계를 가리키는데, 1945년 과학소설가 클라크(A. C. Clarke)가 지구의 미래상과 관련해 인공위성에 의해 세계 각지의 사람들이 동시에 통신할 수 있을 것이라고 예견해 이 용어를 처음 사용했다. 이 후 1964년 맥루한(Marshall McLuhan)이 자신의 저서 '미디어의 이해(Understanding Media)'에서 다시 언급하면서 많은 관심을 끌게 되었다. 맥루한은 이 책에서 전자적 매스 미디어가 인간 커뮤니케이션의 공간과 시간적 한계를 붕괴시켜 사람들로 하여금 전 지구적인 통신을 가능케 하는 변화를 설명하기 위해 지구촌이라는 용어를 사용했다.

오늘날 지구촌(global village)이라는 용어는 인터넷과 웹을 설명하기 위한 메타포로 사용되고 있는데, 인터넷과 CMC는 주지하다시피 전 세계 사람들로 하여금 시간과 장소를 초월해 전 지구적으로 상호 연결되게 함으로써 커뮤니케이션을 세계화하고 있고, 세계 각지의 사람들이 함께 모이는 지구촌 사회를 만들어가고 있다.

수잔 반즈(Susan B. Barnes)는 인터넷을 인터내셔널리즘(internationalism)과 포퓰리즘(populism)이라는 2가지 특성으로 설명하고 있다(Barnes, 2003). 인터넷의 첫 번째 특성인 인터내셔널리즘은 세계주의 즉 인터넷이 국가의 경계를 초월해 사람들을 서로 연결시킨다는 그런 의미다. 인터내셔널리즘은 국가의 경계를 붕괴시키고 있다고 할 수 있는데 사람들은 이제 국적을 바탕으로 하기보다는 공통 관심사를 중심으로 연결되고 있다. 인터넷의 두 번째 특성인 포퓰리즘은 대중성을 말한다. 즉 사람들은 인터넷에 연결돼야만 하고 또 연결되고 싶어 한다는 것이다. 지구촌 시대를 살고 있는 사람들은 이제 언제 어디서나 인터넷에 접속할 수 있고 또 숫자가 점점 늘어나고 있다. 인터넷과 CMC를 기반으로 한 글로벌 커뮤니케이션의 확산은 오늘날의 정보사회를 국경을 초월하는 글로벌 정보사회 즉 지구촌 정보사회로 확산시켜 나가고 있다. 사람들은 굳이 비행기를 타고 여행을 하거나 국제 전화를 하지 않더라도 인터넷과 CMC를 통해 자유롭게 국경을 넘어 서로 만나고 서로 의사소통할 수 있게 되었다. 인터넷과 CMC는 지역 국가와는 달리 국경을 초월해 전 세계에 걸쳐 공장과 생산기지를 두거나 사무실을 갖고 있는 글로벌 기업의 활동을 촉진시키고 있다. 즉 인터넷의 인터내셔널리즘과 포퓰리즘이 기업의 초국가적인 영향력을 증대시키고 있으며 특정 지역에 사업 기반을 두지 않는 지구촌 기업의 확산을 가속화시키고 있다.

인쇄 미디어는 사람들을 국민 국가로 분리시켰다. 인쇄기와 인쇄 미디어를 통해 다양한 유럽의 언어들이 표준화되었고 그에 따라 국민 국가의 확립이 촉진됐다. 다양한 언어로 인쇄된 책들은 사람들로 하여금 동일한 언어를 쓰는 같은 언어 집단과 교류하도록 만들었고, 이러한 언어 집단의 분할이 국민적 정체성과 국민적 문화를 낳게 했다. 그런데 인터넷이 새로운 범지구적 시장의 도래, 미디어의 초국가적인 유통을 통해 국민 국가와 국민적 정체성을 붕괴시키고 있다. 인터넷과 CMC는 국가의 경계를 넘어서는 글로벌 커뮤니케이션을 통해 초국가적인 정체성, 초국가적 문화를 갖는 새로운 초국가적 사회로서의 지구촌 사회를 만들어가고 있다(Mattelart, 2011).

2. 인터넷의 역설

인터넷과 CMC는 사람들을 연결시키면서도 파편화시키는 역설적인 현상을 초래하고 있다. 인터넷은 전술한 것처럼 시간과 공간을 초월해 전 지구적인 차원에서 사람과 사람들을 연결시킴으로써 역사상 유례가 없는 지구촌 사회를 만들어 가고 있다. 그러나 다른 한편으로 각 개인들은 저마다 유사한 관심과 이념을 갖는 사람들끼리 이끌려 소수의 공동체 내에서 자신들을 고립시킬 수 있다. 즉 인터넷과 CMC가 전 세계 사람들을 하나로 결합시키지만 반면에 사람들이 이를 사용하는 방식은 사람들을 분열시키는 역설적인 현상을 초래할 수 있다. 이런 의미에서 21세기는 동전의 한 면에는 세계화가 새겨져 있고 다른 한 면에는 인간적 유대와 연대가 사라져가고 있는 새로운 개인주의가 새겨져 있는 양면성의 시대라고 할 수 있다(Bauman, 2006). 이처럼 인터넷은 사람들을 연결시키는 동시에 고립시키고, 세계를 더 크게 만드는 동시에 더 작게 만드는 역설적인 삶의 환경을 만들 수 있다.

컴퓨터에 의해 매개되는 21세기 커뮤니케이션 환경은 시간과 공간을 초월해 동시적인 공존(co-presence)과 원격 현존(telepresence)을 통해 각 개인들을 개인의 관심사에 따라 서로 연결시키는 네트워크 개인주의(networked individualism) 시대를 만들어 가고 있다(Wellman, 2001). 즉 개인을 중심으로 네트워크가 형성되는 네트워크 개인주의라는 새로운 개인주의 시대를 만들어가고 있다고 할 수 있다. 세계에서 가장 많이 인용되는 커뮤니케이션 학자이자 사회학자로 일컬어지는 마누엘 카스텔(Manuel Castells)은 '네트워크 개인주의는 고립된 개인들의 집합이 아니라 사회적 유형이다'라고 강조하고 있다. 또 '무선 인터넷의 발전은 개인화된 네트워킹을 광범위한 사회 여건으로 확대시킴으로써 개인들이 아래로부터 사회성의 구조를 재구축할 수 있는 역량을 제고 시키고 있다'고 말하고 있다(Castells, 2001). 새로운 사회적 유형으로서의 네트워크 개인주의는 이처럼 개인의 커뮤니케이션 능력 향상에 힘입어 개인의 관심과 취향 혹은 개성에 따라 다양한 사회적 관계를 맺는 개인 중심의 공동체를 만들게 된다. 즉 각각 자신의 관심과 취향 혹은 개성을 토대로 정보를 공유하고 서로 상호작용을 하게 되며 또 단순히 개인화에 머물지 않고 개인을 중심으로 네트워크를 형성하게 된다.

마크 듀즈(Mark Dueze)는 21세기는 미디어 라이프(media life)의 시대이며 침묵의 디스코(silent disco)가 미디어 라이프 시대의 역설을 살아가는 인간의 실존의 모습이라고 말한다(Dueze, 2007). 듀즈에 따르면 우리의 일상생활의 경험과 자아 정체성이 미디어에 의해 매개되는 오늘날과 같은 매개 커뮤니케이션 환경은 미디어가 우리 삶의 밖에 존재하는 것이 아니라 우리 자신이 미디어의 일부가 되는 새로운 삶의 조건 혹은 새로운 인간 존재의 조건을 만들어가고 있다. 우리의 삶은 미디어의 바깥에서 혹은 미디어와 동떨어져서 별개로 경험될 수 없는 것이 되어가고 있다. 이런 의미에서 듀즈는 21세기는 미디어 '안(in)'에서 살아가는 미디어 라이프의 시대라고 얘기한다. 이러한 미디어 라이프의 시대는 우리가 우리 자신을 보는 견해 즉 인간의 존재론적 관점에 대한 인식의 전환을 요구한다. 그런데 듀즈는 일상의 경험과 자아 정체성이 전적으로 미디어에 의해 매개되는 미디어 라이프를 살아가는 현대 사회의 인간은 존재

그 자체가 미디어에 의해 매개되기 때문에 미디어 라이프로부터의 탈출은 불가능하다고 얘기한다. 우리가 우리의 자발적 의지 혹은 요구에 의해 미디어 혹은 네트워크와 연결되지 않을 수도 있지만 현실의 삶은 우리를 그렇게 하지 못하도록 만들고 있기 때문에 미디어 라이프로부터의 탈출은 비현실적이라는 것이다. 즉 탈출이 가능할 것 같지만 실제로는 탈출이 불가능하다는 것이다.

듀즈는 미디어 라이프 시대를 살아가는 인간의 삶을 침묵의 디스코로 비유하고 있다. 여기서 침묵의 디스코라는 것은 파티 참가자들이 스피커가 아니라 무선 헤드폰을 끼고 각자의 음악에 맞춰 디스코를 추는 것을 말한다. 같이 춤은 추지만 서로 다른 음악에 맞춰 춤을 추는 이러한 모습은 인터넷과 모바일을 통해 유례가 없을 정도로 전 지구적으로 서로 연결돼 있으면서도 극도로 개인화되어 있는 삶, 자발적이면서도 자기중심적인 삶을 말한다. 이것이 바로 미디어 라이프 시대의 인간의 모습이라고 듀즈는 설명한다. 즉 함께 시간을 보내며 즐기는 동시에 각자의 경험 속에 혼자 있는 것, 함께 있으면서도 고독한 것, 이것이 미디어 안에서 살아가는 현대인의 모습이라는 것이다. 같이 있으면서도 여전히 혼자인 것 이것이 바로 역설로서의 인터넷이다(Dueze, 2011)

3. 인터넷과 미래 사회

그렇다면 인터넷은 우리를 어디로 이끌어가고 있는 것일까. 인류의 미래 사회는 유토피아일까 돌이킬 수 없는 파국일까. 인터넷과 미래 사회에 대한 조망에 앞서 먼저 기술과 사회의 관계에 대해 살펴보도록 하자. 기술의 발전과 사회의 변화간의 관계를 설명하기 위한 이론으로 기술결정주의, 사회결정주의 등 많은 이론들이 제시되었는데, 최근에는 기술현실주의 혹은 사회구성주의와 같이 기술과 사회의 관계를 설명하기 위한 새로운 이론들이 제시되고 있다(Barnes, 2003).

기술결정주의(technological determinism)는 기술을 사회 변화의 주된 요인으로 간주하고 있다. 즉 새로운 기술이 사회의 변화를 결정한다는 믿음에 근거한 이론이 기술결정주의 혹은 기술결정론이다. 기술결정주의는 기술의 발전이 모든 사회집단에게 보편적인 이익이 된다고 주장한다는 점에서 인터넷 혹은 CMC에 대한 낙관론과 연결돼 있다. 기술결정주의는 기술이 그 자체의 고유한 발전 논리를 갖고 있기 때문에 기술의 발전은 특정의 시간과 공간에 관계없이 동일한 발전 경로를 밟는다고 가정하고 있다. 기술결정주의는 사회와 무관하게 자율적으로 발전한 기술이 사회의 변화에 막대한 영향을 미친다고 설명하고 있다. 조직이나 사회관계 혹은 개인을 망라한 모든 수준에서의 사회 변화를 모두 기술의 속성과 영향력으로만 설명하고 있다.

사회결정주의(social determinism)는 기술을 사회 변화의 주된 요인으로 보는 기술결정주의와는 달리 '사회 구조가 기술의 발전을 낳는다'라고 주장한다. 기술의 발전은 사회 발전 과정의 부산물이라는 것이다. 사회 결정주의는 또 기술의 사용은 중립적일 수 없고 자본의 논리에 따른다고 보고 있는데 이러한 관점은 인터넷 혹은 CMC와 관련한 비관론과 연결돼있다. 가령 허버트 쉴러(Herbert Schiller)는 IT 기술의 발전은 시장의 확대를 꾀하는 자본주의의 위기를 해소하기 위한 것이라고 주장한다. 즉 자본주의의 위기를 해소하기 위해 IT 기술이 발전한 것이라고 설명하고 있다. 쉴러는 또 IT 기술의 발전 과정에는 철저히 시장원리가 적용되고 있고 계급 불평등이 정보의 분배와 접근, 창출에 있어서도 불평등을 야기하고 있다고 말한다. 기술현실주의(technological realism)는 기술결정주의나 사회결정주의가 주장하고 있는 극단적인 시각을 배제하고 기술의 발전과 사회적 상황을 동시에 설명하는 다른 차원의 현실적인 견해를 제시하고 있다. 기술현실주의자들은 기술이 사회 변화를 초래하는 가장 영향력 있는 요인이라고 보지만 기술결정주의와는 달리 기술이 사용되는 방향을 사람들이 조정하고 통제할 수 있다고 주장한다. 즉 기술과 사회의 변화를 직접적인 원인과 결과의 인과관계로 보기보다는 사회에 의해 채택되는 기술은 사람에 의해 좌우된다고 보고 있다. 기술현실주의자들은 기술이 우리 사회의 정치적 현실 혹은 사회적 현실을 변화시켜왔고, 인간의 행동에도 영향을 미친다는 사실을 인정한다. 그러나 기술이 우리의 삶을 어느 정도 결정하는 측면이 있기는 하지만, 우리는 여전히 그 방향을 고쳐 잡거나 필요에 따라 그 작용을 억제할 수도 있다고 주장한다.

사회구성주의(social constructionism)는 1970년대부터 영국과 유럽을 중심으로 과학 지식의 내용 자체를 사회학적으로 연구하는 새로운 연구 흐름으로 등장했다. 이러한 새로운 과학기술 사회학의 흐름은 가장 엄격하고 중립적이고 객관적이라고 여겨져 왔던 과학 지식도 여타의 사회적 지식과 마찬가지로 사회적으로 구성된다고 주장한다는 점에서 과학 지식의 진리성을 상대화시키고 있다고 할 수 있다. 사회구성주의는 과학기술이 갈수록 점점 더 중요해지고 있는 현대 사회에서 진리에 대한 독점적 우선권을 주장했던 과학에 대한 절대적인 믿음이나 추종을 비판할 수 있는 근거를 제시해왔다. 사회구성주의는 인간이 자신들의 신념과 이전 경험들을 바탕으로 어떤 상황에 있는 현상에 대해 의미를 구성해가고 만들어간다고 보고 있다. 사회구성주의의 시각에서는 이미 존재해 있거나 변하지 않는 현실은 없다. 사회구성주의가 전술한 사회결정주의와 다른 점은 사회결정주의는 기술과 사회의 관계를 원인과 결과의 일직선상의 관계로 보는 반면에 사회구성주의는 일직선상의 관계가 아닌 역동적인 시스템으로 본다는 점이다. 이런 측면에서 사회구성주의는 기술과 사회의 관계를 보다 심층적으로 이해하고자 하고 있으며 기술과 사회의 관계에 있어서 인간이 중요한 역할을 한다고 보고 있다.

인터넷과 미래 사회에 대한 전망은 낙관론과 비관론이 맞서 있다. 낙관론자들은 인터넷과 CMC가 새로운 인간 협력의 시대를 가져올 것이라는 유토피아적 견해를 피력하고 있다. 즉 인터넷을 새로운 지구촌을 형성하는 매개체이자 사람들을 하나로 연결시키는 혁신적인 기술로 간주하고 있다. 요컨대 인터넷과 CMC가 사람들로 하여금 새로운 지구촌 사회의 화합과 발전을 이룩하는데 도움을 줄 것이라는 낙관적 전망을 제시하고 있다. 이처럼 CMC와 지구촌 사회에 대해 낙관적인 견해를 피력하고 있는 대표적인 낙관론자로는 미래학자인 앨빈 토플러(Alvin Toffler), 제임스 마틴(James Martin), 존 나이스비트(John Naisbitt), 프레데릭 윌리엄스(Frederick Williams) 등을 들 수 있다.

비관론자들은 인터넷과 CMC가 면대면의 직접적인 만남을 감소시켜 사회적 단절을 초래함으로써 사람들을 고립시킬 것이라는 반

유토피아적 견해를 보이고 있다. 가령 가상팀(virtual team)이나 재택근무 같은 경우 직장에서의 면대면 만남 즉 직접적인 대면 접촉을 감소시키게 될 것이라고 강조한다. 인터넷과 CMC가 다른 사람들과의 직접적인 만남 혹은 직접적인 접촉의 결핍으로 인해 개인들을 분리시키고 지리적 공동체를 분열시킨다는 것이다. 또 자신의 관심사에 따라 편향적으로 노출되는 공중의 파편화 혹은 분중화 현상을 가속화시킴으로서 사람들이 점차 서로 단절돼 사회적 고립을 야기하게 될 것이라는 비관적 전망을 내놓고 있다. 이처럼 CMC와 지구촌 사회에 대해 비판적인 견해를 피력하고 있는 대표적인 비관론자로는 허버트 쉴러(Herbert Schiller), 니콜라스 간햄(Nicholas Garnham), 케빈 로빈스(Kebin Robins), 프랭크 웹스터(Frank Webster), 제니퍼 슬랙(Jennifer Slack) 등을 들 수 있다.

4. 디지털 시민성

1) 디지털 시민으로서의 삶

컴퓨터와 인터넷의 등장과 더불어 가장 주목할 만한 현상 가운데 하나는 월드와이드웹 즉 웹이다. 오늘날의 인터넷 열풍을 몰고 온 것은 이 웹이라고 할 수 있다. 웹은 1990년 스위스의 유럽입자물리학연구소(CERN)의 영국인 물리학자인 팀 버너스 리(Tim Berners-Lee)의 제안에 따라 하이퍼텍스트 기술을 통해 인터넷상의 정보들을 서로 연결함으로써 컴퓨터 사용자들이 마우스 포인터를 하이퍼텍스트 링크에 갖다 대면 관련 사이트나 페이지로 바로 연결됨으로써 손쉽게 인터넷 탐색이 가능하도록 HTML이라는 컴퓨터 언어를 개발하면서 처음 등장했다. 웹 기술은 1993년 일반인들에게 공개된 이후 지속적인 발전을 거듭하면서 웹이 곧 인터넷의 전부인 것처럼 생각될 정도로 많은 사람들에 의해 사용되고 있다. 웹이 없는 현실, 웹이 없는 삶은 생각하기 어려울 정도로 웹은 이제 우리의 일상적인 삶의 공간이 되었다. 웹은 인류가 오프라인에서 추구하던 삶의 방식을 온라인 공간으로 옮기는데 큰 영향을 미치면서 인간의 커뮤니케이션 방식은 물론 일상적인 생활 방식에까지 지대한 영향을 미치고 있다. 웹은 인간의 커뮤니케이션뿐만 아니라 삶의 변화의 주체로써 정치, 경제, 사회, 문화 등 전 분야에 걸쳐 혁신적인 변화를 가져오고 있다. 정치 과정에서 선거와 관련한 각종 여론 조사나 투표는 물론이고 물건을 사고팔거나 정보를 생산하고 유포하고 습득하는 일에 이르기까지 웹은 일상생활에 없어서는 안 될 중요한 삶의 터전이 됐다. 웹은 이처럼 인류 사회의 전반적인 삶에 지대한 영향을 미치면서 개인의 정체성과 개인 간 관계가 공개되는 사회적 공간이 돼가고 있다. 이러한 생활공간으로서의 웹에서 이제 웹 이용자는 단순한 이용자가 아니라 생활자 혹은 거주자라고 할 수 있다.

앞으로의 사회는 인간의 삶의 상당 부분이 디지털 환경에서 영위될 것이다. 가상공간의 삶이 과거에 겪어보지 못했던 새로운 경험을 제공하게 될 것이며, 온라인과 오프라인 생활이 지금보다 더 긴밀하게 통합되면서 상호 구분이 무의미해질 것이다. 또 전 세계 대부분의 사람들이 네트워크로 연결된 디지털 시민으로 살아가게 될 것이다. 개방성과 연결성을 특성으로 하는 인터넷과 웹은 다양한 네트워크로 연결된 역동적인 네트워크 생태계라고 할 수 있다. 사람과 사람간의 사회적 연결성, 정보와 정보간의 정보적 연결성을 통해 또 다른 의미를 창출하는 웹은 개인과 기업, 국가에 새로운 과제와 기회를 부여하고 있다. 이러한 네트워크 생태계로서의 웹에서 사람이든 정보든 네트워크에 연결되지 못하면 의미가 없으며 생존이 불가능하다. 네트워크 생태계로서의 웹에서 이제 우리는 네트워크화된 개인(networked individual)으로서 새로운 정체성을 확립해야 하며 개인의 자발적인 참여와 사회적 상호작용을 통해 각자의 삶의 영역을 주체적으로 확보해 나가야 한다. 또 디지털 사회의 주체적인 디지털 시민으로서 새로운 생활공간인 가상공간에서의 삶을 위한 규범과 질서를 스스로 만들어가야 한다.

우리는 컴퓨터와 인터넷의 등장에 따른 디지털 혁명으로 엄청난 변화를 경험하고 있고, 그 변화의 속도가 가속화되고 있다. 그러나 기술 자체가 자동적으로 혹은 기계적으로 우리의 미래를 결정하는 것은 아니다. 본질적으로 기술 자체는 새로운 기술이 갖는 잠재력을 완전히 실현할 수 없다. 기술이 누구에 의해 그리고 무슨 목적으로 사용되는가가 중요하다. 기술은 근본적으로 가치중립적 특성을 지니며, 사용자의 의지와 사용 목적에 따라 그 결과는 전혀 다르게 나타날 수 있다(윤성이·이원태, 2009). 인류 사회가 앞으로 어떻게 전개될지 예단하기가 쉽지 않지만 우리는 인류의 미래에 대해 고민하고 아직도 우리의 미래를 결정할 수 있는 행동을 취할 수 있는 충분한 시간적 여지가 있다는 것을 인식할 필요가 있다. 이러한 맥락에서 인류의 미래와 관련해 디지털 기술이 갖고 있는 긍정적인 측면과 부정적인 측면에 대한 정확한 이해와 함께 미래 사회의 새로운 가능성을 실현하기 위한 인간의 자율적 의지와 실천적 노력이 중요하다고 하겠다.

2) 디지털 시민성의 필요성

디지털 환경에서의 삶이 일상화되고 있는 오늘날의 사회는 오히려 다양한 견해와 의견이 표출되면서 과거 아날로그 시대보다 사회적 갈등이 증폭될 수 있다. 또 이전에는 볼 수 없었던 새로운 사회적 갈등과 윤리적 난제를 야기할 수 있다. 그러나 온라인 게시판을 비롯한 가상공간에서 나타나는 각종 욕설과 상호비방, 명예훼손 과 같은 비윤리적 행태는 인터넷 실명제와 같은 법제적 처방만으로는 해결될 수 없다(윤성이·이원태, 2009). 우리나라의 경우 정보통신망 이용 촉진 및 정보보호 등에 관한 법률을 비롯해 많은 법률들이 가상공간에서의 행동을 규제하고 있지만 법은 인간의 행동을 규제하기에 충분한 제도적 장치가 되지 못하며, 특히 가상공간은 무경계성, 무국적성의 특성을 갖고 있다는 점에서 특정 국가의 법률로 가상공간을 규제한다는 것은 더욱 기대하기 힘들다(정보통신정책연구원, 2009). 따라서 디지털 환경에서 발생하는 많은 사회적 문제들을 해결하고 가상공간에서의 인간의 삶을 보다 바람직한 것으로 만들기 위해서는 불법적 행위에 관한 처벌과 규제를 위한 법제도적 혹은 기술적 차원의 대책만으로는 한계가 있다.

디지털 시대의 새로운 사회적 갈등과 문제를 해결하고 함께 더불어 살아가는 바람직한 지구촌 디지털 사회를 만들어가기 위해서는 법적 혹은 기술적 규제와 함께 디지털 사회에 부응하는 새로운 디지털 시민의식의 확립을 통한 자율적 규제가 필요하다. 즉 디지털 사회의 새로운 시민적 능력과 자질을 함양하기 위한 새로운 시민의식에 대한 인식이 필요하다. 오늘날과 같은 디지털 사회에서 사회 갈등을 처리하고 민주주의의 질적 발전과 사회통합을 도모하기 위해서는 디지털 사회의 자율적 주체로서 시민들 스스로가 올바른 시민의식을 갖고 가상공간에서 능동적으로 시민으로서의 역할을 수행하는 디지털 시민을 창출해야 한다. 이런 차원에서 디지털 사회의 구성원으로 살아가는 디지털 시민은 이전과는 다른 디지털 시민으로서의 새로운 자질 즉 새로운 디지털 시민성(digital citizenship)이 요구된다. 물론 가상공간에서 요구되는 디지털 시민의식이 기존의 현실공간의 시민의식과 유사한 측면이 있다는 점에서 완전히 별개의 것이라고 할 수는 없다. 그러나 가상공간의 특성상 디지털 환경 하에서의 디지털 시민성은 현실공간에서의 기존 시민성과는 다른 형태로 표출되는 가상공간의 자율적 주체로서의 새로운 디지털 시민성에 대한 인식이 필요하다. 오늘날과 같이 정치, 경제, 사회, 문화 등 다방면에서 가상공간의 삶이 일상화되고 있는 디지털 사회에서는 디지털 시민성에 대한 확실한 인식 없이 디지털 시민으로서의 역할을 제대로 수행하지 못한다면 진정한 시민으로서의 삶을 살기 어렵다.

디지털 시민성 혹은 디지털 시민의식이라는 것은 디지털 사회의 시민으로서 마땅히 요구되고 갖추어야하는 자질 혹은 자격을 말한다. 디지털 시민성은 내면화된 규범을 통해 인간 행동을 자율적으로 통제하는 방안 중의 하나로 온라인 사회에 참여할 수 있는 능력(Mossberger, Tlobert & McNeal, 2008) 혹은 정보통신기술의 사용과 관련된 행위규범(Ribble, Bailey & Ross, 2004)으로 정의될 수 있다(정보통신정책연구원, 2009). 전술한 것처럼 지구촌 정보사회의 미래에 대한 전망은 낙관론과 비관론이 맞서 있다고 할 수 있는데 디지털 시민성은 낙관론자들에게는 새로운 시대의 가능성이자 이상이라고 할 수 있고, 비관론자들에게는 정보사회의 폐해를 해결할 수 있는 근본적 대안이 될 수 있다는 점에서 이는 디지털 시대에 걸맞은 새로운 가치관으로써 두 입장 모두에 있어 매우 중요한 개념이라고 할 수 있다(이승훈·김상돈, 2009).

3) 이상적인 디지털 시민 의식

가상공간의 삶이 일상화되고 있는 오늘날과 같은 디지털 사회에서 디지털 시민에게 요구되는 이상적인 시민의식의 구체적인 모습은 무엇일까? 디지털 사회를 살아가는 디지털 시민의 이상적인 시민의식 즉 이상적인 디지털 시민성의 구체적인 내용은 다음과 같이 지식, 가치、태도, 기능 등 세 가지 구성 요소를 핵심으로 하고 있다(정보통신정책연구원, 2009).

(1) 디지털 시민의 지식

디지털 시민이 가져야 하는 지식과 관련해 첫 번째로 디지털 시민은 무엇보다도 가상공간의 특성에 대해 정확히 알고 있어야 하며, 가상공간이 초래한 정치, 경제, 사회, 문화 등 삶의 전 영역에서의 변화에 대해 잘 알고 있어야 한다. 둘째로 디지털 사회는 정치, 경제, 사회, 문화 등 전 영역에 걸쳐 시민의 자율성에 의해 사회체계가 구성되고, 운영됨을 알고 자신의 정치적 권리와 사회적 역할에 대해 충분히 이해하고 있어야 한다. 셋째, 디지털 시민은 디지털 시민으로서의 자신의 정치적 권리와 의무를 정확히 행사하기 위해 디지털 시민의 정치적 권력과 영향력이 증대되고 있는 디지털 민주주의의 정치 과정과 구조에 대해 정통해야 한다. 넷째, 디지털 시민은 올바른 정책의 수립을 위해서 사회적 현안 혹은 쟁점에 대해 정확한 정보와 명확한 이해를 가져야 한다.

(2) 디지털 시민의 가치 · 태도

디지털 시민이 가져야할 바람직한 태도는 첫째, 다양한 견해와 사회적 갈등이 표출될 수 있는 디지털 사회에서는 자기 자신 혹은 자신의 편견에 대해 객관적으로 평가하고, 반대의 증거나 논의가 타당하다면 합리적으로 자신의 견해를 바꿀 수 있다는 태도를 가져야 한다. 둘째, 다원화되고 갈등이 증폭될 수 있는 디지털 사회에서는 자신과는 견해를 달리하는 타인의 견해도 용인할 수 있는 관용의 태도가 필요하다. 셋째, 다원화된 사회를 통합하는 최소한의 기본 가치 즉 민주주의 및 헌법에 대한 존중 등 사회의 기본적 가치를 존중하는 태도를 가져야 한다. 넷째, 타인에 대한 욕설이나 비방, 명예훼손이 빈번하게 일어나고 있는 가상공간에서는 자신이 피해를 보지 않기 위해서는 타인에게 피해를 주어서는 안 된다는 '위해 원리(harm principle)'를 준수하겠다는 자발적인 태도가 필요하다. 다섯째, 익명성 등의 특성으로 인해 상호간의 신뢰 형성이 어려운 가상공간에서는 참여자들의 신뢰를 회복하기 위해 타인과 각종 사회 제도 및 기구를 신뢰하려는 신뢰의 태도가 중요하다.

(3) 디지털 시민의 기능

정보의 범람이 우려되는 가상공간에서는 정보의 수집과 더불어 정보를 종합하고 판단을 내리고 추론하고 논의할 수 있는 지적 기능이 매우 중요하다고 할 수 있는데(정보통신정책연구원, 2009), 이와 관련해서 디지털 시민에게 필요한 바람직한 기능(skills)으로 정보자주성, 판단능력, 커뮤니케이션 능력, 정치참여 능력을 들 수 있다(조일수, 2009). 첫째로 정보자주성은 정보에 스스로 접근할 수 있고 이를 생산적으로 이용할 수 있는 능력을 말한다. 즉 정보의 수집, 그리고 자료의 조직과 평가를 통해 스스로 추론할 수 있는 능력을 말한다. 가상공간은 정보의 과잉과 범람이 문제될 수 있기 때문에 스스로 정보를 수집하고 조직하고, 평가하고, 추론할 수 있는 능력이 매우 중요하다고 할 수 있다. 두 번째로 판단능력은 정보를 종합하고 선택과 판단을 할 수 있는 능력을 말한다. 정보자주성은 선택과 판단을 하기 위해서라는 점에서 판단능력은 디지털 시민에게 요구되는 중요한 기능이다. 세 번째로 커뮤니케이션 능력은 자신의 견해를 명확하게 표현하고 그리고 다른 사람의 견해를 정확하게 이해하는 능력을 말한다. 디지털 시대의 시민의식은 토론 혹은 견해의 교환과 관련돼 있기 때문에 이러한 커뮤니케이션 능력 혹은 커뮤니케이션 기술은 필수 불가결한 것이라고 할 수 있다. 네 번째로 정치참여 능력은 자신의 판단과 의사를 정책이나 의사결정 과정에 반영할 수 있는 능력을 말한다. 인터넷과 CMC는 정치의 디지털화를 통해 정치 과정에도 많은 영향을 미치고 있고 또 시민의 정치적 행위 유형과 참여 방식이 매우 다양화되고 있다. 따라서 디지털 시민은 디지털 시민으로서 자신의 판단과 의사를 정책결정 과정이나 의사결정 과정에 적극 반영할 수 있는 주체적 시민으로서의 역량이 매우 중요하다.

참고문헌

김신·이희정 (2004). 〈규제형성과정의 주요 국가간 비교연구〉 한국행정연구원.

김우룡 (2000). 〈미디어 윤리〉 나남출판.

김종길 (2008). 사이버공간에서의 자아인식과 복합정체성 수행. 〈사회이론〉 33호. 한국사회이론학회.

권영빈 (2009). 〈컴퓨터 시대의 인터넷 윤리〉 GS 인터비전.

구교태 (2007). 온라인 플레이밍(flaming) 발생 요인과 해소 방안에 대한 연구. 〈한국언론정보학보〉 통권 39호.

류종현·강장묵 (2005).〈사이버 세계의 眞과 善: 네티즌을 위한 사이버 윤리와 규범〉 21세기사.

민경배 (2002). 인터넷 검열과 언론매체. 〈인물과 사상〉 통권 46호, 66~72.

박균성 외 (2001). 우리나라 개인정보보호법제의 개선방안. 〈경희법학〉 36권 2호, 51~81.

박승관 (2001). 숙의 민주주의와 시민성. 〈관훈저널〉 2001년 여름호.

박현구 (2006). 온라인 문자발화환경에서의 언어의 융합적 특성.

〈스피치와 커뮤니케이션〉 6호.
변순용 (2008). 〈책임의 윤리학〉 철학과 현실사.
배시규·권성우 (2005). 〈사이버 문화와 윤리〉 학문사.
서아영 (2013). 가상공동체의 플레이밍(Flaming)에 대한 이론적 탐색과 실증분석. 〈e-비즈니스연구〉 13권 1호, 89~114.
소만섭 (2009). 문자와 이미지-디지털미디어에서의 상호관계성. 〈인문과학연구〉 23호.
안경옥 (2003). 사이버 범죄의 현황과 대응방안. 〈경희법학〉 38권 1호, 85~110.
양해림 외 (2011). 〈사이버 공간과 윤리〉 충남대학교출판문화원.
염규호 (1994). 미국에서의 프라이버시 침해와 언론의 자유:판례를 중심으로 〈언론중재〉 53, 52~70.
우제태 (2000). 사이버 공간과 사이버 범죄. 〈사회과학논총〉 제16집, 323~344.
윤성이·이원태 (2009). 디지털시대 시민의식 제고를 위한 정책 방안. 〈한국지역정보화학회지〉 12권 1호, 59~84.
이동후 (2009). 융합 미디어 환경, 트랜스리터러시, 그리고 디지털 주체의 양가성. 한국방송학회 세미나 보고서.
이성식 (2005). 사이버공간의 익명성이 청소년언어폭력에 미치는 영향: 기존 요인들과의 비교. 〈한국청소년연구〉 16권 1호, 77~108.
이수범 (2003). 〈사이버 윤리〉 한국통신문화재단.
이승훈·김상돈 (2009). 인터넷과 디지털 시민성에 관한 탐색적 논의: 인터넷 이용 형태와 온라인 정치참여의 관계를 중심으로. 〈한국지역정보화학회지〉 12권 1호, 31~58.

이정기·우형진 (2010). 사이버 언어폭력 의도에 관한 연구. 〈사이버커뮤니케이션학보〉 27권 1호, 215~253.

이철선 (2003). 가상공동체에서의 플레이밍에 관한 연구. 〈마케팅연구〉 18권 1호, 3~30.

인터넷윤리실천협의회 (2012). 〈인터넷 윤리〉 이한미디어.

정보통신정책연구원 (2009). 〈디지털시대 사회통합을 위한 시민의식 제고방안〉. 정보통신정책연구원.

정찬모 (2003). 실증조사를 통해 본 사이버윤리와 규범. 〈사이버커뮤니케이션학보〉 제12호, 157~177.

조동기 외 (2001). 〈사이버공간에서의 여론형성과 집합행동〉. 정보통신정책연구원.

조일수 (2009). 디지털 시민의식에 대한 규범적 연구. 〈한국지역정보화학회지〉 12권 1호, 11~29.

한위수 (1999). 프라이버시 침해 관련 국내 판결의 동향. 〈언론중재〉 71, 47~61.

홍영두 (2005). 일상적 전자감시와 정보통신윤리: 프라이버시, 정체성, 익명성. 〈시대와 철학〉 제16권 2호, 131~153.

Barnes, S. B. (2003). *Computer-Mediated Communication: Human-to-Human Communication Across the Internet.* Boston: Allyn and Bacon. 권상희 역(2007). 〈사이버커뮤니케이션 이론〉 성균관대학교출판부.

Barta, W., & Kiene, S. (2005). Motivations for infidelity in heterosexual dating couples: The roles for gender, personality differences, and sociosexual orientation. *Journal of Social and Personal*

Relationships, 22, 339~360.

Bauman, Z. (2006). *Liquid fear*. Cambridage: Polity Press.

Ben-Ze'ev, A. (2004). *Love online: Emotions on the Internet*. Cambridge, UK: Cambridge University PRess.

Boies, S. C. (2002). University students' uses of and reactions to online sexual information and entertainment: Links to online and offline sexual behavior. *Canadian Journal of Human Sexuality, 11*, 77~99.

Brookey, R.A., & Cannon, K. L. (2009). Sex lives in second life. *Critical Studies in Media Communication, 26*, 145~164.

Bruckman, A.S. (1993). Gender-swapping on the Internet.

Butkus, C. (2004). Female porn provides and Internet services. *Convergence: The Journal of Research into New Media Technologies, 10*, 24~42.

Butler, J. (1990). Subversive bodily acts. In J. Butler(Ed.), *Gender Trouble: Feminism and the subversion of identity*. New York: Routledge.

Castells, M (2001). *The Internet Galaxy: Reflections on the Internet, Business, and Society*. Oxford University Press.

Cooper, A., Scherer, C., Boies, S.C. & Gordon, B. (1999). Sexuality on the Internet. From sexual exploration to pathological expression. *Professional Psychology: Research and Practice, 30(2)*.

Cooper, A., Boies, S., Maheu, M., & Greenfield, D. (2000). Sexuality and the Internet: The next sexual revolution. In F. Muscarella &

L. Szuchman (Eds.), *Psychological perspectives on human sexuality.* New York: Wiley.

Cooper, A., Scherer, C.& Mathy, R.M.(2001). Overcoming methodological concerns in the investigation of online sexual activities. *CyberPsychology and Behavior, 4(4).*

Danet, B. (1998). Text as mask: Gender, play, and performance on the Internet. In S. G. Jones (Ed.), *Cybersociety 2.0: Revising computer-mediated communication and community.* Thousand Oaks, CA: Sage.

Deuel, N.R. (1996). Our passionate response to virtual reality. In S.C. Herring(Ed.), *Computer-mediated communication: Linguistic, social and cross-cultural perspectives.* Amsterdam: Benjamins.

Deuze, M. (2007). *Media work.* Cambridage: Polity Press.

Deuze, M. (2011). Media life. Stylianos Papathanassopoulos (ed.), In Media Perspectives for the 21st Century. New York, NY: Routledge.

Giddens, A. (1990). The Consequence of Modernity. Stanford: Stanford University Press.

Goffman, E. (1959). *The Presentation of Self in Everyday Life.* Garde City: Doubleday.

Hansen, M. B. N. (2006). *Bodies in Code.* New York, NY: Routledge.

Hiltz, S. R. & Truff, M. (1978). *The Network Nation: Human Communication via Computer.* Reading, Ma: Addison-Wesley Publishing Company.

Jaffe, J. M., Lee, Y.E., Huang, L.N., Oshagan, H. (1999). Gender identification, interdependence, and pseudonyms in CMC: Language patterns in an electronic conference. *The Information Society, 15*, 221~234.

Katz, J(1997). Media rants. San Francisco: Hardwired.

Kuntsman, A. (2008). Written in blood: Contested borders and the politics of passing in Israel/Palestine and in cyberspace. *Feminist Media Studies, 8,* 268~283.

Levert, N. (2007). A comparison of Christian and non-Christian males, authoritarianism, and their relationship to internet pornography addiction/compulsion. Sexual *Addiction & Compulsivity, 14*, 145~166.

Lea, N.,T. O'Sjea, P. Fung & R. Spears (1992). Flaming in computer-mediated communication. N. Lea (ed.), In *Contexts in Computer-mediated communication.* London: Harvester Wheatsheaf.

Limacher, L. & Wright, L. (2006). Exploring therapeutic family intervention of commendations. *Journal of Family Nursing, 12,* 307~331.

Mattelart, T. (2011). Media, migrations and transnational cultures. Stylianos Papathanassopoulos (ed.), In Media Perspectives for the 21st Century. New York, NY: Routledge.

Milner, V. (2008). Internet infidelity: A case of intimacy with detachment. *The Family Journal: Counseling and Therapy for*

Couples and Families, 16, 78~82.

Mossberger, K., C.J. Tlobert & R.S. McNeal (2008). Digital Citizenship: The Internet, Society, and Participation. Cambridage: The MIT Press.

Noonan, R. J. (1999). The psychology of sex: a mirror from the internet. In J. Gackenbach (Ed.), *Psychology and the Internet: Impersonal, interpersonal and transpersonal implications*. San Diego, CA: Academic Press.

Paul, B. (2009). Internet pornography use and arousal: The role of individual difference variables. *Journal of Sex Research, 46*, 344~357.

Peter, J. & Valkenburg, P.M.(2006). Adolescents' exposure to sexually explicit online material and recreational attitudes toward sex. *Journal of Communication, 56*, 639~660.

Peter, J. & Valkenburg, P.M.(2007). Who looks for casual dates on the Internet? A test of the compensation and the recreation hypothesis. *New Media Society, 9(3)*, 455~474.

Plotkin, R. (2012). *Computers, Internet, and Society: Computer Ethics*, New York: NY, Facts on File.

Poster, M. (1990). *The Mode of Information: Poststrucualism and Social Context*. 김성기 역(1994). 〈뉴미디어의 철학〉 민음사.

Rheingold, H. (1993). *The virtual community*. Reading, Ma: Addison-Wesley Publishing Company.

Ribble, M.S., G.D.Bailey & T.W.Ross(2004). Digital Citizenship.

Learning & Leading with Technology. 31(1), 7~11.

Rothman, R.A. (1993). Inequity and stratification: Class, color, and gender. Englewood Cliffs, NJ: Prentice Hall.

Samp, J.A., Wittenberg, E. M., & Gillett, D. L. (2003). Presenting and monitoring a gender defined self on the Internet, *Communication Research Reports*, 20, 1~12.

Spinello, R.A. (2001). Cyberethics: Morality and Law in Cyberspace. 이태건·노병철 역(2008). 〈사이버 윤리:사이버 공간에 있어서 법과 도덕〉 인간사랑.

Thompsen, P.(1997). "What's Fueling the Flames in Cyberspace?: A Social Influence Model," in Strate, L. et al, *Communication and Cyberspace,* Cresskill, NJ, Hampton Press.

Turkle, S.(1995). *Life on the Screen: Identity in the Age of the Internet,* New York, Simon & Schuster.

Walker, B. (2009). Imagining the future of lesbian community: The case of online lesbian communities and the issue of trans. *Continuum: Journal of Media & Culture Studies, 23*, 921~935.

Wellman, B. (2001). Physical place and cyberspace: The rise of networked individualism. In L. Keelde & B.D. Looder (Eds.), *Community informatics*. London: Routledge.

White, M. (2003). Too close to see: Men, Woman and webcam. *New Media & Society, 5*, 105~121.

Wood, J. (2009). *Gendered lives: Communication, gender, and culture.* Boston: Wadsworth.

Young,K., Griffin-Shelley, E., Cooper, A., O'mara, J., & Buchanan, J. (2000). Online infidelity: A new dimension in couple relationships with implications for evaluation and treatment. *Sexual Addiction and Compulsivity, 7*, 59~74.

Young, K. (2008). Internet sex addiction: Risk factors, stages of developing, and treatment. *American Behavioral Scientist, 52*, 21~37.

찾아보기

ㄱ

ㅇ

ㅈ

ㅊ

ㅋ

ㅌ

ㅍ

ㅎ

A

사이버 윤리와 인간의 이해

초판 1쇄 발행 2013년 8월 30일
초판 3쇄 발행 2016년 7월 29일

지은이 이현숙, 김병철
발행인 김인철
총괄 · 기획 장지호 Director, University Press
편집장 신선호 Executive Knowledge Contents Creator
도서편집 김민정 Contents Creator
진수연 Contents Creator
전자책편집 최인우 Chief e-Contents Creator
마케팅 곽용창 Chief Marketing Creator
재무관리 권미경 Chief Managing Creator
김은혜 Managing Creator
발행처 한국외국어대학교 지식출판원
02450 서울특별시 동대문구 이문로 107
전화 02)2173-2493~7
FAX 02)2173-3363
홈페이지 http://press.hufs.ac.kr
전자우편 press@hufs.ac.kr
출판등록 제6-6호(1969. 4. 30)
디자인 · 편집 (주)이환디앤비 02)2254-4301
인쇄 · 제본 SM C&P 02)468-6100

ISBN 978-89-7464-881-7 03300 정가 13,000원

* 잘못된 책은 교환하여 드립니다.

HU:NE 은 한국외국어대학교 지식출판원의 어학도서, 사회과학도서, 지역학 도서 Sub Brand이다. 한국외대의 영문명인 HUFS, 현명한 국제전문가 양성의(International+Intelligent)의 의미를 담고 있으며, 휴인(携引)의 뜻인 '이끌다, 끌고 나가다'라는 의미처럼 출판계를 이끄는 리더로서, 혁신의 이미지를 담고 있다.